Couverture inférieure manquante

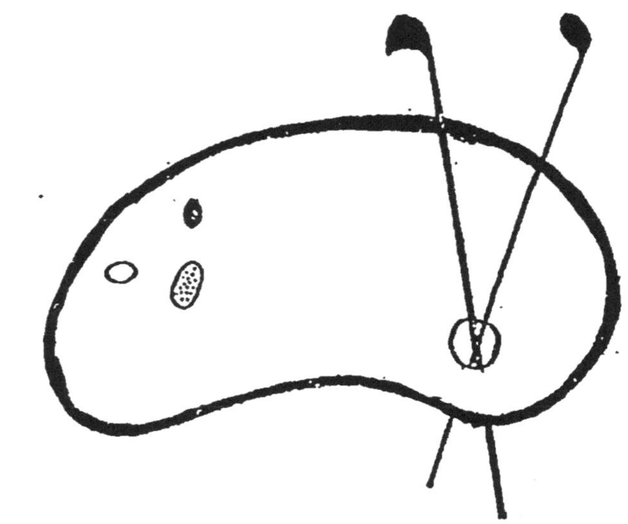

DEBUT D'UNE SERIE DE DOCUMENTS
EN COULEUR

UNE

RÉVOLUTION

EN PHILOSOPHIE

RÉSULTANT DE L'OBSERVATION DES PHÉNOMÈNES DU

MAGNÉTISME ANIMAL

ÉTUDE PHYSIOLOGIQUE ET PSYCHOLOGIQUE DE L'HOMME

PAR

Le Docteur TONY DUNAND (du Jura)

AUTEUR DE : *une Révolution en médecine*

OUVRAGE DÉDIÉ AUX GENS DU MONDE

Prix : 4 francs

PARIS

EN VENTE CHEZ BERCHE ET TRALIN, LIBRAIRES

69, RUE DE RENNES, 69

ET CHEZ L'AUTEUR

6, RUE DE MILAN, 6

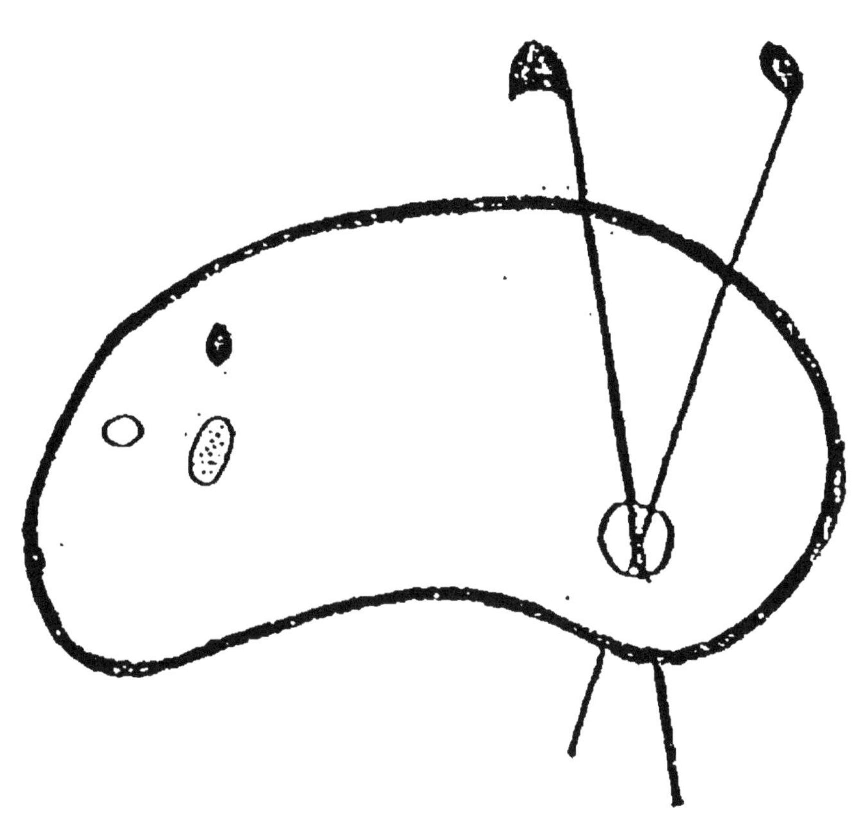

FIN D'UNE SERIE DE DOCUMENTS
EN COULEUR

UNE

RÉVOLUTION EN PHILOSOPHIE

IMPRIMERIE D. BARDIN, A SAINT-GERMAIN.

UNE

RÉVOLUTION

EN PHILOSOPHIE

RÉSULTANT DE L'OBSERVATION DES PHÉNOMÈNES DU

MAGNÉTISME ANIMAL

ÉTUDE PHYSIOLOGIQUE ET PSYCHOLOGIQUE DE L'HOMME

PAR

Le Docteur TONY DUNAND (du Jura)

AUTEUR DE : *une Révolution en médecine*

OUVRAGE DÉDIÉ AUX GENS DU MONDE

Prix : 4 francs

PARIS

EN VENTE CHEZ BERCHE ET TRALIN, LIBRAIRES

69, RUE DE RENNES, 69

ET CHEZ L'AUTEUR

6, RUE DE MILAN, 6

—

1880

AVANT-PROPOS

« Le mouvement intellectuel du XVIIIe siècle continue de nos jours au sein des masses, et il est loin d'être achevé. Le jour va venir où la première population du monde moderne, où la France se trouvera tout à coup *sans foi morale, sans foi religieuse, sans foi politique, et sans idées arrêtées d'aucune espèce sur les questions les plus graves qui font palpiter l'humanité!* Il faudra que le bon sens de l'époque soit bien puissant pour qu'il ne se manifeste pas de symptôme voisin *de quelque immense désastre*.

« Le seul moyen de retarder le cataclysme à venir, et peut-être d'opposer une digue au naufrage, c'est de remettre perpétuellement en question l'éternel problème de la connaissance de l'homme et du but de la société. »

Voilà ce qu'écrivait M. P. Christian, traducteur des œuvres politiques de Machiavel, dans une préface de son édition d'Helvétius en 1845 ; et comme, dès ma jeunesse, j'ai partagé ces idées, je suis heureux de laisser d'abord la parole à un homme que ses travaux ont rendu notable.

Oui, dis-je avec M. Christian, l'ordre social repose *surtout* sur la connaissance de l'homme ; car l'idée politique découle toujours d'une idée philosophique. Si cette idée est juste, le gouvernement sera bon ; si elle est fausse, le gouvernement qui en résultera produira le chaos dont la conséquence *fatale* sera un immense désastre, le cataclysme prévu par M. Christian et que tout homme sensé voit comme très rapproché.

L'esprit qui règne aujourd'hui répudie non seulement les philosophies spéculatives ou dialectiques ; mais toute idée religieuse est taxée de folie ou de *superstition*. Ceci était bon, s'écrie-t-on, pour les siècles passés où l'ignorance laissait accepter de telles niaiseries ; mais à présent, avec les lumières apportées chaque jour par la science, la philosophie expérimentale ou *positive* est la seule que l'homme puisse admettre sans blesser sa dignité.

Eh bien, rien n'est moins positif que cette philosophie que l'on a faussement décorée du nom de *positivisme ;* car pour avoir le droit de se parer d'un titre aussi prétentieux, il faudrait qu'à l'examen on n'y découvrît pas de lacunes, pas d'imperfections, et c'est le contraire qui frappe aussitôt.

En effet, et pour ne citer qu'une des sciences qui servent d'étai à la doctrine en question, *la physiologie humaine*, il est facile de constater que nulle science n'est si peu complète que celle-là ! On peut dire même qu'elle n'existe qu'à l'état de supposition, puisque rien n'est positivement démontré. Il est facile de se convaincre que l'on ne sait rien des grandes lois de la vie, rien de l'innervation qui joue un si grand rôle dans notre existence, rien des causes et du mécanisme du sommeil, rien en un mot de tout ce qui est le plus essentiel.

Les événements, ces grands ressorts de la destinée des hommes, m'ont placé en face de cette immense et importante question *du magnétisme animal*. Trente-cinq années de ma vie ont été consacrées à son étude pour laquelle j'ai tout sacrifié, espérant un jour apporter à la physiologie et à la psychologie un peu de lumière et de vérité.

Déjà, lors de mes conférences au boulevard des Capucines en 1872 et 1873, j'ai pu offrir quelque peu des fruits de mes longs travaux ; mais ma parole ne dépassant pas les auditeurs qui m'honoraient de leur présence, j'avais alors l'intention de publier ces conférences, lorsque de nouveaux faits se présentèrent à moi et nécessitèrent de nouvelles études ; et maintenant qu'elles sont terminées je m'empresse de les livrer au public qui voudra bien passer sur mon peu de mérite, pour n'applaudir qu'au mobile qui m'anime : l'espoir de faire du bien à la société et à notre chère France.

UNE

RÉVOLUTION

EN PHILOSOPHIE

ÉTUDE PHYSIOLOGIQUE ET PSYCHOLOGIQUE DE L'HOMME

Que nous importe ce que l'on dit sur les genres et sur les espèces?

Celui à qui parle le Verbe est délivré de bien des opinions.

Tout vient du Verbe unique : de lui procède toute parole, IL EST LE PRINCIPE ET C'EST LUI QUI PARLE AU DEDANS DE NOUS.

Sans Lui nulle intelligence ; sans Lui nul jugement n'est droit.

Que tous les docteurs se taisent : VERBE DIVIN, PARLEZ-MOI, VOUS SEUL.

(*Imitation de J.-C.* liv, I, chap. III.)

I

DE L'EXISTENCE DU FLUIDE MAGNÉTIQUE CHEZ L'HOMME ET DE SON ROLE DANS LA VIE VÉGÉTATIVE HUMAINE

Ayant esquissé seulement dans mon premier volume, ce que j'ai découvert sur la nature de la force vitale, il est essentiel d'y revenir; car ce point est là base de ce que j'ai à développer. Il faut, en effet, établir avant tout l'existence du fluide magnétique chez l'homme; à cette condition seulement j'aurai le droit de dire son rôle dans la vie humaine.

La vie humaine!... A ces mots l'esprit se demande aussitôt : *Qu'est-ce que la vie dans son essence?* Je répondrai : La vie est en Dieu seul, elle est sa qualité, car Dieu seul est vivant, et c'est LUI qui la donne à toutes choses par sa volonté.

Les mondes, les êtres animés, les végétaux, tout en un mot, en recevant *l'être* des mains du Créateur, a été soumis à des lois immuables de mouvement selon le but et la nature de l'individualité; et ces lois de mouvement constituent ce que nous avons nommé *la vie* de l'être ou de la chose.

Cette sorte de vie *seulement* est susceptible des études de l'homme.

Quant à la vie en Dieu, elle sera toujours un mystère pour toute créature, quel que soit son degré d'élévation dans l'échelle des êtres. La vie en Dieu ne peut pas plus être définie que Dieu lui-même, par cette raison que Dieu étant *infini* ne peut être *défini*; en effet, si Dieu pouvait être défini, il serait un Dieu *fini* et par conséquent *il ne serait pas Dieu*.

Ceci étant établi, étudions la vie humaine; et pour atteindre notre but, divisons-la de suite en trois espèces : *la vie végétative*, *la vie de relation*, *la vie intellectuelle* ; ce qui fait de l'homme, créé à l'image de Dieu, une trinité vitale constituant cependant *un seul* et même individu, *une seule vie.*

LA VIE VÉGÉTATIVE est la vie du corps, c'est elle que nous regardons comme étant *à elle seule* notre vie, parce que la mort arrive quand elle cesse. Elle a été nommée aussi *vie animale*, puis *vie organique* par l'école de Paris, laquelle enseigne que la vie humaine dépend *seulement* du jeu parfait des organes. Cette doctrine est *l'organicisme.*

Pour moi, je trouve que la dénomination de *vie végétative* dépeint parfaitement la nature de la vie du corps qui est bien celle des végétaux.

En effet, la vie de ces derniers et la vie humaine reposent sur deux bases essentielles et semblables : *la nutrition* et *la circulation.*

Si la plante se nourrit bien, et si elle distribue bien dans tous ses rameaux la sève qui est son sang à elle, elle est vigoureuse et jouit d'une parfaite santé. Tout ce qui vient altérer ces deux fonctions capitales devient la cause des maladies chez la plante comme chez l'homme ; puis, la cessation de ces mêmes fonctions détermine la mort chez l'un comme chez l'autre.

D'autre part, les fonctions de nutrition et de circulation s'accomplissent chez les végétaux sans qu'ils en aient conscience puisqu'ils ne possèdent ni volonté, ni sentiment. L'impulsion vitale leur est communiquée par *une force* purement physique, agissant en vertu de lois spéciales.

Il en est de même chez l'homme où la nutrition, la circulation et toutes les fonctions qui se rattachent à la conservation de l'individu, s'exécutent *à son insu* et indépendamment *de sa volonté*. Bien plus, c'est en vain qu'il voudrait diriger en lui les mouvements vitaux, sa volonté resterait sans effet; car un système nerveux spécial, nommé *système nerveux ganglionnaire*, est affecté à la vie végétative, qui est soustraite ainsi à l'empire de la volonté, comme pour nous rappeler sans cesse que notre vie ne nous appartient pas.

Certains philosophes modernes enseignent que l'homme est un singe perfectionné; vous voyez, ami lecteur, que je vais plus loin, puisque j'en fais tout simplement un végétal; seulement, si de ce côté je fais descendre d'un degré le corps humain, j'ai sur ces philosophes l'avantage de relever d'autant plus notre individu par la déclaration immédiate de *ma foi* en une âme spirituelle et immortelle, dont je prouverai l'existence quand il sera temps.

En vain, disais-je tout à l'heure, la volonté agira sur l'organisme, elle ne pourra diriger ou modifier les mouvements vitaux. N'est-il pas vrai que la volonté ne changera pas la marche de la digestion, par exemple ; qu'elle est impuissante à l'accélérer ou à la ralentir? Nous ne commandons pas davantage au cœur de battre et au sang de circuler. Voilà pour l'état sain ; mais s'il existe un état morbide quelconque : migraine, douleurs d'estomac, affection de poitrine, fièvre grave, cancer, etc., etc. ; en aucun de ces cas notre volonté *la plus puissante* n'entravera la marche naturelle de la maladie.

Il est de fait cependant qu'une émotion agréable, une heureuse nouvelle, l'espérance, soulèveront un malade s'il est abattu. On connaît même des cas de guérisons subites dues à ces influences. On constatera chaque jour des phénomènes inverses nés de violents chagrins, de douloureuses émotions capables quelquefois de déterminer la mort ; mais dans tous ces cas il ne faut voir que la *résultante* de la puissance *locomotrice* qui est le *genre* de force dont l'âme dispose vis-à-vis du corps. Nous reviendrons à ce dernier sujet quand nous étudierons les influences de l'âme sur le corps, et vice versâ.

Des explications qui précèdent, il résulte que nous sommes bien en droit de conclure : que l'âme n'a aucune *puissance* vitale sur l'organisme, aucune *force vitale*, selon l'expression consacrée ; bien qu'elle soit le *princpe* de notre vie, comme je l'expliquerai ailleurs.

Je ne puis trop insister sur ce point, le lecteur en conviendra dans quelques instants, et je dis : Les physiologistes spiritualistes n'ont pas assez réfléchi, pas assez observé, sans cela ils eussent compris la différence qu'il y a entre l'âme considérée comme *puissance* ou bien comme *principe*. C'est en confondant ces deux idées, et en enseignant que l'âme est la seule puissance *active* dans le corps humain, qu'elle seule préside aux mouvements vitaux, et cela sous *la direction de Dieu*, que Stahl et Descartes ont engendré un autre absolu : *le matérialisme* qui règne aujourd'hui. Mais par quels raisonnements, nous demandons-nous, Stahl et Descartes sont-ils arrivés à penser que Dieu intervient *directement* pour seconder l'âme dans le gouvernement de l'organisme ? Je vais le dire en deux mots : « L'âme, disent-ils, chargée de gouverner une machine dont elle ne connaît ni le jeu, ni la composition, doit cependant en disposer et en faire agir à son gré les ressorts, mais sans savoir comment se produisent et s'exécutent les mouvements qui naissent à ses ordres. Il faut donc *nécessairement* qu'elle soit secondée par une cause supérieure à elle, connaissant le mécanisme du corps, et dont la volonté toujours conforme à celle de l'âme fait en nous ce que nous sommes incapables de faire. Cette cause donne à nos ordres, par eux-mêmes impuissants, l'efficacité qui leur manque. Or, Dieu seul est capable de venir ainsi au secours d'un organisme que Lui seul connaît puisqu'il en est l'Auteur; donc Dieu dirige les mouvements vitaux qui reçoivent néanmoins de l'âme leur impulsion première. »

On objecta bien vite que cette doctrine était dégradante pour Dieu; car, en le faisant intervenir *directement* dans l'accomplissement de toutes nos fonctions organiques, il se trouvait mêlé forcément à des actes tels que la défecation, le vomissement, ainsi qu'à tant d'autres fonctions que la dignité de l'homme oblige à tenir cachées. L'objection, on le doit reconnaître, était parfaitement juste; mais elle n'est pas la seule que soulevaient de tels errements.

J'ai cité celles de Leibnitz, dans mon premier volume; je pense qu'il est utile de les rappeler, même de les compléter quelque peu. Il disait, dans sa réfutation intitulée *Doutes et objections* (1720) : « Une chose qui me surprend par-dessus tout, c'est que le savant auteur de la vraie théorie médicale (Stahl) nie l'existence des esprits vitaux et animaux, c'est-à-dire ce fluide impondérable qui parcourt dans tous les sens et d'une manière si rapide le corps humain tout entier. Il est incompréhensible, en effet, et l'on ne saurait admettre que l'âme soit la seule puissance active du corps. Il est constant, en outre, que les choses privées de vie sont néanmoins douées de *forces impulsives* et *motrices*. Il est notoire, du reste, que l'on voit le cœur battre une fois arraché de la poitrine de l'animal.

« Par conséquent, puisqu'on ne peut nier les actions propres du corps, pourquoi aurions-nous recours à des influx incorporels et surtout à une puissance *surnaturelle*, ou bien à quelque chose que l'on ne peut *naturellement* expliquer? »

Je n'avais pas remarqué, lorsque j'ai commenté ces réflexions dans mon premier ouvrage, que Leibnitz considère ce *fluide impondérable* comme ayant la nature des esprits vitaux des anciens. Je n'avais donc pas à signaler un progrès dans les idées de ce savant philosophe qui n'a fait que transformer les esprits vitaux en *monades* ou sortes d'âmes aussi nombreuses que les atomes d'Épicure.

Voici comment il s'explique : « Tous les corps ayant de l'action non seulement dans leur masse, mais encore dans leurs molécules, Dieu ne pouvant avoir une action *immédiate* sur la matière sans se mêler à elle, sans se confondre avec elle pour l'animer jusque dans ses plus petites molécules, il faut *nécessairement* que son action sur elles s'accomplisse à l'aide d'une *force* sur laquelle Dieu ait une action directe. Comme il ne peut avoir d'action directe et immédiate que sur l'esprit ou l'âme auxquels il se confond sans rien perdre de sa nature divine, la force immatérielle qui agit dans chaque atome, dans chaque molécule, dans chaque corps, est un être *spirituel*, *une âme*, *une monade.* »

C'est par ces *idées* que Leibnitz essayait de renverser l'animisme de Stahl qui ne s'apercevait sans doute pas de la similitude de ses doctrines avec celles de Mallebranche et de Spinosa, les principaux auteurs du panthéisme. Chacun sait que ces égarés enseignaient que Dieu est en tout et partout, mais à l'état de neutralité; ce qui était un matérialisme déguisé sous les habits du plus haut spiritualisme.

Ceci étant dit, le lecteur doit commencer à comprendre pourquoi j'ai jugé nécessaire d'insister quelque peu sur ces doctrines qui résument *tout* ce qui a été pensé relativement à l'esprit et à la matière, et à leurs modes de rapport.

Considérés dans l'homme, ces rapports sont directs pour Stahl et Descartes parce qu'ils jugent que l'âme, en raison de sa qualité spirituelle, est seule capable de produire le *mouvement* dans la matière. Ils s'appuient sur ce vieil axiome : *Mens agitat molem*, l'esprit anime la matière. Nous avons vu combien leurs doctrines sont loin de satisfaire la logique, et par contre, la science expérimentale qui les a réduites à néant.

Puis viennent les mêmes idées, quelque peu modifiées par Mallebranche et Spinosa, dont la conséquence est le panthéisme.

Enfin, nous avons vu Leibnitz cherchant à établir l'existence d'un *intermédiaire* spirituel, destiné à régler les rapports entre l'esprit et la matière; mais comme l'existence de cet agent mixte n'a pas été mieux *établie* que celle de tous les intermédiaires imaginés depuis Platon, la science expérimentale a passé outre, ne voulant plus admettre que ce qui est tangible et analysable, c'est-à-dire : *la matière.* Elle seule, proclame-t-on aujourd'hui, a la *propriété* de se mouvoir et de se transformer, d'où : *la vie.*

Voilà quelle est la situation présente; néanmoins les spiritualistes n'ont pas abandonné la partie, mais ils ont un bien mauvais jeu dans la main. En effet, et faute de mieux, c'est aux doctrines stahliennes et cartésiennes que la théologie, qui représente la vérité scientifique dans l'ordre spirituel, est obligée de se cramponner comme à une dernière planche de salut. D'après ce que je viens d'expliquer, devons-nous être surpris que cette planche vole en éclats? — Non! Veut-on la preuve de ce que j'avance? la voici : Dans un ouvrage publié en 1875, et qui porte un titre des plus alléchants : *L'homme selon la science et la foi*, le Révérend Père Didon (de l'ordre des dominicains, un des grands et *savants* orateurs chrétiens de notre époque), n'a fait que rééditer les doctrines de Stahl et de Descartes. A ce dernier, il a emprunté son système des *tourbillons;* et quand le célèbre dominicain étudie la chûte du premier homme, c'est encore par ces mêmes tourbillons qu'il l'explique.

Cet ouvrage, type des idées théologiques sur la physiologie humaine, est bien loin de répondre à son titre; il reste du moins à l'auteur le mérite de la bonne volonté.

Résumons donc, pour revenir à notre sujet, les doctrines sur la vie humaine :

1° La théologie qui se renferme dans l'école de Stahl, *l'animisme*.

2° L'école de Paris, qui professe *le matérialisme* le plus absolu ; la vie est le résultat du jeu des organes, il n'y a ni âme, ni Dieu, la pensée est produite par les fonctions du cerveau comme la digestion par celle de l'estomac.

3° L'école de Montpellier, qui est restée fidèle aux doctrines de Barthez, *le vitalisme*, lequel est une modification de l'animisme, en ce sens que l'on a substitué à l'action de l'âme celle d'un *principe vital*.

Mais qu'est-ce que ce principe vital?

L'illustre professeur de Montpellier répond que le principe vital n'est pas l'âme intelligente; mais qu'il agit automatiquement dans le corps vivant sous l'influence des agents qui peuvent y porter le désordre.

Peu satisfaits de cette réponse évasive, vous renouvelez votre question.

On vous dit alors : Le principe vital est la cause *inconnue* des phénomènes de la vie. On peut se servir de A. ou B. ou C. pour désigner ce principe qui existe, mais qui est *incompréhensible.*

Voilà la science devant laquelle on s'incline, faute de comprendre, faute de savoir!... Mais si, malgré le vague, ou mieux la nullité de ces *théories*, une école, après s'en être emparée, les enseigne comme des réalités, elle est excusable parce que ces doctrines ne sont pas au fond pernicieuses. Il n'en est pas de même de celles de l'école de Paris, qui chaque jour infiltrent dans les veines de la France un poison subtil et terrible qui bientôt la tuera si Dieu ne lui vient en aide. — En effet, les jeunes médecins qui sortent pétris des enseignements matérialistes de l'école de Paris, deviennent des apôtres qui vont enseigner dans les campagnes les plus reculées ce qu'ils ont appris, à savoir : que l'homme est un singe perfectionné, qu'il n'a pas d'âme, qu'il n'y a pas de Dieu, et que l'homme mort ne vaut pas plus qu'un chien crevé ! — Leur parole pénètre profondément dans les classes inférieures et même dans celles qui ont un certain degré d'instruction, parce qu'on se dit qu'un *docteur* revenant de Paris, qui a *vu* et *expérimenté*, s'il fait table rase des anciennes croyances, c'est qu'il est en droit de le faire de par *la science!* D'autre part, les maîtres parlent aux classes lettrées au moyen de leurs écrits, et celles-ci entrent dans le concert général dont la conséquence est l'état de décadence qui caractérise essentiellement notre époque.

Suis-je le seul pour accuser le matérialisme de conduire la France à sa ruine? Certes non, et les voix sont nombreuses !... Permettez-moi de citer les paroles d'un savant qui, après avoir combattu *le merveilleux*, s'est vu forcé, de par les circonstances, à reconnaître LE SURNATUREL qu'il a dû professer ensuite. Ce savant est M. Louis Figuier, et voici ce que nous lisons dans la préface de son livre intitulé: *Le lendemain de la mort.*

« Le matérialisme est *le cancer* moral qui menace d'emporter la société; ce n'est pas le pétrole qui a mis le feu aux monuments de Paris, *c'est le matérialisme.* Il est évident que, du moment où l'on est convaincu que tout finit sur cette terre, qu'il n'y a rien après cette vie, nous n'avons plus, les uns et les autres, qu'à faire appel à la violence, à provoquer partout les troubles et l'anarchie pour trouver, dans un désordre propice, le moyen de satisfaire nos désirs brutaux, notre ambition et nos passions sensuelles.

« La civilisation, la société et les mœurs sont comme un chapelet dont le nœud est *la croyance à l'immortalité de l'âme;* ôtez le nœud, et tout s'en va. »

Eh bien! si l'on avait fait *attention* au peu de solidité, au vide de la doctrine de l'école de Paris, qui est le principe de ce matérialisme, on ne serait pas dans le mal où nous sommes. Il suffirait, pour *l'ébranler d'abord*, d'un simple raisonnement, et le voici : Vous vous dites que la vie est le résultat du jeu des organes? Mais en cela vous êtes semblables à un horloger qui prétendrait que le jeu des aiguilles est le résultat de celui des rouages de la montre. Dans ce cas, l'horloger aurait pris l'effet pour la cause, puisqu'il n'aurait pas indiqué *le ressort* comme principe du mouvement.

On se moquerait d'un meunier qui expliquerait que la farine est produite par le jeu de la meule et des engrenages. On lui rappellerait aussitôt qu'il ne mentionne pas la *force motrice*, l'eau qui tombe sur la roue hydraulique du moulin. Ainsi d'une locomotive, et de toutes les machines.

Oui, on se moquerait du mécanicien qui ne saurait indiquer la force motrice de sa machine, et on ne rit pas de la docte faculté de Paris qui est dans ce cas. On s'incline, au contraire, devant ses oracles, au lieu de lui répondre comme à l'horloger, comme au meunier : Mais vous oubliez de nous indiquer la *force motrice* de la machine humaine, car, semblable à toutes les machines, ses rouages à elle, qui sont les organes, ne se mettront en mouvement que si une *puissance* quelconque produit leur action.

Ces simples et justes raisonnements auraient suffi, n'est-il pas vrai, pour ébranler ce qui est présenté au monde scientifique comme *dogme infaillible*. Alors, on aurait peut-être cherché; mais puisque cela n'est pas, et que j'ai cherché tout seul, je vais dire ce que j'ai trouvé.

Dans un aperçu sur la force vitale, j'ai *indiqué* le rôle du fer dans le sang; mais nous devons revenir à cette question pour la compléter. Du reste on ne peut trop se répéter, quand il s'agit de promulguer une aussi importante découverte que celle dont je vais entretenir mon lecteur.

Chacun sait que dans la chlorose et l'anémie, ces deux maladies qui règnent à notre époque, *toutes les fonctions languissent*, la vitalité est presque nulle. Dans ces cas, l'analyse du sang démontre une énorme diminution dans la quantité des globules chargés de fer.

Chacun sait également que le fer est considéré comme le *spécifique* de la chlorose et de l'anémie. En effet, à mesure que chez ce malade le sang reprend du fer, on constate une augmentation dans la vitalité; aussi, si nous jetons un coup d'œil sur les annonces des journaux, nous voyons de tous côtés les pharmaciens s'ingénier pour offrir telle ou telle préparation dans laquelle le fer est à l'état le plus soluble et par suite le plus assimilable.

La thérapeutique a classé le fer parmi les toniques, ai-je dit ailleurs, et on le nomme encore *reconstituant;* mais si on interroge le plus grand de tous les professeurs sur la cause de ces propriétés du fer, il répondra : le fer est tonique parce qu'il tonifie, il est reconstituant parce qu'il reconstitue.

J'ai dit déjà comment mes travaux sur le magnétisme m'ont conduit à la définition de *la cause* de l'action du fer sur l'organisme. Je dois l'expliquer encore. Et d'abord, qu'est-ce que le fer?

La physique nous apprend qu'il est un *corps magnétique*, le plus magnétique de tous les corps après *l'aimant*, qui est le corps magnétique par excellence; mais qu'est-ce que l'on entend par cette dénomination de corps magnétique?

On nomme ainsi un corps dans lequel circule le fluide magnétique; mais encore, pourquoi ce nom de fluide magnétique?

Parce qu'il a été observé d'abord dans l'aimant, que la langue grecque exprime par le mot *magnès*, d'où *magnétisme;* et voici comment cela a été découvert.

Lorsqu'on eut mis en présence un aimant et du fer, ce dernier a été attiré par l'aimant, auquel il s'est fixé. Si d'autre part on tenait solidement le fer et que l'aimant fût libre, c'était lui qui s'approchait du fer pour s'y attacher.

Il y avait attraction *réciproque* entre ces deux éléments, et l'attraction n'était explicable que par *l'échange de fluides invisibles*. La science a ét, obligée de reconnaître ainsi *l'existence* du fluide magnétique dans l'élément et dans le fer.

Le principe une fois découvert, de nouvelles recherches ont eu lieu. On a été conduit à constater la présence du fluide magnétique dans tous les corps composés de fer, et l'on a vu que leur force margnétique était toujours égale à la quantité de fer qui entrait dans la constitution de ces corps. Cela tombe sous le bon sens.

Enfin, de recherches en recherches, d'expériences en expériences, la physique est arrivée de nos jours à établir que *tous les corps*, QUELS QU'ILS SOIENT, sont magnétiques : l'air, l'eau, le feu, les gaz, l'oxygène surtout, qui sert à vivifier notre sang pendant l'acte respiratoire, est cité comme le plus magnétique de tous les gaz.

De ces observations, nous tirons forcément la conséquence suivante : Puisqu'il est constant que tous les corps sont magnétiques, il faut nécessairement que le magnétisme soit *universellement* répandu ; c'est ce que je vais démontrer, et pour cela revenons à l'aimant.

La physique a reconnu dans l'aimant deux pôles opposés : *le pôle positif et le pôle négatif*. On les a nommés pôles opposés parce que les semblables se repoussent, tandis que les contraires s'attirent comme cela se fait pour l'électricité. Or, quand on a eu découvert la boussole qui, au moyen de son aiguille *aimantée*, indique le nord, on remarqua que cette aiguille présentait son pôle sud au pôle *nord* de la terre, et *vice versa*, tout comme elle le ferait si on le plaçait en face d'un aimant. Devant ce fait la science a été obligée d'avouer que *la terre est un aimant colossal* ayant ses pôles comme l'aimant. Voilà pour notre planète; mais nous savons d'autre part que Newton a enseigné que *l'attraction* et *la gravitation* des planètes sont la cause de leurs mouvements respectifs. Eh bien, l'attraction, la gravitation et la répulsion des planètes ne sera pas plus explicable que celle de l'aimant et du fer si nous n'admettons pas qu'elles soient *liées* entre elles par un fluide *puissant*.

Si nous réfléchissons d'autre part à cette loi de la physique, à savoir que *tout corps qui se meut circulairement s'éloigne du centre de sa révolution lorsqu'il ne rencontre point d'obstacles;* nous devons déduire de cette loi que le seul obstacle capable de retenir chaque planète dans son orbite, est ce même fluide qui les fixe les unes aux autres, et qui les maintient aux mêmes distances en raison de la force du rayonnement propre à chaque planète.

Enfin, comment expliquera-t-on ces alternatives d'attraction et de répulsion des astres, si ce n'est par l'intermédiaire d'un fluide analogue à celui de l'aimant, qui attire ou repousse selon le pôle qui lu est présenté? Cela ne se pourra; et me basant sur ce que j'ai expliqué de la découverte du fluide magnétique par l'action du fer sur l'aimant, je dis : *si la terre est un aimant, tous les astres sont aussi des aimants*; et comme il se fait dans l'univers un échange constant de fluide magnétique entre toutes les planètes, je conclus à ce que j'ai avancé : *le fluide magnétique est universellement répandu, c'est pourquoi il pénètre tous les corps.*

Nous savons d'autre part qu'un corps est d'autant plus magnétique qu'il est plus riche en principes ferrugineux; donc nous devons être convaincus que le corps humain est un des plus magnétiques entre tous, à cause de l'énorme quantité de fer contenue dans le sang. Je dis *l'énorme quantité*, parce que de récentes expériences ont démontré que le nombre des globules ferreux du sang est *incalculable*, et par conséquent infiniment supérieur à ce que l'on avait cru reconnaître jusqu'alors. Puis, si nous réfléchissons que les chairs, les organes, tout notre être en un mot, est pétri, formé de ce sang ferrugineux; que l'oxygène dont nous avons expliqué la qualité magnétique vient pendant l'acte respiratoire accentuer le magnétisme du sang, enfin, si nous nous souvenons que le *frottement* développe la force magnétique d'un corps au point de le transformer en aimant, nous comprendrons que notre sang *accroît son aimantation* tant par l'action de l'oxygène que par le frottement qui s'effectue contre les parois de tout l'appareil circulatoire; et par toutes ces raisons nous voyons que nous avons le droit de déclarer *que le corps humain est un des plus magnétiques qui existent.*

Nous avons dit ailleurs qu'un corps magnétique chargé de fer, s'il est mis en présence d'un aimant, *est attiré;* le résultat de cette attraction est *la mise en mouvement* du fluide magnétique de ce corps, et ce fluide, uni dès lors à celui de l'aimant, ne fait qu'un avec ce dernier, de telle sorte qu'il suivra les mêmes voies, *les mêmes courants.*

Le mouvement de rotation de la terre, ou mieux son mouvement elliptique, nous dit assez quelle est la direction des courants magnétiques dans un aimant. Donc, le corps humain (corps magnétique chargé de fer), mis en contact avec la terre qui est *l'aimant,* devra subir *la loi* que j'indique, et ses courants auront le mouvement elliptique de ceux de la terre, ILS CIRCULERONT.

Je dois ajouter que ce mouvement circulatoire reçoit en outre chez l'homme un surcroît d'impulsion dû aux courants échangés entre la terre et les planètes.

Les courants ascendants qui partent de la terre pour monter aux planètes sont destinés à faire équilibre aux courants descendants résultant de *l'attraction* de la terre sur ces planètes et sur l'homme, car c'est en vertu de cette dernière force que nous sommes fixés au sol. De l'échange de ces courants planétaires il résulterait une *force* suffisante pour imprimer à elle seule la circulation fluidique que j'ai reconnue dans le corps humain. En effet, le courant ascendant, puis le courant descendant agissant alternativement, nous donnent le mouvement d'une bielle de locomotive qui détermine la *rotation;* mais nous voyons, d'après les explications que j'ai données, que cette dernière force est *doublée* en quelque sorte par l'action propre des fluides elliptiques de la terre, d'où *une puissance plus grande* et qui est plus régulière par ce fait.

Mais une fois *en action*, les courants magnétiques qui circulent en nous auront une activité d'autant plus grande qu'ils se rapprocheront *forcément* des parties les plus chargées de fer ; et ces parties, nous les trouvons dans le sang qui, par sa fluidité, se prêtera surtout à *l'action motrice* du fluide magnétique.

Or, nous savons, par ce que j'ai expliqué dans mon premier volume, que l'on rencontre *partout* dans l'organisme, logés dans une même gaine : *l'artère, le nerf et la veine*. Il est constant, d'après ce que nous avons dit du magnétisme et de ses lois, que le sang contenu dans nos vaisseaux *attirera* la plus forte partie du magnétisme qui circule en nous, et le principal courant s'accomplira surtout là où se trouvent les vaisseaux sanguins; mais comme le sang est fluide, c'est-à-dire liquide, il ne résistera pas à *la force* de ces courants, et il sera entraîné par cet effet à cause des globules ferreux qu'il possède et auxquels se lient dès lors les courants magnétiques. De là, *la circulation du sang* qui est comme on le voit la conséquence de la circulation fluidique.

Mais alors, quel est le rôle des filets nerveux, ces compagnons de route des vaisseaux sanguins? Il est facile de le comprendre puisque nous savons à quoi servent les fils télégraphiques, et nous disons : Si l'artère et la veine sont la *pile magnétique*, il est *nécessaire* que le fluide magnétique ait son organe de *dégagement*, car sa vitesse est immensément plus grande que celle du sang en circulation, c'est pour cela que le système nerveux existe et qu'il est voisin des vaisseaux sanguins.

Je viens d'enseigner que la circulation du sang est mise en activité par la circulation fluidique que je nommerai désormais *circulation nerveuse*, il faut que je le prouve davantage :

Lorsque Harvey eut découvert la circulation sanguine, tous les physiologistes se mirent à la recherche *de la cause* de cette circulation. Dire tout ce qui a été écrit sur ce sujet serait si long qu'il faudrait des volumes pour cela. Qu'il vous suffise, ami lecteur, de savoir qu'après tout, on ne sait *rien* encore aujourd'hui des causes tant cherchées. Je dirai seulement que dès le principe on a compris que le cœur ne jouit pas, malgré sa constitution musculaire, de la force nécessaire pour activer et entretenir la circulation du sang.

Haller, entre autres, a établi au moyen de vivisections que le cœur n'a pas de mouvement *par lui-même*, et il a prouvé que les contractions ou les dilatations de cet organe sont le résultat de l'*irritation* produite par le passage du sang dans le cœur. Ce témoignage me suffit et me dispense d'autres explications. Armé d'un fait emprunté à l'école expérimentale, je viens le corroborer par la découverte du rôle du magnétisme dans le corps humain, et une fois encore je dis : *Les courants magnétiques sont la cause de la circulation du sang, et celle-ci la cause des battements du cœur.* Et j'ajoute : Le cœur n'a d'autre utilité, d'autre but que celui de séparer le sang veineux qu'il chasse dans les poumons afin de le vivifier, puis de reprendre ce même sang pour le rendre au torrent circulatoire général. Voilà le rôle du cœur.

Nous conclurons donc : Si la circulation nerveuse est la force motrice de celle du sang, si elle est par conséquent celle du principal organe de notre machine, il en est ainsi pour *tous les autres organes*. L'évidence est telle qu'il est inutile de le démontrer.

Or, la force motrice de la circulation du sang et des organes n'est autre que la FORCE VITALE cherchée vainement jusqu'à nos jours par les philosophes et les physiologistes; et si on a refusé d'admettre les doctrines de ces derniers, parce qu'elles ne reposaient que sur des *entités* non susceptibles de démonstration, on n'a pas le droit de traiter de même mes découvertes qui s'appuient, comme je viens de le prouver, sur une science exacte, *la physique.*

Oui!... la circulation magnétique ou nerveuse est la force motrice de notre organisme, *la force vitale*, et cette force agit automatiquement, soumise qu'elle est aux lois générales des globes desquels elle tire son existence. Elle est isolée de l'action de l'âme qui ne *peut rien* sur nos mouvements vitaux, selon que je l'ai défini en son temps. Avec la connaissance de ce *principe* de l'activité organique, la médecine n'a plus qu'à veiller pour lui rendre sa puissance si elle est diminuée; et c'est ce qu'elle fait déjà d'une manière inconsciente en administrant le fer qui *tonifie*, qui *reconstitue*, parce qu'il augmente la qualité magnétique du sang et par contre la force des courants; de là, *une vitalité plus grande.* Voilà, de par nos études, et de par LES FAITS, c'est-à-dire l'action thérapeutique des ferrugineux, action reconnue et constatée tous les jours comme une preuve constante de mes travaux, voilà, dis-je, *la cause* de l'action du fer parfaitement expliquée, et la doctrine que j'enseigne doublement établie : par une science positive, *la physique*, et par une autre science également positive, *l'observation thérapeutique.*

Mais il y a une chose à laquelle on ne réfléchit pas, et qu'il est essentiel de signaler : c'est que si le fer joue le rôle important d'agent *excitateur* de nos mouvements vitaux, il y a dans le sang d'autres principes aussi essentiels, à savoir : *les principes de nutrition*. Eh bien, le sang aura perdu sa qualité nutritive, s'il est altéré par des venins ou par des virus ou s'il y a n'importe quelle modification dans sa constitution normale. Dans ces cas alors, le fer sera vainement administré, il ne rendra pas *à lui seul* les qualités naturelles du sang, et la force vitale languira ; mais si on se rappelle que j'ai enseigné dans mon premier volume que le foie est le régénérateur du sang, tout est simplifié, parce que si on fait réagir sagement cet organe, on rendra au sang *tous* ses éléments réparateurs, et la force vitale reprendra sa vigueur.

Quelques personnes m'ont accusé d'être trop systématique en attribuant au foie un rôle capital ; je pense que d'après ce que je viens de dire on jugera qu'il est bien réellement *la clef* de notre santé, *car toutes les maladies sont dans le sang qui les communique aux organes.* N'est-ce pas, en effet, le sang qui forme nos organes? Donc, s'il n'est pas bon, ceux-ci seront *inévitablement* malades. Cette observation et les résultats obtenus par le médecin qui les met en pratique, prouvent combien l'école de Paris est dans l'erreur quand elle professe que les maladies sont dans les organes. Elle prend ici les effets pour la cause, et elle fait de même lorsqu'elle soutient que la vie est le résultat du jeu des organes. Nous venons de démontrer le contraire en établissant l'*existence* et la *nature* de la force motrice de notre machine humaine.

Deux mots encore pour terminer cette étude : malgré le rôle important du fer dans notre organisme, on doit l'employer très peu dans la thérapeutique, parce qu'il irrite le foie et qu'il s'assimile très mal malgré le degré de perfection apporté aux préparations martiales. J'ai expliqué comment le foie tient essentiellement la digestion sous sa dépendance, il est donc facile de comprendre que le premier soin du médecin est de le traiter pour ramener les digestions. Une fois ce point obtenu, le malade prendra du fer *dans tous ses aliments*, et ce fer est le vrai fer magnétique, le fer végétalisé ou animalisé déjà.

J'ai déjà insisté sur ce point dans mon premier livre; mais je le fais avec plus d'autorité depuis le rapport présenté, en mai 1870, à l'Académie des sciences par M. Boussingault. Ce savant chimiste a non seulement démontré que tous nos aliments, toutes nos boissons renferment du fer, mais il l'a pesé et dosé. Enfin, il a constaté la présence du fer même chez les animaux *à sang blanc;* et cette dernière constatation est venue prouver encore que la loi que je viens d'établir relativement au rôle du fer dans le sang, est une *loi générale*, qui n'est pas spéciale seulement à l'homme.

En résumant tout ce qui précède, nous arrivons à conclure que la vie corporelle de l'homme est bien, comme je l'ai dit en commençant, la même que celle des végétaux, ou *la vie végétative;* puisqu'elle s'accomplit en vertu de lois physiques immuables se rattachant aux lois générales de la nature, lois qui sont identiques pour tous les corps organisés. Nous serons doublement convaincus, si nous réfléchissons que la vie végétative est entretenue par *l'assimilation* des principes végétaux ou animaux qui servent à *la nutrition;* puis, qu'elle est réparée, en cas de désordres, par l'action médicamenteuse qui est propre à tel ou tel élément *matériel.* Je me souviens, à ce propos, d'une réflexion fort judicieuse que me fit un jour un prêtre franciscain auquel je me plaignais de voir l'homme obligé de demander la vie du corps à *la matière*, au lieu de ne la devoir qu'à *l'esprit.* Dieu, me dit-il, a voulu sans doute qu'il en fût ainsi afin d'humilier l'homme en lui rappelant sans cesse l'origine terrestre de ce corps dont il est souvent si fier, afin qu'il ait constamment à la pensée qu'à un moment il faudra rendre à la terre ce qu'elle aura donné.

Lorsque j'eus soutenu la thèse que l'on vient de lire, dans ma conférence du 15 janvier 1873, un

M. Poincelot, qui fait de la galvanoplastie dans le jour et des conférences le soir, essaya d'une riposte à mon adresse. Quelques jours plus tard, on lisait sur les affiches des conférences ce titre plein de modestie : *La vérité sur le magnétisme, ou le charlatanisme dévoilé.*

Toujours désireux de m'instruire, je voulus profiter des leçons promises par ce célèbre conférencier, et j'allai l'entendre. Il commença par nous entretenir de Galvani et de ses expériences. D'après ce que j'ai dit de la profession de M. Achille Poincelot, on comprend qu'il était *dans son élément;* aussi trois quarts d'heure s'étaient longuement écoulés avant que l'on ait pu deviner où l'orateur allait arriver. Enfin, il finit par nous apprendre que chez l'homme le système nerveux représentant l'élément *positif* d'une pile galvanique, et le système musculaire l'élément *négatif*, il en résultait l'*électricité humaine.*

Le fluide électrique, conclut-il, est le fluide nerveux.

Vraiment, me dis-je après avoir entendu ces conclusions, il n'y a que les ignorants pour avoir de l'audace ! Ceux-ci, en effet, sont les seuls qui ne se doutent pas que l'on commence à savoir quelque chose alors que l'on s'aperçoit qu'on ne sait rien. — Mais mon étonnement ne dut pas s'arrêter là ; car je sus bientôt que ledit Achille Poincelot s'était fait tout simplement l'écho de je ne sais plus que agrégé de la faculté de Paris qui était *l'auteur* de la leçon récitée par le conférencier en question. — Du reste j'ai apprécié souvent, pendant le temps de mes conférences, que M. Poincelot a la spécialité de raconter à ses auditeurs ce que disent les savants.

Si j'ai parlé de cette conférence, mon unique but était de faire ressortir les idées relatives à LA NATURE du fluide nerveux, telles qu'un des futurs professeurs de l'école de Paris a su les présenter ; car *de tout temps* on s'est préoccupé de la nature de ce fluide dont toutes les écoles ont soupçonné l'existence.

Jusqu'au siècle dernier, alors que de par l'anatomie on croyait que les nerfs étaient creux, on considérait le fluide nerveux comme un liquide des plus subtils. Tout ce qui a été *entrevu* relativement au fluide magnétique n'ayant rien établi, l'école actuelle a, de guerre lasse, attribué l'action nerveuse à *l'irritation*, ce qui supprime ce fluide nerveux si embarrassant.

Cela n'empêche pas nos modernes auteurs de parler malgré eux *d'un influx nerveux* que l'on ne sait définir, si ce n'est comme nous l'a enseigné l'écho de la Faculté, M. Achille Poincelot.

Vous comprenez, ami lecteur, combien il m'a été facile de réduire à néant le système galvanique dont je viens de vous entretenir. Il me suffisait pour cela de prendre la masse cérébrale (le cerveau et le cervelet) pour type. Et en parlant de cela je m'aperçois que j'ai omis de dire que l'écho de la Faculté considère le cerveau comme un organe essentiellement sécréteur du fluide nerveux. J'avais là de suite, deux termes contradictoires à relever ; et je dus le faire d'autant mieux que le grand maître de l'école de magnétisme, M. Dupotet, professe la même erreur. Le cerveau, écrit ce dernier dans son Manuel de l'étudiant magnétiseur, *sécrète le fluide magnétique.*

Prenons le premier point : Le cerveau est le centre nerveux, et ce centre n'est en rapport avec *aucun muscle.* Donc, si le système nerveux est l'élément positif, il lui manque *dans sa racine* l'élément négatif qui est le système musculaire ; par conséquent, *pas d'électricité possible dans le cerveau.* Du moment où nous péchons par la base, adieu le système. Mais, voyons plus loin : nous savons que le filet nerveux n'est en rapport *direct* qu'avec l'artère et la veine réunis dans une gaine membraneuse. Où donc trouver ce contact du nerf et du muscle dans toutes les parties du corps pour former la pile électrique désignée? — Cela n'existe pas. Cette dernière observation achève d'anéantir la doctrine en question. Mais il nous reste cette simple *indication* : Le cerveau sécrète le fluide électrique, ou magnétique d'après M. Dupotet. Comment cela se fait-il? En vertu de quelle loi ce cerveau, qui ne peut *produire* l'électricité comme nous venons de le démontrer, se trouve-t-il tout d'un coup doué de la faculté de sécréter ce fluide? A cela, nulle réponse possible, tandis que, ai-je répondu à M. Poincelot, si nous revenons à ce que j'ai enseigné, *tout s'explique et se prouve*. En effet, le sang étant le principe d'attraction du fluide magnétique, nous comprenons que le cerveau se trouve transformé en un centre magnétique par l'énorme quantité de sang qui l'entoure et dont il est pénétré; si du cerveau nous descendons à la moelle épinière, nous retrouvons les mêmes dispositions qui se continuent jusque dans les ramifications les plus ténues de l'arbre nerveux; et partout nous voyons ce sang jouer le même rôle de *pile magnétique*, et le système nerveux tout entier celui de *conducteur* de fluide magnétique.

Le cerveau ne sécrète pas plus le fluide magnétique que nos corps ne sécrètent le *froid* ou le *chaud*. Nous sommes impressionnés par ces effets, comme nous le sommes par le magnétisme général des globes selon la qualité du sang.

On discute aujourd'hui sur la nature du magnétisme et de l'électricité. De nombreux savants prétendent que les deux fluides sont *le même*, ils veulent les confondre sous la seule dénomination de fluide électrique.

A ces savants je réponds : Observez que l'électricité est le résultat d'une *combinaison* du fluide propre à tel ou tel métal. L'électricité qui en résulte est donc le fruit *d'un mélange*, puisqu'il résulte d'une *combinaison;* tandis que le fluide magnétique est le fluide *primordial* que tous les corps renferment, et il n'est pas l'électricité.

Voilà pourquoi je dis et je proclame : QUE LE FLUIDE NERVEUX DE L'HOMME EST LE FLUIDE MAGNÉTIQUE.

Ici, je ne puis me défendre d'un sentiment pénible ; car toute ma vie a été animée par un seul désir : faire le bien et faire profiter chacun de mes travaux afin d'éviter à d'autres d'avoir à parcourir les sentiers douloureux qui mènent au savoir. Jusqu'à présent j'ai subi les persécutions qu'on épargnerait aux plus grands malfaiteurs, et de tous côtés on s'est évertué à m'étouffer, à m'écraser, à me calomnier. J'ai reçu le mal pour le bien que je voulais faire !

Et cependant, me dis-je, si on a honoré Harvey parce qu'il a découvert la circulation du sang, du moins ne devrait-on pas m'accabler, car j'apporte à la science la connaissance de *la nature* du fluide nerveux, celle *de la circulation nerveuse*, et celle de la force vitale. Doit-on donc être honni pour de tels méfaits ?...

Pour moi, j'accomplis mon œuvre en chrétien, et je marche quand même, demandant à Dieu de bénir les efforts de son humble serviteur qui sera trop heureux s'il parvient à le faire connaître, à le faire aimer comme et mieux qu'il m'a été donné de le faire.

I

LA VIE DE RELATION

Je viens de définir quelle est la vie du corps, *la vie végétative*. Nous devons à présent étudier la deuxième sorte de vie que j'ai indiquée : LA VIE DE RELATION, c'est-à-dire celle qui nous permet d'établir des rapports avec le monde extérieur soit par nos *sensations*, soit par nos *sentiments*.

Qu'est-ce que la sensation, qu'est-ce que le sentiment ?

La sensation est le fait d'une action *purement physique* exercée sur le corps, et transmise au *centre sensitif*.

Le sentiment n'est autre que la sensation doublée d'une action intelligente, action qui s'adresse plus aux facultés intellectuelles qu'aux simples facultés sensitives du corps.

Comment *la sensation* est-elle déterminée?

Par l'action réflexe du système nerveux qui, frappé à sa périphérie, rapporte au centre nerveux et de là *au centre sensitif* la commotion qu'il a reçue. C'est ce que nous observons si nous frappons une des extrémités d'une queue de billard, par exemple, le coup se répercutera avec la même intensité à l'autre extrémité sur l'objet que l'on y aura placé. On voit par cet énoncé, que je me rallie aux doctrines relatives à *l'irritabilité nerveuse* que je considère avec nos modernes, non pas comme *la seule* cause, mais comme le *principal moyen* de transmission de la sensation ; et je m'empresse d'ajouter que dans la sensation *seulement*, qui est le résultat d'une action purement matérielle, tout se passe d'après les lois que je viens d'indiquer.

Il n'en est plus de même pour *le sentiment* qui, ai-je dit, prend sa source dans une action intellectuelle destinée à frapper, au moyen du système nerveux qui est l'agent de transmission, les facultés intellectuelles auxquelles est destinée la commotion (*le coup* comme on le dit ordinairement et véritablement).

Là encore, l'irritabilité du système nerveux est mise en jeu par une action matérielle ; mais, comme je l'expliquerai plus loin, cette action est le fait d'un intermédiaire fluidique servant de véhicule *à la pensée* qui est le principe de l'action. Dans ce cas, les faits s'accomplissent entre une intelligence et une autre intelligence ; et le mouvement nerveux n'est pas dû à la simple *irritation*, mais encore au déplacement, à la circulation d'un fluide, ce que je définirai en temps et lieu. Pour l'instant, nous devons chercher à connaître *la nature* d'une *intelligence ;* puis il nous faudra trouver *quel est*, où se *trouve le centre sensitif* dont j'ai parlé.

Deux doctrines sont en présence pour expliquer la nature de l'intelligence : le *matérialisme* et le *spiritualisme.*

Je ne veux pas fatiguer le lecteur en reproduisant les arguments invoqués en faveur du matérialisme depuis l'antiquité jusqu'à nos jours. J'ai cru devoir le faire dans mes conférences ; comme après tout, me dis-je, on a constamment tourné dans le même cercle et qu'il n'y a rien de nouveau sous le soleil, il nous suffira de jeter un coup d'œil sur le dogme positif de MM. Littré et Robin, les pontifes de la secte matérialiste actuelle, pour juger la valeur de cette question. En tous cas, il ne faut pas sortir de la nôtre, et pour cela voyons comment l'homme et son intelligence sont définis par ces deux savants.

« L'homme, enseignent-ils, est un ANIMAL mammifère de l'ordre des primates, famille des bimanes, caractérisé taxinomiquement par une peau à duvet ou à poils rares ; nez proéminent au-dessus et en avant de la bouche qui est pourvue d'un menton bien distinct ; etc., etc. »

Je fais grâce du reste de cette définition que chacun peut lire dans le dictionnaire de médecine et de chirurgie de MM. Littré et Robin, pour arriver de suite à ce qui est relatif à *la nature* de l'intelligence.

« L'intelligence, disent-ils, est l'ensemble des facultés intellectuelles et morales considérées dans *leur unité*, se décomposant en diverses facultés ; et cet ensemble de facultés est le résultat *des fonctions encéphaliques*, c'est-à-dire du cerveau et du cervelet réunis.

« LE DOGME SCIENTIFIQUE actuel, ajoute-t-on, n'admet d'autre part ni propriété ou force sans matière, ni matière sans propriété ou force, TOUT EN DÉCLARANT IGNORER ABSOLUMENT ce que c'est en soi que *force* et *matière.* »

Notons aussitôt que malgré *cet aveu* D'IGNORANCE qui suffit à confondre la philosophie positive (parce que *rien* ne doit être secret pour une école qui proclame qu'elle est positive, c'est-à-dire complète), elle enseigne hardiment qu'en dehors de son *dogme nouveau*, rien n'est vrai. Elle ne craint même pas d'ajouter : Le dogme positif ne reconnaît aucune puissance surnaturelle, ni anges, ni démons, ni Dieu. La matière seule *existe*, se meut et se transforme en vertu d'une *force immanente* qui lui est propre.

Convenons, en face de ces prétentieuses affirmations, qu'il fallut à ces savants si peu *savants* une bien grande certitude de leur influence et qu'ils surent bien que leur haute position scientifique ferait accepter *les affirmations* sans avoir besoin d'être établies sur des *faits*, ou tout au moins sur des explications dignes de cette raison humaine dont ils font une déesse ; car sans rien expliquer, sans rien prouver, après avoir déclaré comme tout à l'heure qu'ils ne savent pas, ils se posent néanmoins en *pontifes infaillibles* de par le dogme scientifique ; et chacun d'applaudir sans même avoir pris le soin d'examiner ce qui est présenté, le nom et l'autorité des auteurs ont suffi en effet pour mettre en branle tous ces bons moutons de Panurge qui courent dès lors à leur perte sans le voir !...

Quant à nous, qui n'avons pas l'autorité nécessaire pour faire accepter ainsi ce que nous disons, nous avons dû et nous devons étayer nos enseignements sur des preuves et, continuant cette méthode, nous allons chercher ce qu'ignore la philosophie positive, à savoir : ce que c'est que *force* et *matière*. Nous arriverons par cette voie à la connaissance de *la vraie nature* de l'intelligence, et nous aurons répondu à l'objet qui nous occupe en ce moment.

Grâce à ce que nous connaissons des lois du magnétisme nous pouvons avoir une idée de ce qu'il faut entendre par ces deux termes *force* et *ma-*

tière ; et bien que dans ce cas la force et la matière ne nous apparaissent pas dans leur essence, dans leur principe, en prenant ce point de départ cela nous suffira pour y parvenir.

Ainsi donc nous avons vu, dans notre étude de la vie végétative, *une force* excitant les mouvements vitaux et faisant accomplir les révolutions des organes incapables d'action par eux-mêmes. Ce fait a été solidement démontré; et cependant on pouvait m'objecter que si un organe est lésé, la vitalité diminuant en raison de la lésion, cela pouvait faire supposer que la vitalité dépend des mouvements organiques.

Je dois répondre à cette objection possible, et je dis : Toute affection organique produit un trouble dans la circulation du sang; car un organe qui ne joue pas ou qui joue mal arrête inévitablement le sang dans sa course, ce qui rompt l'équilibre humain. Or, comme tout ce qui s'oppose à la régularité de la circulation du sang s'oppose à celle de la circulation nerveuse, cette dernière perd de son intensité par ce fait, et n'a plus la force nécessaire pour exciter régulièrement les mouvements vitaux; de là, diminution de vitalité. Néanmoins l'effort constant résultant de la pression exercée par le magnétisme général de la nature sur nos corps, effort qui tend sans cesse à faire reprendre aux courants humains leur équilibre, lutte contre l'obstacle organique et finit par triompher si l'altération locale n'est pas trop profonde. On dit alors que *la nature* a guéri le malade; et cette nature, comme on le voit, n'est autre que *la force* du courant magnétique accumulé sur l'obstacle, et cela, en raison de la résistance.

Ainsi donc la force vitale qui devient également une *force curative* est *une*, toujours la même, et l'on ne peut nier cette *entité*, c'est-à-dire cette chose qui est elle-même. En effet, étant étrangère aux forces propres des organes, elle est bien une force libre, et *sui generis*. Quant à la matière, dans le cas présent, *c'est l'organisme* avec toutes les pièces qui constituent la machine humaine, pièces qui sont incapables de mouvement par elles-mêmes, ce que j'ai suffisamment démontré.

Mais de quelle façon ce moteur agit-il sur l'organisme humain, *sur la matière?*

Cette force agit sur l'organisme, sur la grosse matière comme toutes les forces *matérielles* agissent sur une machine, c'est-à-dire qu'elle fait exécuter des mouvements *automatiques* et *invariables* qui sont la conséquence de la destination de la machine et du rôle dévolu à chacune des pièces qui la composent. La machine ne produira *rien* en dehors de sa destination, et aucune des pièces ne sortira de son attribution.

Le caractère essentiel d'une force matérielle est

donc l'absence de *liberté*, de *variété* en dehors de la destinée de la machine qu'elle met en mouvement. C'est ce que nous voyons, par exemple, pour l'eau qui tombe sur la roue d'un moulin ; la force qui est l'eau ne fera pas sortir la roue de son mouvement circulaire qui est celui en vue duquel on l'a construite. Ainsi de la vapeur qui ne produira pas d'autre mouvement que celui de va-et-vient du piston d'une machine, parce que ce piston est placé pour exécuter ce mouvement et non un autre. Ainsi enfin de tous nos organes qui, mis en mouvement par la force vitale, ne sortiront jamais du rôle qui leur est échu : le sang circulera toujours, le cœur battra, l'estomac digérera, les poumons s'empliront d'air et se revideront ensuite, en tout et partout nous ne verrons que ce caractère automatique et fatal résultant de l'action d'une *force matérielle*.

Voilà pour le côté physique, palpable, expérimental.

Mais, entre la force dont je viens de décrire le caractère, nous voyons une autre force commander à la vie de relation, à nos mouvements ; et si nous l'observons, nous constatons que son caractère est tout *l'opposé* de la précédente. En effet, nous trouvons là, au lieu de la fatalité dans l'action, les caractères inverses : *liberté*, *spontanéité*, *variété*. Donc, *la force motrice* des mouvements de la vie de relation n'est pas de *la même nature* que celle de la vie végétative; or celle-ci étant *matérielle*, l'autre doit être SPIRITUELLE, c'est-à-dire MATÉRIELLE.

Voilà, il me semble, la meilleure preuve de *l'existence de l'âme ;* et de plus, grâce à cette preuve tirée de la différence qui existe entre deux forces que nous venons d'étudier, nous avons aussitôt une idée de la *force spirituelle,* et par conséquent nous comprenons ce que sont *la force* et *la matière* dans LEUR PRINCIPE. Enfin, en partant de là, nous sommes conduits par la logique à reconnaître que *la force* dans son essence peut exister sans la matière ; mais le cadre de cet ouvrage ne me permettant pas de m'appesantir sur cette dernière proposition, nous passerons outre.

L'essentiel pour nous à présent c'est *d'être sûrs* que nous avons UNE AME SPIRITUELLE et IMMORTELLE, qui commande *par sa volonté* aux mouvements de la vie de relation, et qui est de par une de ses facultés NOTRE INTELLIGENCE. De cette démonstration il résulte nécessairement la conclusion suivante : LA NATURE DE L'INTELLIGENCE EST SPIRITUELLE.

Tout en acceptant ma démonstration, mes adversaires ne manqueront pas de faire ressortir que les animaux présentant les mêmes caractères de liberté, de spontanéité, de variété dans les mouvements de la vie de relation, doivent être également dotés d'une âme spirituelle. C'est une conséquence *rigoureuse*, diront-ils, de vos définitions.

Je répondrai que je n'ai pas le moindre doute sur l'existence d'une âme chez les animaux. En effet, toute créature animée doit nécessairement avoir une âme, et cela est indiqué surabondamment par l'expression elle-même puisqu'elle est tirée du latin *anima*, qui signifie âme. Seulement il s'agit de s'expliquer sur ce sujet qui est des plus délicats, et je vais essayer de le faire de mon mieux. Dans ce que je vais dire, je ne prétends pas établir des *principes absolus*, je ferai simplement part de mes observations et des déductions que j'en ai tirées, laissant aux docteurs en théologie le soin de prononcer en dernier ressort.

On m'objectera de suite que cela n'est plus à faire, et que saint Thomas d'Aquin a prononcé ce jugement, que c'est à lui que l'Église se rapporte entièrement. Je m'empresse de dire que je m'incline devant cette autorité, seulement, appuyé sur les démonstrations des phénomènes psycho-magnétiques que j'étudie dans le cours de cet ouvrage, j'apporterai peut-être quelque éclaircissement dans l'explication de ce qui est relatif *à la nature* de l'âme chez l'animal.

Saint Thomas d'Aquin, tout en admettant l'existence *d'une âme* dans les animaux, déclare qu'elle est *substantielle*, que par ce fait elle ne peut être *subsistante*, c'est-à-dire immortelle. D'autre part, la théologie professe que l'animal n'a que des *sensations*, qu'il n'est pas susceptible des *sentiments* qui sont la conséquence de *la raison*. La raison, selon la théologie, est remplacée chez l'animal par *l'instinct* qui est le résultat *des facultés matérielles*.

Si j'étais seul pour recevoir ces enseignements, je ferais taire ma raison, et en fils soumis de l'Eglise je passerais outre. Mais les objections que je vais me permettre de faire, *d'autres* pourront les faire, et je vais les laisser parler.

En acceptant, *diront ces autres*, que l'âme des animaux est *substantielle*, il résulte qu'elle est forcément matérielle, ce qui fait qu'elle est mortelle. Or, si les âmes animales sont matérielles, elles ne devront produire que l'automatisme dans les mouvements, selon que cela nous a été démontré précédemment, et c'est le contraire que nous voyons !...

D'autre part, vous professez que l'animal est susceptible de la sensation *seulement*, et non des *sentiments*, et nous constatons le contraire tous les jours, car nous sommes étonnés souvent des sentiments d'affection ou de répulsion, voire même de la haine chez l'animal, et *tutti quanti*.

Voilà pour le sentiment ; quant aux phénomènes intellectuels si multiples, si variés, si admirables dans certaines classes d'animaux, ils sont également indéniables ; et c'est ce que Bernardin de Saint-Pierre entre autres ne cessait d'admirer. Notre grand naturaliste Cuvier, qui certes est un observateur digne d'être pris en considération, conclut après avoir étudié le *caractère* de l'intelligence de l'animal : *« qu'on ne peut nier qu'il y ait dans les bêtes, perception, jugement et habitude,* » ce qui n'est pas le fait de la matière.

La question de l'existence de l'âme chez les animaux a été de tous temps la roche dangereuse contre laquelle est venu se heurter le spiritualisme. Nous constatons à regret que saint Thomas lui-même est loin de satisfaire à la raison et à l'observation, bien qu'il ait admis l'âme substantielle. Descartes qui est un spiritualiste distingué, se trouvant, comme tant d'autres, fort embarrassé de définir l'âme de l'animal, n'a rien imaginé de mieux que de la nier, et de ne reconnaître que *l'instinct* chez la bête, ce qui fait d'elle *un pur et simple au-*

tomate. Cette doctrine a fait bien du mal au spiritualisme, car les matérialistes, s'appuyant sur les observations des naturalistes, ont conclu à la négation de l'âme humaine, comme résultant de leurs comparaisons entre l'homme et l'animal.

Puisque la doctrine de saint Thomas n'a pas satisfait les savants, puisque Descartes n'a pas été plus heureux, de quel côté devons-nous diriger nos recherches ?... Il nous reste *un fait établi* d'après mes démonstrations, à savoir : que le *principe moteur* de la vie de relation est SPIRITUEL chez tous les êtres animés.

J'entends à l'avance les cris que fera jeter cette déclaration ; aussi je m'empresse de réclamer un peu de silence, car je vais essayer de m'expliquer en peu de mots, et je dis : L'HOMME SEUL a le privilège insigne d'avoir été doté *d'une âme créée à l'image de Dieu ;* et par cela, *lui seul* est appelé à l'Éternité qu'il doit conquérir par la douleur, le travail et la lutte contre le MAL. Tandis que l'âme de l'animal est une *âme animale*, qui malgré *sa nature spirituelle* sera *anéantie* après la mort de l'animal, voici pourquoi et comment :

Quand nous étudierons *la virtualité* de la volonté, ce que j'avance ici sera facile à comprendre. Pour le moment je suis obligé de dire seulement que l'âme de l'animal est *le simple effet* d'une *volonté divine ;* et que, semblable à ce qui résulte de *l'action* de notre volonté une fois exécutée, *le mouvement cesse* une fois l'acte du vouloir accompli. Il en est de même de l'âme des animaux. Cette origine et cette nature de l'âme animale expliquent les caractères de chaque race et de chaque espèce, elles expliquent pourquoi l'animal naît avec une intelligence, dotée de tout ce qui est nécessaire à sa conservation et à ses besoins. Quant aux phénomènes de sentiments et d'intelligence, ils sont en rapport avec le but vers lequel l'animal a été créé. Enfin, l'âme animale n'est douée que de ce qui concerne *la vie de relation* ; mais comme elle est anéantie après la mort de l'individu, elle ne jouit pas du troisième mode de vie qui est l'attribut de l'homme, à savoir *la vie intellectuelle* qui est celle des anges, vie que nous devons nous efforcer à conquérir grâce aux mérites de J.-C. notre Sauveur. Nous étudierons cette sorte de vie chez l'homme en temps et lieu.

Voilà ce que mes observations m'ont appris, et je le rapporte simplement, laissant, comme je l'ai dit, aux docteurs en théologie le soin de mieux définir cette question.

Après cette longue digression, je suis obligé de revenir à la preuve que j'ai donnée *sur l'existence de l'âme*. Car, bien que mes conclusions aient été établies sur *des faits*, il se pourrait, malgré la rigueur des conséquences que j'en ai tirées, que le matérialisme essaye de revenir à la rescousse dans l'espoir d'ébranler mes arguments et que, ripostant selon sa méthode affirmative, il me rappelle cette partie de son dogme : *Le cerveau pense comme l'estomac digère, chacun de ces deux organes fonctionnant selon sa constitution ;* et pour mieux appuyer cette dernière assertion, on ajouterait que moi-même je viens d'écrire qu'un organe mis en action par *la force vitale* produit fatalement ce à quoi il est destiné.

Il faut donc que je réponde par avance, et voici ce que je dis :

D'abord, on ne doit point comparer le cerveau, à

cause de ses fonctions multiples et variées, à l'estomac qui, semblable à tous les autres organes de la vie végétative, n'accomplit qu'une *seule* et *unique* fonction, qui d'autre part se rattache simplement à cette vie végétative.

Pour étudier sûrement *la nature* des fonctions cérébrales, il faut les diviser en deux classes bien distinctes : celle qui est du domaine de la vie végétale, et celle qui concourt à la vie de relation.

Pour ce qui est du rôle du cerveau dans la vie végétative, nous le tenons le même que celui des autres organes, Son rôle est d'être le *centre nerveux*, la *principale pile magnétique* de notre corps, et il a en outre comme fonction organique la mission de distribuer à tout l'être humain le fluide magnétique qu'il a préparé. Aussi, sous l'action de la *force vitale*, le cerveau ne sort pas de cette attribution. Il reste un des organes de la vie végétative, mis automatiquement en action par la force matérielle dont nous avons stipulé le caractère, et dans ce cas, *il ne produit aucune pensée*. Mais sitôt qu'il s'agit de la vie de relation, c'est bien différent !... Car le cerveau *étant mis en action* par la force qui préside à cette sorte de vie, force dont nous connaissons la nature, *la pensée jaillit aussitôt*. Le cerveau n'a donc pas *créé* la pensée, et c'est donc bien de l'âme qu'il l'a reçue. Donc là encore les matérialistes trouvent leur dogme en défaut, et ils sont forcés de convenir que, faute d'observation, ils ont pris l'*effet* pour la *cause*. Ajoutons, pour clore ce débat, que les deux forces motrices que nous connaissons sont tellement indépendantes l'une de l'autre, qu'elles sont privées d'une action réciproque; ainsi la *force* de la vie végétative, ayant son système nerveux *à elle* qui limite son empire, ne sera pas capable de faire déterminer le plus petit des actes de la vie de relation; et à son tour, *la force* de la vie de relation qui possède également son système nerveux spécial, est incapable de commander en quoi que ce soit aux mouvements *vitaux* selon que je l'ai précédemment expliqué. Il résulte donc bien évidemment, de par ces dernières preuves tirées des dispositions anatomiques, que nous sommes en présence de deux choses différentes qui constituent l'homme : L'AME ET LE CORPS.

Ayant répondu à notre première question sur la nature de l'intelligence, nous devons étudier la deuxième : *Où se trouve le centre sensitif?*

Voyons avant tout si le matérialisme, si la science des sciences, si le dogme du progrès, le positivisme en un mot, nous a dit *ce qu'il est, où il se trouve;* et revenons à MM. Littré et Robin.

« L'âme, nous ont-ils déclaré, est le résultat des fonctions encéphaliques, l'ensemble des facultés intellectuelles considérées dans leur unité. »

Eh bien! avec la meilleure volonté du monde, il

est impossible de voir autre chose dans cet axiome (qui est *lancé* comme tous les autres, c'est-à-dire sans démonstration ni preuves), *qu'un tour de plume des plus adroits*, mais complètement dépourvu de bon sens et par contre de logique relativement au cas qui nous occupe.

Les personnes qui ne réfléchissent pas, celles à qui l'instruction fait défaut pour apprécier ce qu'elles lisent, ou celles qui acceptent *tout* sous le couvert de *la marque de fabrique*, sont immédiatement séduites par ce simple exposé ; car il semble naturel qu'il en soit du cerveau comme de tout autre ensemble *matériel* destiné à constituer un tout, une *unité*. Tel, par exemple, un orgue qui est une *unité* comme orgue, mais qui est composé d'une énorme quantité d'unités, soient : le buffet, les soufflets, les tuyaux de tous calibres et de toutes grandeurs, les claviers, etc., etc.

Ainsi donc, prenant pour terme de comparaison l'exemple que je viens de donner, figurons-nous le cerveau humain comme un orgue dont les *facultés intellectuelles* sont les *unités particulières* remplaçant ici les tuyaux, les soufflets, les claviers, etc. Nous conclurons évidemment à une *unité* résultant de l'ensemble des *facultés*.

C'est très bien, nous convenons du fait, et nous reconnaissons que nous avons là une machine admirablement constituée ; mais... Ah !.., il y a un mais terrible, car si nous représentons chacune des deux machines en mouvement (l'orgue et le cerveau), nous sommes forcés de convenir qu'il faut à l'une comme à l'autre un *principe*, un *centre d'action* qui, par ce fait, devient un *centre sensitif*.

Nous savons que le *principe* d'action pour l'orgue, c'est l'organiste qui devient forcément un centre *sensitif*, car il faut qu'il possède cette dernière qualité au plus haut degré, sans cela il ne sentira pas, il ne jugera pas ce qu'il veut exprimer, et il sera un *mauvais artiste*.

Mais dans le cerveau, où trouverons-nous le principe d'action, le *centre sensitif?*

On a cru autrefois à un *sensorium commune*, à un noyau central quelconque où toutes les circonvolutions cérébrales aboutissent; mais *l'expérience anatomique* et *les expériences physiologiques* ont irrévocablement démontré qu'il n'existe pas de point central ni dans le cerveau, ni dans le système nerveux. Où donc alors se rattacheront les facultés intellectuelles pour constituer *un centre* que chacun reconnaît sans s'en douter, et qui est représenté par *le moi* vers lequel tout vient converger et duquel tout s'échappe?

Puisque le matérialisme n'a pas su nous indiquer où se trouve ce centre, puisqu'il n'a pas su nous dire comment il entre en action et comment il perçoit les sensations, nous sommes obligés de nous tourner vers le spiritualisme qui nous force à convenir qu'il existe en nous autre chose que la matière et ses réactions, c'est-à-dire l'âme dont j'ai démontré l'existence, l'âme spirituelle et intelligente douée de par cette nature spéciale et différente de celle du corps, de la puissance d'agir, de penser et de sentir, et nous disons : L'AME EST DONC BIEN LE CENTRE SENSITIF. Oui, ajouterai-je, l'âme *seule* jouit de toutes les facultés qui caractérisent l'intelligence humaine, et le corps n'est que l'intermédiaire destiné à mettre en contact l'*esprit* ou l'âme avec la *matière* qui nous environne. C'est avec le secours du corps que l'âme se manifeste au dehors, c'est encore par lui qu'elle subit les influences de dehors qui déterminent la *sensation*.

Pour clore ce débat, établissons encore une autre comparaison entre l'orgue et le cerveau :

Nous savons que pour faire rendre à l'orgue ce qu'il peut donner, il faut *l'action* d'un artiste qui parle au moyen de son instrument. Or, l'artiste est *une intelligence*, ceci est incontestable. De là cette conclusion forcée : Donc c'est bien une intelligence qui se manifeste au dehors au moyen du corps. Enfin, imaginons-nous en dernier lieu les facultés intellectuelles d'après le dogme matérialiste, considérons-les comme fonctionnant en vertu de cette *force immanente* de la matière, force que l'on a pris garde de définir de même que tout ce qui est professé par l'école positive. Ajoutons même à cela ce que nous connaissons de la force vitale, qu'en résulterait-il ? Il en arriverait ce qui aurait lieu dans un orgue si on y lâchait le vent sans direction intelligente, et nous assisterions à la plus horrible de toutes les cacophonies. Oui! — Voilà ce que produirait le cerveau s'il était l'organe générateur de la pensée, et s'il était mis en mouvement par l'action automatique d'une force matérielle ; mais nous avons suffisamment démontré qu'il n'en est pas ainsi, et qu'une force spirituelle, intelligente par sa nature, règle et dirige à son gré les fonctions cérébrales.

Je m'arrête à toutes ces preuves qui doivent suffire à elles seules pour démontrer *l'insanité* des doctrines matérialistes qui sont présentées, et qui finissent par être considérées comme le plus haut degré des conquêtes scientifiques; mais je n'ai pas que ces seules armes pour établir la vérité du spiritualisme, je puiserai une nouvelle force, non plus dans des arguments, mais dans *les faits* qui résultent des phénomènes *psycho-magnétiques* vulgairement désignés à eux seuls comme étant le magnétisme.

Je viens de dire que le corps est *l'intermédiaire* destiné, de par sa construction, à mettre l'âme, dont l'essence est spirituelle, en contact avec *le monde* où nous vivons ; et j'ajoute que cette constitution du corps n'est elle-même qu'une suite d'intermédiaires subtilisés de plus en plus jusqu'à ce qu'ils atteignent le suprême degré de ténuité de la matière, de sorte qu'elle devient enfin capable d'un contact avec l'esprit.

Là se présente une nouvelle question qui a été l'objet de laborieuses recherches de la part de tous les physiologistes spiritualistes. Ces savants se sont demandé *comment il se fait que deux êtres si distincts, l'âme et le corps ou l'esprit et la matière, soient unis au point d'agir l'un sur l'autre sans se confondre?*

Notons en passant que les matérialistes se sont posé la même question, que n'y trouvant pas de réponse, ils ont trouvé plus commode de la résoudre en niant l'esprit. C'est ainsi que s'égare toujours l'esprit humain quand il ne sait pas se modérer, il atteint inévitablement l'un ou l'autre des deux extrêmes. Certains idéalistes ont imité en sens inverse les naturalistes, car ils sont arrivés à nier la matière. Laissons ceux-là de côté pour ne nous occuper que des sages qui ont essayé de concilier ces deux extrêmes en cherchant à établir l'existence d'un intermédiaire capable d'unir la matière à l'esprit dans des conditions telles qu'on évite la confusion des deux natures.

Nous devons nous souvenir que le divin Platon enseignait l'existence d'une *âme animale* destinée à l'union de l'âme avec le corps. J'ai dit dans mon premier volume qu'il attribuait en outre à cette âme le gouvernement des mouvements vitaux. Nous savons par conséquent qu'il faisait naître l'âme animale d'un dédoublement de l'âme spirituelle au moment où elle prenait possession du corps lors de la naissance. Eh bien, sauf quelques variantes, l'idée de Platon a constamment dominé la philosophie spiritualiste, et j'ai fait voir dans ce même premier volume que la plupart des physiologistes l'ont tantôt considérée comme unique mais intelligente, ou multiple et représentée alors par une foule d'esprits, de vrais esprits que l'on a baptisés du nom de viteux ou d'animaux selon le cas, sans compter *l'archée* de Paracelse et de Van Helmont, cet esprit qui siégeait à l'estomac pour veiller sur notre santé dont il avait la garde spéciale.

Descartes et Mallebranche avaient admis *les causes occasionnelles*, et faisaient remonter jusqu'à Dieu le gouvernement de l'organisme; c'est ce que j'ai cité en parlant des doctrines de Stahl.

Leibnitz voyait dans l'union de l'âme au corps le fait d'une *harmonie préétablie.* Il est dans l'homme, disait-il, une harmonie si parfaite que l'âme et le corps n'agissent point l'un sur l'autre; mais grâce à l'harmonie qui existe entre eux, ils se développent selon des lois qui leur sont propres, à l'une et à l'autre, et éprouvent des modifications qui correspondent exactement aux modifications de l'une et de l'autre.

Rodolphe Cudworth, philosophe anglais du XVIIIe siècle, fit dépendre l'union de l'âme et du corps d'un *médiateur plastique.* Voici un résumé de son idée : croyant avec Platon aux types primitifs, il imagina, pour expliquer la formation des corps, des *natures plastiques* ou forces aveugles destinées à rassembler et à organiser les parties de la matière inerte, et qui n'étaient autres que les instruments de l'Intelligence Suprême. Il faisait de ces natures plastiques des êtres *distincts* de l'âme et du corps, et soutenait qu'ils étaient chargés de communiquer les influences intermédiaires de l'âme au corps.

Mais quand on a eu mieux étudié le système nerveux, on a cherché à construire autrement que sur de simples hypothèses comme celles que nous venons de mentionner. C'est ainsi que nous voyons Glisson enseigner *sans démonstrations* que le fluide nerveux est l'intermédiaire chargé d'unir l'âme au corps. Disons qu'à cette époque on croyait que les nerfs étaient des vaisseaux creux dans lesquels circulait un fluide liquide, mais des plus subtils. Nous retrouvons les mêmes idées chez Euler, philosophe d'origine suisse, ami de Condorcet; mais ce dernier, pas plus que ses devanciers, n'a rien pu établir. Bref, tout ce qui a été imaginé relativement à cette question n'ayant pas été susceptible d'expérimentations ou de démonstrations satisfaisantes, la science a passé outre et ne s'en est plus occupée.

Mes études spéciales m'ayant entraîné à la recherche du problème qui nous occupe, je vais dire ce que l'expérience m'a démontré. Serai-je plus heureux que mes devanciers? Je ne sais trop; ou du moins si on reconnaît la justesse de mes observations, n'aurai-je pas le sort de tant d'autres novateurs dont les découvertes n'ont été sanctionnées que bien longtemps après leur mort? Là n'est pas la question, et comme jamais l'amour-propre ni l'intérêt personnel ne m'ont guidé dans mes travaux, je serai suffisamment récompensé par l'espoir d'avoir fait quelque bien. Ceci étant dit, commençons notre étude.

Les naturalistes ont observé que tous les règnes de la nature sont *unis* par des intermédiaires qui tiennent de la nature du règne inférieur et du règne supérieur, servant ainsi comme d'un anneau de transition qui unit *sans interruption* cette incommensurable *chaîne* des êtres et des choses qui sont dans la nature. L'homme lui-même, étudié dans *sa vraie nature*, ne nous apparaît que comme un être de transition qui, dominant un règne inférieur, le règne animal, s'attache déjà à un règne supérieur, *qui est l'état spirituel*. L'homme en effet tient du végétal par sa vie corporelle, de l'animal par sa vie de relation ; mais quant à sa vie intellectuelle il tient de l'être spirituel, vers lequel sa fin le conduit. Ah !... si l'homme comprenait le but de sa vie, il saurait que ce but est *tout entier* dans l'avenir de sa transformation d'homme en esprit, ou mieux *en homme spiritualisé;* mais, soit dit en passant, c'est la dernière chose qui l'occupe, et il arrive malheureusement au terme de sa carrière n'ayant développé en lui aucune des conditions qui doivent lui rendre avantageuse sa future transformation. Si chacun était pénétré de cette vérité, on deviendrait meilleur; et *la charité, l'amour fraternel* remplaceraient dans les cœurs *l'égoïsme* et *l'orgueil,* causes premières des maux de l'humanité. — Voilà assez de philosophie pour le moment, et comme je m'aperçois que j'anticipe sur ce que j'ai à dire plus loin, je reviens à notre sujet.

Le corps humain, ai-je dit, est lui-même un composé d'intermédiaires, et nous en jugerons aussitôt si nous nous représentons ses diverses parties constitutives. Nous apercevons un appareil osseux qui est la charpente de l'édifice, *la partie la plus solide;* puis viennent les chairs qui ne sont autres que les muscles destinés à faire mouvoir le squelette, et déjà nous voyons qu'ils sont faits d'une matière moins solide, moins grossière que celle du squelette; après cela nous constatons plus de délicatesse encore dans la construction de presque tous les organes dans lesquels la matière a gagné un degré de raffinement; puis viennent les liquides tels que le sang et la lymphe; puis le système nerveux avec son cerveau composé d'une pâte molle préparée, comme le disait Galien, pour recevoir l'empreinte des idées; enfin nous trouvons comme dernière expression de la subtilité de la matière chez l'homme, *le fluide nerveux.*

Or, si dans tous ces éléments nous cherchons quel est le plus capable d'opérer l'union du corps à l'âme, d'être l'intermédiaire tant cherché, notre raisonnement nous dira qu'un fluide subtil est le seul agent doué des qualités requises pour opérer cette union; car il touche en quelque sorte à l'esprit par sa subtilité, tandis qu'il se rattache à la matière par sa nature. Si nous réfléchissons en outre à la sagesse et à la science qui a présidé à l'organisation de toutes choses dans la nature, sagesse et science que tout nous démontre, qu'un insecte, une fleur, comme le dit M. Xavier Saintines dans *Picciola*, *révèlent* à l'intelligence la plus endurcie, nous arrivons à conclure que non seulement l'intermédiaire en question sera le fluide le plus subtil, *mais encore le plus répandu.*

Or, la physique nous enseigne que le lus subtil des fluides est le fluide magnétique, et il est le plus répandu puisqu'il est *universel.* Donc, instruits comme nous le sommes du rôle du magnétisme dans l'organisme humain, nous sommes obligés de conclure que le *fluide magnétique est le seul intermédiaire capable d'unir l'âme au corps.*

Poursuivons encore notre examen, et rappelons-nous que c'est au moyen du système nerveux que l'âme, ce centre sensitif et ce *principe* d'action que nous connaissons, perçoit la sensation ou détermine l'action; souvenons-nous que le fluide magnétique circule constamment sur tout l'appareil nerveux, et figurons-nous alors l'âme en activité.

Nous voyons que chacun des actes de la volonté, qui est une des facultés de l'âme, détermine *l'action* dans la partie du corps à laquelle cette volonté l'aura adressée; et nous savons par les expériences physiologiques que le système nerveux n'est mis en activité que par un agent ayant la propriété de produire *l'irritation* ou *l'excitation*, qualités que j'ai reconnues en commençant notre étude de la vie de relation.

Il résulte donc *nécessairement* que LES CORPS ont *seuls* la propriété de reproduire l'irritation ou l'excitation, parce qu'eux *seuls* sont *tangibles* et par ce fait doués de la faculté d'impressionner les filets nerveux.

Tandis que les substances intangibles, impalpables, n'ayant pas de par cette nature la faculté d'impressionner les filets nerveux, ne communiqueront nulle *sensation*, *nulle action*, parce qu'il n'y aura pas eu *irritation*.

Or, l'esprit ou l'âme est *intangible, impalpable*, elle ne se révèle aucunement à nos sens; donc elle ne jouit pas de la propriété *irritante* nécessaire à impressionner le système nerveux qu'elle ne mettra jamais en action *directement*.

Il faut donc *absolument* que l'âme ait à sa disposition *un corps* assez subtil pour arriver jusqu'à elle et assez *matériel* pour déterminer l'*irritation* sur le système nerveux. *Elle ne peut agir qu'à cette condition*. Eh bien, nous voyons une fois de plus, grâce à ces nouvelles recherches, que le fluide magnétique étant le fluide nerveux, est bien l'*intermédiaire* qui relie l'âme au corps. Mais l'âme touche au corps par toutes ses parties (si on peut s'exprimer ainsi afin de mieux faire comprendre mon idée), donc le fluide magnétique doit *l'envelopper* afin de s'opposer au contact *direct* de l'esprit et de la matière, ce qui les exposerait à la confusion que tous les spiritualistes ont jugée impossible pour la dignité de l'âme; cela prouve donc que le fluide magnétique est le premier vêtement, non seulement de l'âme, mais de *tout esprit* qui se trouve ainsi isolé, *personnifié*. N'est-il pas logique que s'il était privé d'une enveloppe quelconque, un esprit se fondrait, se noierait dans *le grand esprit* comme le nomment les Indiens? Il en serait de l'esprit dépourvu de son vêtement comme d'une goutte d'eau, si, avant de la jeter dans l'Océan, on avait pris le soin de la renfermer dans une capsule *solide*, assez forte pour lui conserver sa personnalité. Sans cette capsule, la goutte d'eau se perdrait dans l'eau de l'Océan comme un esprit se perdrait dans l'océan infini de la nature spirituelle de Dieu; et la responsabilité individuelle n'existant plus, nous aurions : *le panthéisme.*

Mais il n'en est pas ainsi, et nos démonstrations, appuyées sur des faits et sur la science, nous ont prouvé que l'esprit est isolé au moyen du fluide magnétique destiné en même temps à relier l'esprit à la matière; et j'ajouterai : L'âme a tellement besoin de ce fluide pour s'habiller qu'elle *l'aspire* en quelque sorte avec ardeur, et c'est ainsi qu'elle devient *le principe de notre vie*, bien qu'elle n'en ait pas *la direction* comme je l'ai établi ailleurs. Voilà pour la vie végétative; mais outre les mouvements qui naissent de l'impulsion de l'âme pour manifester la vie au dehors, outre la cause de vie corporelle que je viens d'énoncer, comme par sa nature l'âme est *vivante*, elle pénètre par le rayonnement de sa vitalité propre tout l'organisme, comme le ferait par exemple une lumière placée dans un falot dont les parois brillent de l'éclat des rayons de la lumière intérieure.

Pour le sujet qui précède, je n'ai pas les seuls

moyens de défense que j'ai tirés de la démonstration, *les faits* résultant des phénomènes psycho-magnétiques sont là pour mieux établir ce que je viens d'enseigner.

Il ne me reste plus qu'à tirer de tout ce que je viens d'établir, la conséquence suivante : *Chacun des actes de l'âme correspondant à chacune de ses facultés, détermine le déplacement du fluide magnétique par la vibration des ondes de ce fluide. Elles sont en raison de la force et de la vigueur de l'acte aussi bien que de sa durée.*

Il résulte enfin : *que l'action magnétique exercée par un homme sur un autre étant le résultat de l'activité de l'âme, nous devons voir en cela la manifestation d'une* FORCE SPIRITUELLE *ainsi que son mode d'action;* et nous dirons : *L'action magnétique d'un homme sur un autre n'est pas le fait d'une puissance* CORPORELLE *comme on l'a faussement enseigné jusqu'alors; mais bien une action* PSYCHO-MAGNÉTIQUE, *selon que déjà je l'ai nommée.*

Et maintenant, si nous raisonnons par analogie, en partant de la connaissance que nous avons de l'intermédiaire qui sert de trait d'union entre la matière et l'esprit, nous arriverons à comprendre que cet agent mixte est d'origine divine. En effet, l'action du Créateur se manifeste *en tout* et *partout*, non seulement par sa présence, mais par *le rayonnement de sa volonté*, qui est le principe du mouvement des mondes, comme le nôtre est celui des mouvements du corps. Le rayonnement de la volonté divine fait mouvoir ces mondes et les vivifie *jusque dans les atomes les plus ténus*. Nous concevons facilement que ce rayonnement de la volonté divine n'est pas plus Dieu que le rayonnement de notre volonté est nous-mêmes.

Or, le rayonnement de notre volonté n'est autre que le déplacement du fluide magnétique chassé au dehors par l'acte du vouloir; donc, le rayonnement de la volonté de Dieu doit être fluidique, et ce fluide ne peut être autre que le fluide magnétique, parce qu'il est le *seul* dont on constate la présence *en tout et partout,* donc c'est par ce fluide que Dieu vivifie la nature ; et cela explique en outre pourquoi il est la première enveloppe de l'esprit. Car du moment où le Créateur s'enveloppe dans les rayons de sa puissance pour s'isoler de sa création, à plus forte raison les esprits de tous degrés devront être doués de la faculté de s'envelopper de ces mêmes rayons à l'aide desquels ils agiront sur la matière, imitant encore en cela l'auteur de toutes choses.

Saint Thomas d'Aquin interrogeant le saint sacrement, devant lequel il écrivait sa Somme, lui demande : *Qu'est-ce que la matière?* Il lui fut répondu : Ce que tu nommes matière n'est que *la manifestation* d'un premier principe qui est d'origine divine.

Pour moi, je n'hésite pas à dire que le fluide magnétique me semble *le premier* élément de la matière. La chimie diminue chaque jour le nombre de corps que l'on avait considérés autrefois comme des corps simples. La logique nous dit qu'il ne peut, qu'il ne doit y avoir qu'un corps élémentaire, qu'un corps *premier*, et toutes les formes de la matière ne doivent être que des modifications de ce corps élémentaire.

A présent que j'ai établi quelle est la nature de l'intelligence, quel est le centre sensitif qui est en même temps LE CENTRE MOTEUR ; connaissant le mécanisme de l'action de l'âme sur le corps, nous pouvons étudier un autre sujet qu'il était impossible d'expliquer sans ces études préalables, je veux dire : les influences de l'âme sur le corps, *et vice versâ*[1].

1. Voir page 401 : *Note explicative;* je prie le lecteur d'en prendre connaissance avant de lire le chapitre suivant.

III

DES INFLUENCES DU MORAL SUR LE PHYSIQUE

Lorsque j'ai démontré que la vie végétative est indépendante de celle de l'âme, qui préside à la vie de relation, j'ai ajouté que chacune de ces deux vies possède un système nerveux spécial qui limite à chacune son empire, et cependant, l'âme agit par ses émotions et ses passions sur toutes les parties de notre être. Comment cela se peut-il avec de telles dispositions anatomiques? doit-on se demander.

Je vais répondre à cette question fort juste, et je dis : La vie de relation ne consiste pas seulement dans les actes résultant de l'activité de la volonté, mais *les sensations* sont encore de son domaine, comme nous venons de le constater. Aussi le système nerveux de la vie de relation, nommé *cérébro-spinal*, ne se compose pas seulement *des nerfs moteurs* qui sont destinés à transmettre les actes de la volonté, mais à ces premiers se joint un nouvel ordre de filets nerveux, *les nerfs sensitifs*, qui ont pour mission de porter à l'âme la sensation.

Ces deux sortes de nerfs sont tellement distincts, quoique souvent réunis, que l'on peut dire qu'il y a deux systèmes nerveux dans la vie de relation, l'un moteur, l'autre sensitif, qui, réunis à celui de la vie végétative, nous donnent le nombre *trois*, nombre harmonique par excellence, qui nous apparaît constamment dans la nature pour la constitution de *l'unité*.

Je viens de dire que le système nerveux sensitif est réuni à celui de la vie végétative, je vais l'expliquer, car c'est essentiel pour nous rendre compte du mécanisme des choses que nous étudions.

On a nommé *ganglionnaire* le système nerveux de la vie végétative, parce qu'il possède dans le voisinage du cerveau, au cou, dans la poitrine, dans l'abdomen, des *centres* nerveux ayant la forme d'une glande que l'on nomme aussi *ganglion*.

On a considéré ces ganglions comme des sortes de petits cerveaux qui sont très nombreux. On en compte une cinquantaine depuis la région voisine du cerveau jusqu'au bas de l'abdomen. Ils sont placés en dedans du corps de chaque côté de la colonne vertébrale, et *c'est là qu'ils s'empressent de s'unir aux nerfs sensitifs* de la vie de relation aussitôt que ces derniers s'échappent des trous par où ils sortent de la colonne vertébrale.

Cette union permet donc au système nerveux ganglionnaire de transmettre à l'âme les impressions organiques, de l'avertir que tel ou tel organe souffre ou languit, et cela par l'entremise des nerfs sensitifs, comme nous venons de l'expliquer. Or, l'âme étant en communication avec la vie végétative par le système nerveux *sensitif*, cela nous fait comprendre pourquoi elle est privée de toute action *motrice* dans les mouvements organiques qui s'accomplissent à son insu, selon que nous l'avons défini précédemment.

Tout se résume donc pour l'âme, placée dans les conditions où elle se trouve vis-à-vis des organes, à la simple faculté de *sentir* les impressions qu'ils communiqueront; puis, à un temps donné, elle leur transmettra à son tour *ses sensations*, en vertu de ce que l'on a nommé l'action réflexe.

De son union avec le système nerveux cérébro-spinal, le système nerveux ganglionnaire retire, au point de vue de la vie végétative, un avantage que je dois faire ressortir, et je dis : S'il n'avait pas de nombreuses attaches avec celui de la vie de relation, il ne recevrait pas assez vite ni en assez grande abondance le fluide magnétique qui lui est nécessaire pour exciter les mouvements organiques, à cause de sa situation profonde.

En effet, il est aisé de concevoir quels obstacles le fluide nerveux aurait à franchir de la périphérie du cœur à son centre; et nous comprenons que si telle eût été la voie d'absorption du fluide magnétique destiné à la vie végétative, ce fluide aurait éprouvé de grands retards dans sa circulation, retards occasionnés par la masse des parties.

Il fallait donc, de toute nécessité, que l'arrivée du fluide magnétique dans le système nerveux ganglionnaire fût *assuré* et *facile*. C'est ce qui résulte de l'union des deux appareils nerveux; car le magnétisme attiré par le cerveau, qui est le principal agent d'attraction, avons-nous défini ailleurs, se porte de par cette communication aussi aisément sur l'un que sur l'autre de ces deux appareils nerveux.

Mais le système nerveux ganglionnaire n'a pas seulement avec l'autre appareil nerveux les points d'attache que j'ai indiqués, il en a un qui est *capital* et que je vais faire connaître, c'est son union avec le nerf pneumo-gastrique, le plus important de tous les nerfs de la vie organique (bien qu'il soit simplement un nerf sensitif), qui part directement de l'encéphale où il prend naissance dans un sillon du bulbe rachidien. Ce bulbe se trouve immédiatement en arrière du cervelet. Il se présente sous la forme d'un renflement qui va en s'amincissant pour atteindre le calibre de la moelle épinière, laquelle semble son prolongement. On peut facilement se rendre compte de cela soit sur une cervelle de veau, soit de mouton.

Le nerf pneumo-gastrique se rend à tous les organes *essentiels* à la vie, à savoir : au pharynx, au larynx, aux poumons, au cœur, à l'estomac, au foie ; et sur son trajet il envoie déjà quelques filets nerveux aux ganglions du système nerveux ganglionnaire ; mais une fois arrivé à l'estomac, il fusionne en quelque sorte ses branches nombreuses en cet endroit, comme celles des extrémités d'un arbre, avec celles de la vie végétative.

Il résulte de cette fusion ce que l'on nomme en médecine *un plexus*, c'est-à-dire un enroulement considérable de nerfs. Ce plexus a reçu le nom de *Plexus solaire*, et comme il joue un grand rôle dans nos émotions et dans nos sensations, il était essentiel, on le voit, que je le fasse connaître.

Si nous avons une forte émotion, n'est-ce pas à l'estomac, en effet, que nous recevons l'impression, comme celle *d'un coup* semblable à celui que nous ressentirions si nous étions frappés avec un corps dur? Si nous sommes affectés péniblement, notre estomac ne se resserre-t-il pas aussitôt? Nous y éprouverons même la sensation d'un poids comme le produirait la présence d'un corps étranger embarrassant.

L'existence du plexus solaire explique également

l'excessive sensibilité de la partie stomacale, sensibilité qui est telle chez certaines personnes qu'une pression quelque peu prolongée les ferait évanouir.

J'ajouterai enfin pour compléter ce que je viens de dire, que le plexus solaire est formé en outre par la réunion d'autres filets nerveux venus des organes voisins de l'estomac; puis de nombreux filets nerveux rayonnent de là pour suivre les principales artères de l'aorte abdominale et toutes les veines qui s'y rattachent ainsi que tous les vaisseaux sanguins de l'estomac. Je ferai observer à ce propos que cette disposition prouve à nouveau ce que j'ai enseigné sur le rôle du sang vis-à-vis du fluide nerveux; car nous voyons ici que la masse du sang est, comme partout, du reste, *en raison directe* de la quantité des nerfs qui s'y trouvent. Il le fallait surtout là où le plexus solaire forme un nouveau centre nerveux qui se comporte vis-à-vis du système nerveux ganglionnaire comme le cerveau pour l'autre appareil nerveux; et j'ajoute que c'est à l'aide de ce deuxième centre nerveux que la vie végétative tire le contingent du magnétisme dont elle a besoin, tandis qu'elle reçoit l'autre part de ce fluide par ses attaches avec les nerfs sensitifs selon que je l'ai indiqué il y a un instant.

De plus, lorsque nous sommes couchés et que, par ce fait, nous avons changé notre centre de gravité, le plexus solaire est destiné à constituer un pôle nouveau assez puissant de par sa structure pour établir un nouvel équilibre dans les fonctions organiques.

Ce léger aperçu anatomique nous suffisant pour comprendre *le mécanisme* des rapports de l'âme avec les organes, nous allons commencer nos recherches *sur la nature des influences subies par l'organisme sous l'action des émotions de l'esprit;* mais avant de parler de *moi*, je crois utile de jeter un rapide coup d'œil sur les travaux de mes prédécesseurs. Telle est la marche que j'ai suivie pour mes conférences, considérant que c'est le seul moyen de faire entrer dans le vif de la question. Je ferai donc de même ici ; mais au lieu d'analyser, comme je l'ai fait alors, les principales doctrines matérialistes (parce que je jugeais que mettre en parallèle les enseignements du matérialisme avec ceux du spiritualisme, c'était faire apprécier aussitôt de quel côté sont les arguments les plus rationnels, et par contre les plus solides), je me contenterai d'esquisser aujourd'hui une seule école *positive*, celle du grand Cabanis, un académicien de la Révolution, qui compte encore beaucoup d'adhérents. Enfin, connaître une seule école de ce genre, c'est les connaître toutes; car il n'y a que *l'étiquette* qui change, la marchandise est la même partout.

Nous avons appris que pour MM. Littré et Robin, l'âme est l'ensemble des fonctions cérébrales considérées dans leur unité. Pour Cabanis, *le moral n'est que le physique considéré sous une autre face*. Il établit ensuite que l'ordre étant essentiel à la matière, il y a *unité* d'impulsion générale dans les corps, ou coordonnance entre tous les mouvements imprimés, surtout dans les corps organisés *où tout est solidaire*.

Afin de mieux expliquer la solidarité *du tout* humain Cabanis dit : « Quand plusieurs principes différents, ou même contraires, auraient agi primitivement dans l'homme, ils auraient été bientôt ramenés à l'unité d'impulsion ; c'est-à-dire à cet état des mouvements qui les confond tous dans un seul, ou qui soumet et rallie les plus faibles aux plus puissants, et par là transforme ce dernier en mouvement général et commun. On ne doit donc pas s'étonner que les opérations dont l'ensemble porte le nom *de moral*, se rapportent à ces autres opérations que l'on désigne plus particulièrement par celui de *physique*, et qu'elles agissent et réagissent les unes sur les autres, voulût-on d'ailleurs regarder les diverses fonctions organiques comme déterminées par deux ou plusieurs principes distincts. » Cabanis ajoute : « Il n'y a pas *plusieurs principes de fonctions ;* mais celles-ci sont propres à chaque organe, et si *la pensée diffère de la chaleur animale*, du chyle, etc., on n'a pas besoin, pour l'expliquer, d'avoir recours à des *forces inconnues* ou particulières telles que l'âme, pour mettre en jeu les organes *pensants*, ni pour expliquer leur influence sur les autres parties du système animal. »

« La solidarité des organes suffit pour tout expliquer, ainsi : les organes ayant reçu les impressions par leurs extrémités *sentantes*, elles sont transmises au centre de réaction ; et un centre partiel ou général renvoie à l'organe qui lui correspond les déterminations dont l'ensemble constitue les fonctions propres à cet organe. »

« Les choses ne se passent point différemment, conclut-il, à l'égard des organes particuliers dont les fonctions directes sont de produire *la pensée* et *la volonté*, c'est-à-dire *le cerveau*. »

Il y a dans ce que je viens de résumer un ensemble assez séduisant ; car il est évident qu'il existe une solidarité *indiscutable* entre tous les organes. C'est même une vérité que le médecin devrait avoir toujours présente à l'esprit, il ferait de la médecine *d'état général* puisque tout est solidaire, et il réussirait mieux ; tandis qu'il s'égare en s'adressant seulement à l'état local. Mais ce qui est vrai pour le physique ne l'est plus pour le moral, et nous le savons un peu d'après ce que j'ai démontré précédemment.

D'autre part, Cabanis parle de *centres de réaction* qui sont *partiels* ou *généraux*. Il aurait été bien aimable de nous *en indiquer* la situation et la nature. Il est vrai que cela lui eût été impossible puisque nous savons qu'on n'a jamais prouvé l'existence d'un *sensorium commune*, centre non seulement des sensations, mais des réactions !...

Nous constatons une fois encore que le matérialisme a suivi de tout temps son même système : *affirmer* sans *démontrer*. Cela n'est pas très scientifique ; mais puisque la réussite en est l'effet, c'est tout ce qu'il faut à nos adversaires.

Continuant selon la méthode affirmative, Cabanis prétend *que la sensibilité organique est le* PRINCIPE *de la vie !...*

Nous savons que cela est une grave erreur, n'est-ce pas ? car nous avons vu que c'est l'âme qui est *ce principe*. Nous savons également le rôle que le fluide magnétique joue vis-à-vis du système nerveux *qu'il met en action*, et nous constatons que Cabanis a pris *un effet* pour une *cause*. Aussi lui objecterons-nous : *La sensibilité est le résultat de la vie et non la vie elle-même.* Nous dirons donc à Cabanis : Votre doctrine péchant par la base, l'édifice est bien menacé !... Nous sommes logiques, il me semble ; et l'académicien ne l'était guère. Mais je n'ai pas cette seule erreur de physiologie à relever, continuons !

Lorsqu'il étudie les rapports qui naissent de la solidarité des organes Cabanis prétend que le cerveau diffère des autres organes en ce sens qu'il est la *source de l'action* et de *la vie*.

Voici ce que lui a répondu son éditeur à ce sujet, et je lui laisse la parole : « Il y a dans tous les raisonnements de Cabanis un cercle vicieux perpétuel. S'il est vrai comme il le prétend que tous les organes reçoivent la vie de l'action du système cérébral ; si ce système est présent partout, dirige tout, et s'il fait sentir, agir toutes les parties du corps et les régénère même, *d'où reçoit-il lui-même cette puissance organisatrice, directrice et vivifiante?* Pour être une source de vie et d'activité, ne faut-il pas qu'il soit d'abord lui-même *vivant* et *actif?* Dira-t-on avec Cabanis que cette puissance *est sa fonction*, et que cette fonction est le résultat de son mécanisme spécial ? Mais alors il faudrait expliquer ce mécanisme même, et il n'est précisément explicable que par l'intervention *d'une force* active, régulatrice qui loin d'être par conséquent une fonction organique, est la condition de toute fonction qui ne peut s'exécuter sans son aide. »

N'est-ce pas ce que j'ai dit moi-même en étudiant la force vitale ? Et grâce à ce que j'ai enseigné sur son rôle dans l'organisme nous avons le droit de répéter : *L'école matérialiste pèche par la base*, donc l'édifice doit crouler. On trouvera peut-être qu'après les démonstrations que j'ai faites précédemment, l'examen que j'esquisse est superflu ; mais tel n'est pas mon sentiment, car on ne peut trop faire ressortir les erreurs de ce dogme pernicieux, de ce cancer moral qui cherche à tout dévorer.

De la physiologie passons à la psychologie où Cabanis nous présente le cerveau comme organe générateur de la pensée, *comme expression du moral*, en tant que ce dernier est considéré comme résultant de l'action et des réactions du cerveau, action et réaction qui atteignent tous les organes *dont son action sympathique est capable d'exciter, de suspendre et même de dénaturer les fonctions*, ce qui résume les influences du moral sur le physique.

Là, encore, je laisserai l'éditeur réfuter Cabanis, j'y gagnerai de la force.

« L'influence du moral sur le physique ne désigne, dit Cabanis, *que celle du système cérébral sur les autres organes* dont son action sympathique peut troubler, exciter et même surprendre ou dénaturer toutes les fonctions. Il résulterait de sa définition telle qu'il la donne, qu'un vomissement produit par un coup porté sur la tête, qu'une attaque de paralysie déterminée par un épanchement de sang dans la substance cérébrale, devraient être considérées comme des exemples des influences *du moral* sur *le physique*. Conséquence qui est de la dernière rigueur, si l'on admet avec lui que l'influence du moral sur le physique se réduit à celle de l'organe sur toutes les autres parties. »

En effet, on ne peut sortir de ce dilemme : Si la

pensée est le résultat du jeu du cerveau, elle ne diffère pas dans sa nature et dans son action, de celles des causes physiques ; et dès lors, il est inutile de parler du moral. Je remettrai enfin en mémoire ce que j'ai dit, alors que connaissant la force vitale nous l'avons considérée dans son action sur le cerveau qui, subissant le sort des organes soumis à cet empire, était comme les autres dans un état d'esclavage et d'obéissance absolue auxquels il ne pouvait échapper, puisque la force vitale agit en vertu des lois d'équilibre, lois qui sont inflexibles. Par conséquent le cerveau étant esclave de l'action vivifiante qu'il reçoit, ne peut devenir libre *par lui-même* afin de produire la pensée. Donc la pensée vient d'une *autre force* ayant une action *plus puissante* que celle de la force vitale, puisqu'elle fait vibrer le cerveau dans tous les sens malgré l'action équilibrante de cette dernière. Ce raisonnement sera, je l'espère, une heureuse addition à la preuve que j'ai donnée de l'existence de l'âme.

En passant cette petite revue des écrits de Cabanis nous avons l'occasion d'apprécier une fois encore combien ils s'embrouillent, ceux qui veulent étouffer l'âme !... En vain ils cherchent toutes les finesses imaginables pour atteindre leur but, ils ne font que se découvrir et, par de perpétuelles contradictions, ils finissent par tomber dans le ridicule.

J'ajouterai que Cabanis a défini à sa façon le rôle

des organes et des tempéraments dans la formation des idées ; mais nous n'avons pas à les signaler puisque nous avons constaté le peu de solidité de sa doctrine. Les rameaux seront du même bois que le tronc.

Du matérialisme *absolu* de Cabanis, nous allons passer à l'examen d'une autre espèce de matérialisme auquel je donnerai la qualification *de déguisé;* car si l'auteur, le célèbre Bichat, fondateur de l'organisme professé par l'école de Paris, si l'auteur, dis-je, laisse échapper le mot *âme* dans le cours de ses écrits, lorsqu'il arrive aux conclusions on voit qu'il est loin de considérer l'âme comme un être spirituel.

Du reste, l'axiome par lequel il débute est plutôt celui d'un matérialiste ; en effet, il établit : *que tout ce qui est relatif aux passions* APPARTIENT *à la vie organique.*

Or, si les passions *appartiennent* à la vie organique, elles sont *forcément* d'origine matérielle. Mais si Bichat n'a pas assigné aux passions leur véritable *principe*, il nous a légué de trop précieuses observations sur leurs effets pour que je les passe sous silence. Je suis convaincu que mon lecteur sera heureux de les connaître, et il sera mieux préparé en même temps pour comprendre ce que j'aurai à dire à mon tour.

Sachons d'abord ce que l'on entend, dans l'art

médical, par le mot *passion*. Nous ne désignons pas avec cette expression les seuls états de l'âme comme le monde le comprend, c'est-à-dire une situation spéciale qui domine l'homme à elle seule et le soumet à son joug. Nous considérons le mot passion dans une acception plus générale, *comme exprimant les états divers par lesquels passe la sensibilité, en un mot les diverses émotions que l'âme est susceptible d'éprouver* : plaisir ou peine, joie ou tristesse, désir ou aversion, amour ou haine, admiration ou indignation, etc., etc.

Il semble au premier abord que le mot *passion* a été mal choisi pour désigner ces états de l'âme ; car il vient du latin *pati* qui signifie *souffrir*, *recevoir*; cela paraît tout opposé à l'idée d'activité que suppose une passion. Mais en réfléchissant on reconnaît que l'expression est des mieux choisies, parce que toutes ces activités ont pour conséquence d'exercer *une impression* qui est *soufferte*, *reçue* par l'âme, laquelle est le siége des sensations selon que je l'ai démontré. Puis, la répercussion de ces émotions de l'âme ira frapper l'organisme qui, de son côté, *souffrira*. Le mot *passion* est donc bien le représentant de ce qui se passe tant dans l'âme que dans le corps. Cela dit, abordons notre sujet. L'axiome que j'ai rapporté au début de cette étude sur Bichat n'est pas le seul qui nous donne le droit de l'accuser de ce matérialisme *déguisé*, comme je l'ai nommé; car plus loin il fait *ressortir* que tout ce qui est *sensation*, tout ce qui résulte de la vie des sens *est perçu par le cerveau* qui est le seul organe affecté dans ce cas.

Or si c'est le cerveau qui *perçoit* la sensation, adieu pour l'âme! Mais nous sommes suffisamment édifiés à ce propos, empressons-nous de voir ce qui est réellement beau.

« L'effet de toute espèce de passion, enseigne-t-il, est de faire naître un changement, une altération quelconque dans la vie organique.

Relativement à *la circulation* : LA COLÈRE accélère les mouvements de la circulation, multiplie dans une proportion souvent incommensurable l'effort du cœur; c'est sur la force, la rapidité du cours du sang qu'elle porte son influence.

Sans modifier autant la circulation, LA JOIE la change cependant; elle en développe les phénomènes avec plus de plénitude, l'accélère légèrement, la détermine vers la peau.

LA CRAINTE agit en sens inverse, elle est caractérisée par une faiblesse dans tout le système musculaire, faiblesse qui, empêchant le sang d'arriver aux capillaires, détermine cette pâleur générale qu'on remarque alors sur l'habitude du corps, et en particulier sur la face.

L'effet de LA TRISTESSE et du CHAGRIN est à peu près semblable.

L'influence qu'exercent les passions sur les organes circulatoires est telle, qu'elles vont, lorsque l'affection est très vive, jusqu'à arrêter le jeu des organes ; de là, les syncopes dont le siége primitif est toujours *dans le cœur* et non dans le cerveau qui ne cesse alors d'agir que parce qu'il ne reçoit plus l'excitant nécessaire à son action. De là même la mort, effet quelquefois subit des émotions extrêmes, soit que ces émotions exaltent tellement les forces circulatoires que, subitement épuisées, elles ne puissent se rétablir, comme dans la mort causée par un accès de colère ; soit, comme celle occasionnée par une violente douleur, que les forces, tout à coup frappées d'une excessive débilité, ne puissent revenir à leur état ordinaire. Si la cessation totale ou instantanée de la circulation n'est pas déterminée par cette débilité, souvent les parties en conservent une impression durable, *et deviennent consécutivement le siége de lésions organiques.* Desault avait remarqué que les maladies du cœur, les anévrismes de l'aorte, se sont multipliés pendant la révolution, en proportion des dangers courus par la plus grande masse.

La respiration n'est pas moins dans la dépendance immédiate des passions. Ces étouffements, cette oppression, effet subit d'une douleur profonde, ne supposent-ils pas dans les poumons un changement notable, une altération soudaine?

Dans cette longue suite de maladies chroniques ou d'affections aiguës, triste attribut du système pulmonaire, n'est-on pas obligé de remonter aux passions du malade pour trouver le principe de son mal?

LE PYLORE ressent une vive impression dans les fortes émotions, il en conserve quelquefois une empreinte ineffaçable, d'où naissent les squirres dont il est le siège[1].

L'ESTOMAC éprouve un resserrement dans toute sa région, particulièrement au cardia[2]; mais dans d'autres circonstances, dans certaines émotions, il se manifeste des troubles d'estomac tels que l'on a vu des vomissements spasmodiques succéder tout à coup à la perte d'un objet chéri, à la nouvelle d'un accident funeste, à toute espèce de trouble déterminé par les passions. L'interruption subite des phénomènes digestifs par une nouvelle agréable ou fâcheuse, les affections d'entrailles, les lésions organiques de l'intestin, de la rate, observées dans LA MÉLANCOLIE, L'HYPOCHONDRIE, maladies qui préparent et accompagnent les sombres affections, tout cela n'indique-t-il pas le lien étroit qui enchaîne à l'état

1. Qu'on se souvienne ici de ce que j'ai expliqué du plexus solaire, de son influence sur le pylore qui est la porte de l'estomac, et sur l'estomac.

2. Le cardia est l'orifice supérieur de l'estomac, celui par lequel les aliments pénètrent dans la poche stomacale, tandis que le pylore est l'orifice qui unit l'estomac à l'intestin.

des passions celui des viscères de LA DIGESTION?

LES ORGANES SÉCRÉTOIRES n'ont pas avec les affections morales une moindre connexion. Une frayeur subite suspend le cours de la bile, et détermine LA JAUNISSE; un accès DE COLÈRE est l'origine fréquente d'une indisposition et même d'une fièvre bilieuse; LES LARMES coulent en abondance dans LE CHAGRIN, dans LA JOIE, quelquefois dans L'ADMIRATION; *le pancréas*[1] est fréquemment malade dans l'hypochondrie, etc., etc. »

Bichat laisse une lacune au milieu de ses énumérations des altérations survenues dans les organes sécréteurs en ne mentionnant pas l'effet exercé par les passions sur LES REINS, qui cessent dans certains cas de produire l'urine, ou qui en donnent surabondamment; sur LA VESSIE qui se trouve quelquefois paralysée ou simplement frappée d'incontinence momentanée; sur LA SALIVATION qui est suspendue ou qui augmente; sur les SELLES qui sont ou suspendues ou précipitées, et sur bien d'autres sécrétions non moins importantes.

« L'EXHALATION, L'ABSORPTION, LA NUTRITION, reprend Bichat, ne paraissent pas recevoir des passions une influence aussi directe que la circulation, la digestion, la respiration et les sécrétions; mais cela tient sans doute à ce que ces fonctions n'ont

1. On sait que le pancréas aide à la digestion des graisses au moyen du suc pancréatique qu'il sécrète.

point, comme les autres, des foyers principaux, des viscères essentiels dont nous puissions comparer l'état avec celui où se trouve l'âme. Leurs phénomènes, généralement déterminés dans tous les organes, n'appartenant exclusivement à aucun, ne sauraient nous frapper aussi vivement que ceux dont l'effet est concentré dans un espace plus étroit. Cependant, les altérations que ces fonctions éprouvent alors, ne sont pas moins réelles ; et même, au bout d'un certain temps, elles deviennent apparentes. Comparez l'homme dont la douleur marque toutes les heures à celui dont les jours se passent dans la paix du cœur et la tranquillité de l'âme, vous verrez quelle différence distingue la nutrition de l'un avec l'autre[1].

Ces expressions : *sécher d'envie*, *être rongé par le remords*, *être consumé par la tristesse*, etc., n'annoncent-elles pas cette influence, n'indiquent-elles pas combien les passions modifient le travail nutritif?

Pourquoi l'absorption et l'exhalation ne seraient-elles pas soumises à leur empire, quoiqu'elles le paraissent moins? Les *collections aqueuses*, les *hydropisies*, les *infiltrations du tissu cellulaire*, vices essentiels de ces deux fonctions, ne peuvent-

1. En effet, l'homme dévoré par le chagrin ne mange plus et maigrit, tandis que l'autre est rayonnant de santé due à son bon appétit et à ses bonnes digestions.

elles pas dépendre souvent de nos affections morales?

Au milieu de ces bouleversements, de ces révolutions partielles ou générales, produits par les passions dans les phénomènes organiques de la vie végétative, *examinez les actes de la vie animale ou de relation, ils restent constamment au même degré; ou bien, s'ils éprouvent quelque dérangement, la source primitive en est constamment, comme je le démontrerai, dans les fonctions internes.*

Concluons donc, termine Bichat, de ces diverses considérations, QUE C'EST TOUJOURS SUR LA VIE ORGANIQUE OU VÉGÉTATIVE, *et non sur la vie de relation ou animale que les passions portent leur influence* : aussi, TOUT CE QUI NOUS SERT A LES PEINDRE SE RAPPORTE-T-IL A LA PREMIÈRE, et non à la seconde.

LE GESTE, expression muette du sentiment de l'entendement, est une preuve remarquable de cette dernière proposition. Si nous indiquons quelque phénomène intellectuel relatif à la mémoire, à l'imagination, à la perception, au jugement, la main se porte *involontairement* à la tête. Voulons-nous exprimer l'amour, la joie, la tristesse, la haine, c'est sur la région du cœur, de l'estomac, de l'intestin qu'elle se dirige. L'acteur qui ferait une équivoque à cet égard, qui, en parlant des chagrins, rapporterait les gestes à la tête, ou les concentrerait sur le cœur pour annoncer un effort de génie, se couvrirait d'un ridicule que nous *sentirions* mieux encore que nous le *comprendrions*.

Bichat fait ensuite ressortir que le vulgaire a distingué de tous temps ces sièges de la pensée ou du sentiment, même dans les temps où tous les savants reportaient au cerveau, comme siège de l'âme, toutes nos affections.

On a toujours dit, ajoute-t-il, *une tête forte*, *une tête bien organisée*, pour énoncer les perfections de l'*entendement; un bon cœur*, *un cœur sensible* pour indiquer celles du *sentiment*.

Ces expressions : *la fureur circule dans ses veines, remuant la bile, la joie faisant tressaillir les entrailles*, *la jalousie distillant ses poisons dans le cœur*, etc., ne sont point des métaphores employées par les poètes, mais l'énoncé de ce qui est réellement dans la nature.

Après cela Bichat signale ce fait : que la colère, l'amour, *inoculent* pour ainsi dire aux humeurs et à la salive, en particulier, *un vice radical* qui rend dangereux les animaux et les personnes agités par ces passions, lesquelles *distillent* dans les fluides un funeste poison comme l'indique l'expression commune. Enfin, les passions violentes de la nourrice impriment à son lait un caractère nuisible d'où naissent différentes maladies pour l'enfant[1].

1. Je prie le lecteur de prendre bonne note de cette observation relative à l'action de l'âme ou de l'esprit sur les humeurs.

Bichat, comme Cabanis, étudie ensuite l'influence des tempéraments sur les passions; et il termine en examinant les modifications apportées par nos passions sur la vie *de relation*, bien qu'elles aient LEUR SIÈGE, rappelle-t-il, *dans la vie organique*. Enfin, il conclut ainsi :

« Tous les philosophes ont presque remarqué la prédominance alternative de deux vies chez l'homme, la vie intellectuelle et la vie organique. Platon, Marc-Aurèle, saint Augustin, saint Paul, Bacon, Leibnitz, Van Helmont, Buffon, etc., ont reconnu en nous *deux espèces de principes*. Par *l'un*, nous maîtrisons nos actes moraux; *l'autre* semble les produire involontairement. Qu'est-il besoin, s'écrie-t-il, de vouloir, comme la plupart d'entre eux, rechercher LA NATURE DE CES PRINCIPES? Observons les phénomènes, analysons les rapports qui les unissent les uns aux autres, *sans remonter à leurs causes premières*. »

Ceci est le cri du désespoir, et c'est toujours un mauvais conseiller. De plus, comment se rendra-t-on un compte fidèle des rapports qui s'établiront entre *deux inconnus?* — C'est le moyen certain d'obliger

Cela lui permettra de ne pas s'étonner quand je parlerai de la puissance des esprits supérieurs, ou des hommes assistés par ces esprits qui, selon que l'a bien dit saint Thomas d'Aquin, ont la faculté de purifier ou de corrompre nos humeurs selon que l'esprit est bon ou mauvais.

le physiologiste à passer d'un tâtonnement à un autre, aussi bien que le médecin. C'est, en un mot, agrandir ce que nous offre la médecine actuelle que l'on peut baptiser : *la science des tâtonnements.* Mais, je l'ai dit en commençant, si j'ai résumé les doctrines de Bichat, c'était simplement pour mettre sous les yeux du lecteur son intéressant tableau des mouvements de l'organisme sans l'influence des passions. En dehors des *symptômes*, là comme en médecine, il ne faut pas exiger les *causes*, ni le mécanisme qui a déterminé le symptôme.

Après Bichat, nous arrivons au dernier auteur dont je reproduirai les idées. C'est M. le docteur Descuret, un médecin qui est non seulement spiritualiste, mais encore *catholique*, un de ceux qui a le mieux écrit sur les passions. Son ouvrage : *La médecine des passions*, est des plus remarquables.

Les passions, nous dit cet auteur, sont *dans l'âme;* c'est elle qui en communique *les impressions* au corps, et c'est par la *voie des sens* qu'elles arrivent à l'âme.

Après cette déclaration, il combat les idées des anciens qui localisaient telle ou telle passion dans un organe spécial correspondant à un genre particulier à chaque passion. La *joie*, pensaient-ils, siégeait dans la rate; la *colère*, dans la vésicule biliaire; l'*amour*, dans le foie; la *jactance*, dans les poumons; la SAGESSE, dans le cœur, etc... Enfin il contredit Bichat en soutenant que les passions ne portent pas *essentiellement* sur la vie végétative ou organique, mais bien sur *tout l'organisme* qui en reçoit la *commotion*, commotion qui est reçue de préférence par les appareils prédominants, et *surtout* par les *organes malades* qui, par leur état, sont plus vivement impressionnés que les autres.

Je ne saurais trop faire ressortir la différence qu'il y a entre Bichat et le docteur Descuret. Le premier enseigne que les passions *appartiennent* à la vie organique, tandis que le second reconnaît que si les passions *portent* leur action sur cette vie organique, *elles n'y ont point leur origine*, et qu'en outre, elles n'ébranlent pas seulement les organes *séparément*, mais TOUT L'ORGANISME; et cela est rigoureusement vrai. Partant de là, le docteur Descuret dit que le *siége physique* des passions est dans le conducteur de la sensibilité, et par conséquent dans *l'ensemble du système nerveux*. Enfin, il se livre, comme Bichat, à une étude très approfondie, très minutieuse des désordres engendrés par telle ou telle passion. Je ne reproduirai rien de ses observations, renvoyant mon lecteur à son livre qui est très remarquable, ai-je dit. J'ajouterai cependant que M. le docteur Descuret n'a pas le seul mérite d'avoir bien fouillé son sujet; car, embrassant ensuite la question des passions dans son ensemble, il établit comme thèse générale que nos passions modifient l'organisme de *trois façons différentes*, selon qu'elles affectent *agréablement*, *péniblement*, ou qu'après lui avoir fait éprouver de la douleur, elles laissent réagir contre la cause de la souffrance.

« Dans le *premier cas*, soutient-il, elles poussent à l'extérieur du corps toutes les forces vitales ; dans le *second*, elles refoulent vers les viscères ; dans le *troisième*, elles les ramènent violemment de l'intérieur au pourtour, et il conclut :

« *Les passions gaies* sont donc éminemment EXCENTRIQUES, elles dilatent et épanouissent le visage qu'elles colorent par l'afflux de la chaleur et du sang.

« *Les passions tristes* sont comme CONCENTRIQUES ; elles contractent la figure, assombrissent les traits, fant baisser la tête et diminuent d'une manière sensible la chaleur de la peau à laquelle elles impriment un teint pâle, jaune et plombé.

« *Les passions mixtes* participent de ces deux effets, c'est-à-dire que, d'abord concentriques, elles deviennent d'autant plus excentriques que les individus sont doués d'une plus grande puissance de réaction.

Après ce premier genre de division, M. Descuret en établit un autre relatif *à la marche* des passions, division qu'il désigne sous le nom *de période*.

« *A la première période*, dit-il, les passions sollicitent ; à *la seconde*, elles exigent ; à *la troisième*, elles contraignent.

« *Le besoin*, observe-t-il ailleurs, est *le principe* des passions qui sont au fond les vraies puissances motrices de l'individu comme du mécanisme social. Une fois distingué par *l'attention*, le besoin amène *le désir ;* le désir détermine *la volonté* sous le contrôle de la raison ; *la violente passion* résulte de l'absence ou du mépris du contrôle de la raison.

Nos *besoins* étant de trois sortes : *animaux, intellectuels et sociaux*, il y aura donc trois grandes classes de passions qui se rattachent à chacun de ces besoins. »

On peut juger par cet échantillon quel est le mérite des travaux du docteur Descuret ! Et je dois ajouter que j'ai pris ces divisions si justes pour bases de l'étude que je vais présenter moi-même. C'est pourquoi j'en ai fait le résumé que je viens de vous offrir, ami lecteur. Il me reste à dire que M. le docteur Descuret s'interrogeant lui-même sur la manière dont s'effectuent *les transmissions* entre l'âme et le corps, est réduit à cette réponse :

« Mystère aussi impénétrable que les grandes lois de la nature ! Le Suprême Révélateur s'en est réservé le secret ! »

Puisque, d'un côté comme d'un autre, nous ne rencontrons pas une conclusion qui satisfasse *pleinement* l'esprit, nous allons essayer de combler le vide laissé par nos devanciers, en répondant au docteur Descuret que nous savons, *nous*, commen s'opèrent les transmissions entre l'âme et le corps, c'est-à-dire *à l'aide du fluide magnétique qui est, comme je l'ai établi dans mon deuxième chapitre, l'intermédiaire destiné à cet effet.* Nous dirons, en outre, à Bichat que nous avons été plus favorisés et plus patients dans nos recherches qu'il l'a été lui-même, et qu'il nous a été donné de pouvoir déterminer *la véritable nature* de l'âme, cet ESPRIT qui est le MOI HUMAIN.

Pouvant nous appuyer désormais sur ces deux bases, solides comme la vérité, il nous sera facile d'acquérir la connaissance *intime* de tous les phénomènes *physiologiques* et *psychologiques* résultant des passions. Nous verrons jouer, sous nos yeux, la machine humaine, agitée ou bouleversée par les émotions de l'âme comme si notre corps était du plus pur cristal.

Il suffira pour cela que nous nous souvenions de deux autres propositions que j'ai également établies, à savoir : 1° que toutes les émotions de l'âme déplacent une onde magnétique qui est en raison *directe* de la force et de la durée de l'émotion; 2° que les courants nerveux étant liés aux vaisseaux sanguins *par le fer qu'ils renferment*, le sang sera sollicité vers un point ou vers un autre, en raison de la force et de la durée de ces courants.

En réfléchissant, je vois qu'il nous reste encore une autre base à établir, ce qui nous donne le nombre *trois* (ce nombre harmonique représentant la grande unité divine), c'est de connaître le *siège de l'âme;* car c'est de ce point que partiront ces passions, et *c'est là* que les éléments externes capables de les déterminer viendront aboutir.

Sans vouloir faire ici l'historique de cette question, je dirai en deux mots que les anciens, en général, ont désigné le cœur comme centre animique. Les Égyptiens paraissent les auteurs de cette opinion, et comme ils ont été les pères des grandes écoles philosophiques de la Grèce, c'est-à-dire celles de Platon, Aristote, Pythagore, etc., nous retrouvons le même enseignement. Chacun sait, en effet, que ces grands philosophes ont étudié en Égypte. Des Grecs, la même idée passa chez les Latins; puis, comme au moyen âge les traductions des auteurs grecs étaient en faveur, la philosophie renaissante s'empara de leurs enseignements relativement au siège de l'âme. D'autre part, Stahl, s'inspirant de la foi chrétienne, unissait sa voix à celle des philosophes en declarant que le cœur est le séjour de l'âme. Descartes se sépara de l'opinion générale, disant que c'est dans le cerveau que l'âme habite et *spécialement* dans la glande pinéale. Plus tard, certains finirent par couper l'âme en deux en prétendant que l'âme réside au cerveau *pour la pensée*, et au cœur *pour les sentiments*. Je mentionnerai enfin ceux qui, croyant à un *sensorium commune*, ont prétendu que c'est là que l'âme se réfugie. Je n'ai pas à parler de ceux que j'ai réfutés, ceux qui *affirment* que le cerveau pense comme l'estomac digère.

Quant à moi, je me rallie à l'opinion des anciens, et je m'explique : Bien que, *par sa nature*, l'âme réside *dans tout l'organisme*, et qu'elle communique avec lui par toutes ses parties, *le centre* d'où partent toutes ses manifestations, c'est LE CŒUR, car l'âme étant *une*, elle ne doit communiquer ou recevoir ses impressions que par un point *unique* vers lequel se rallieront toutes ses facultés. D'autre part, il faut que l'organe que l'âme aura pour centre de ses opérations soit lui-même *un centre vital* parfait; à cette condition seulement, elle exercera la plénitude de sa souveraineté [1].

Deux organes nous semblent doués de cette qualité : *le cerveau* et *le cœur*. Si nous considérons le cerveau, nous arrivons à lui refuser la perfection que nous cherchons, bien que cependant son rôle soit capital, puisqu'il est le principal foyer magnétique de notre corps; *mais il n'est que cela*.

Tandis que, si nous jetons les yeux du côté du cœur, nous devons reconnaître qu'il est LE CENTRE de la vie corporelle : 1° parce qu'il est en rapport *parfait* et *immédiat* avec l'organisme au moyen des

1. Saint Thomas établit aussi que l'âme étant partout par son essence et par sa substance, n'est cependant pas partout *par sa vertu;* mais que le siège de son action, de sa vertu, *est le cœur.*

vaisseaux sanguins qui s'en échappent pour aller porter les éléments nutritifs du sang dans *les plus minimes parties du corps*, d'où il revient au cœur ; 2° parce qu'il est un *centre nerveux*, grâce au grand nombre de ganglions nerveux qui l'entourent, desquels s'irradie un nombre incalculable de nerfs qui s'unissent au système cérébro-spinal ; 3° parce que, de la solidarité des vaisseaux sanguins avec le *plexus nerveux* résultant la disposition que je viens d'indiquer, il se fait que le cœur est transformé en une pile magnétique de grande puissance.

Nous dirons donc : que l'âme siégeant au cœur est semblable à une Reine assise sur un trône d'où partent les éléments *essentiels* à l'administration de ses États, éléments qui sont dans ce cas : *le principe nutritif* et *l'agent de la locomotion*. Relativement à ce dernier, l'âme nous apparaît comme centre d'un incomparable appareil télégraphique dont les fils innombrables vont de tous côtés porter ses ordres, tandis que, par ces mêmes fils, elle va recevoir les dépêches venues du dehors.

Je vais donner une preuve de ce que je viens de soutenir, et je la puiserai dans l'examen d'un phénomène physiologique inexpliqué jusqu'alors : il est constaté que le travail intellectuel, dont le cerveau *est l'instrument*, porte dans cet organe une surabondance de sang nécessaire à l'excitation cérébrale, et cette surabondance va quelquefois jusqu'à une congestion plus ou moins forte, selon la durée et la difficulté du travail entrepris ; cette congestion est cause de maux de tête, de pesanteurs, d'étourdissements même dont sont affectés tous ceux qui se livrent à de grands travaux intellectuels.

Raisonnons sur les causes de ces états : si le cerveau était l'organe *générateur* de la pensée, comme le prétendent les matérialistes, comment expliqueraient-ils cet afflux sanguin ?

Les spiritualistes qui ne veulent pas de fluide intermédiaire, ceux qui disent que l'on *pense* avec le cerveau et que l'on *aime* avec le cœur, comment expliqueraient-ils ce même afflux sanguin ?

Quel est l'agent qui, dans ces deux cas, leur semblerait capable d'exciter le sang pour lui faire accomplir ce mouvement ?

Évidemment, ni les uns ni les autres ne le sauraient indiquer.

Si nous voulons y parvenir, il faut d'abord redresser une erreur généralement répandue, et savoir que l'âme n'élabore pas la pensée *directement* dans le cerveau.

Lorsque vous méditerez dans la solitude et le calme, analysez avec attention ce qui se passe en vous, et vous sentirez que *la pensée* naît du cœur ; puis, vous sentirez qu'elle monte de là au cerveau où elle trouve les organes nécessaires pour l'exprimer.

Nous avons une première preuve de ce que j'avance dans ces termes consacrés par l'habitude, que l'on emploie journellement, et qui ont leur raison en dehors de la réflexion, les voici : *Il me vient une idée.*

Ces mots sont l'expression de la vérité ; car, quelle que soit *l'origine de l'idée, elle vient* toujours de quelque part et *arrive* au cerveau.

Si elle est le fruit de nos réflexions, elle vient comme je l'ai fait observer, c'est-à-dire du cœur pour se rendre au cerveau.

Si l'idée n'est pas *de nous,* qu'elle soit du domaine *de l'inspiration* ou des choses qui nous frappent, *elle vient* du dehors au dedans.

Je préviens en passant qu'en lieu et place, j'aurai à faire connaître *une source d'idées* dont la philosophie n'a jamais parlé, et qui est d'une telle importance qu'à elle seule elle renverse toutes les philosophies spéculatives. Cette source d'idées peut devenir également une source *de passions,* et des plus terribles !

Revenons à notre démonstration qui, à présent, est très simple : En vertu des lois que nous connaissons relativement à la solidarité des circulations nerveuses et sanguines, nous comprenons que l'idée en partant du cœur pour monter au cerveau refoule le sang dans cette partie au moyen du fluide magnétique qui est déplacé en raison de la force et de la durée de l'activité des pensées. De là, congestion, maux de tête, etc.

Je trouverai une deuxième preuve dans cette phrase particulière aux personnes âgées : *Le cœur ne vieillit pas.* Certes, le cœur, en tant qu'organe, a vieilli comme le reste du corps, tandis que l'âme immortelle qui siège là, *n'a pas vieilli*, car elle ne le peut.

Enfin, si ces preuves ne sont pas suffisantes, j'en ai une autre que je trouve dans *la parole de Dieu.* Jésus n'a-t-il pas dit dans l'évangile de saint Mathieu : *Toute pensée vient du cœur?* N'a-t-il pas répété : *Purifiez vos cœurs?* Ne dit-on pas : un cœur pur, pour exprimer l'idée d'une âme pure ? Ne dit-on pas : Il a bon cœur, il a mauvais cœur pour exprimer *la nature* de la personne, etc. — Or, puisque toute pensée vient du cœur, l'âme étant essentiellement *pensante*, donc le cœur est bien le siège de l'âme. Sachant que le cœur est le siège de l'âme, devons-nous être surpris, comme tant de gens, que Jésus ait demandé l'érection d'un temple dédié à son Cœur Sacré? Devons-nous être surpris de la dévotion au Sacré-Cœur qui devient si générale? Non ! — C'est au cœur de Jésus, siège de son âme divine, qu'ont frappé et que frappent chaque jour les outrages des impies. — C'est à ce Cœur que saignent les plaies faites par tant de mains barbares qui veulent l'étouffer !... Or, le médecin mettra toujours le baume sur la plaie, et non à côté ; donc c'est le cœur de Jésus qui a besoin de ce baume réparateur représenté par les prières et par l'amour de ses fidèles. Donc le culte du Sacré-Cœur est de toute nécessité à notre époque, car jamais ce cœur, *qui a tant aimé les hommes*, n'a eu à souffrir autant de leur ingratitude et de leur méchanceté !...

Aimé soit partout, béni soit partout le Cœur Sacré de Jésus, notre Rédempteur !!... Qu'il envoie son Esprit-Saint, et tout sera créé. Il renouvellera la face de la terre ! !...

Nos trois bases étant établies, à savoir : *la connaissance du siège de l'âme, son action sur les ondes magnétiques, les effets de ces ondes sur le mouvement du sang*, notre étude des effets du moral sur le physique ne nous offrira plus les complications que nous avons trouvées chez les auteurs dont nous avons analysé tous les travaux ; car ils partaient de la périphérie pour aboutir à un centre *inconnu*, tandis que nous partirons *d'un principe* ou centre *connu* pour en suivre les manifestations périphériques, *et vice versâ*.

Et nous disons : L'âme siégeant au cœur, qui est *le centre de la circulation du sang*, l'effet *premier* des passions, je puis même dire : *l'effet unique*, dont *tous les autres* ne sont qu'une *conséquence*, SERA D'APPORTER UN TROUBLE DANS LA CIRCULATION

SANGUINE, grâce à l'influence du *fluide nerveux* que nous connaissons.

Je dois à ce qui précède un complément nécessaire, à savoir : *que je soutiens avec tous les spiritualistes que les passions* SONT DANS L'AME, *qui en communique les impressions à l'organisme* ENTIER, Je reconnais en outre : *qu'elles sont déterminées ou excitées par les influences dont nous serons environnés, et que dans ce cas elles arriveront à l'âme par la voie des sens.*

Je viens de dire : *Les passions sont dans l'âme*, et j'ajoute *qu'elle en apporte tous les germes au moment de son incarnation.* Bien plus : *au milieu de ces germes, il en est* TOUJOURS *un, plus* VIVACE *que les autres, qui est la souche de notre* PRINCIPALE *préparation au mal*, DE NOTRE PÉCHÉ MIGNON, *en un mot, péché auquel personne n'échappe ;* ce qui a fait dire à je ne sais plus quel auteur : qu'il est le boyau ombilical qui nous rattache au péché originel.

Voilà pour les passions *proprement dites*, c'est-à-dire telles qu'on en conçoit ordinairement l'idée, et qui, avons-nous expliqué, sont en majeure partie mises en activité par les influences externes ; mais il est un autre ordre de passions, celles qui rentrent dans la définition que nous avons donnée, qui n'ont leur origine *que dans les influences externes*, telles que : *le chagrin, la tristesse, la joie, la douleur*, *la haine*, *l'amour*, *l'envie*, *la jalousie*, etc.

Néanmoins, dans l'un ou l'autre de ces deux ordres de passions, elles auront pour *principe* d'activité : *l'attraction*, *la répulsion*, ou un état *mixte* qui tiendra de ces deux premiers états. Il résulte de ces situations *trois classes* de passions : LES CONCENTRIQUES, LES EXCENTRIQUES, LES MIXTES.

Étudions *le mécanisme* de l'attraction et de la répulsion chez l'homme, c'est-à-dire ce que l'on nomme *la sympathie* ou *l'antipathie* ; quant à l'*indifférence* qui représente l'état mixte, nous ne nous en occuperons pas.

Grâce aux connaissances que nous avons du *rayonnement magnétique* déterminé par l'âme en activité, la chose nous est facile. Je dois rappeler cependant ce que j'ai démontré dans mon second chapitre, à savoir : *que le fluide magnétique est universellement répandu, qu'il pénètre tous les corps, qu'il est l'agent par lequel s'opèrent les attractions et les répulsions planétaires*, ce qui fait de l'univers un *plein parfait;* car la nature, disaient les anciens, *a horreur du vide*, et cela est reconnu également par les savants modernes.

Eh bien, les hommes vivant dans *ce plein* magnétique, étant pénétrés par le magnétisme général de la nature *comme tous les corps* (c'est ce que démontre la physique, ai-je expliqué ailleurs), ils ne peuvent échapper à cette autre loi de physique que voici : Toutes les fois que l'on touche un côté d'un plein, la vibration est transmise de l'autre côté de ce plein. Il en est de même pour un vase rempli d'eau ; si on y laisse tomber un objet, il se produira une onde rayonnant du centre à la périphérie, et ces rayons seront *en raison directe* du choc qui les a déterminés. *C'est en vertu de ces lois que s'établissent nos* RAPPORTS SOCIAUX, et cela par le rayonnement magnétique propre à chaque individu, rayonnement qui sera aussi en *raison directe* de la force qui l'aura déterminé, c'est-à-dire de l'activité de la pensée ou de la volonté.

Je viens de dire : *nos rapports sociaux*, et c'est un terme consacré par l'habitude. Nous sommes à même de juger maintenant combien il exprime *exactement* le phénomène qui s'accomplit lorsque deux ou plusieurs personnes *sont en présence*. Nous l'apprécierons mieux encore si nous observons que *la présence* est *nécessaire* pour établir *ce rapport* qui est la conséquence du va-et-vient des fluides personnels unis soit par le toucher, soit par le regard, soit même par le rayonnement de la pensée. Une fois ce va-et-vient constitué, les fluides qui sont les véhicules de la pensée, *rapportent* à chaque personne l'impression de l'autre. De là, *sympathie* ou *antipathie*. Ajoutons que chez les personnes impressionnables *le rapport* est instantané, tandis qu'il s'établit plus lentement chez les natures inverses. Chacun de nous n'a-t-il pas ressenti ces impressions agréables ou pénibles que l'on éprouve aussitôt en présence de certaines personnes? Ces attractions subites, ou ces répulsions souvent invincibles n'ont-elles pas été dans bien des cas plus fortes que nous? Enfin, si l'impression est pénible, ne sait-on pas que l'on porte un réel fardeau, comme un poids qui étouffe si on contient son sentiment, poids ou fardeau souvent si pénible qu'il y a pour l'exprimer une phrase consacrée: *Je porte telle personne sur mon dos!* Toutes ces explications nous prouvent assez, n'est-ce pas, que c'est bien réellement au moyen d'un échange *de fluides* que nous agissons les uns sur les autres *dans nos rapports sociaux;* et nous comprenons enfin que les passions seront *déterminées* par cette action magnétique douée, ai-je dit en commençant mon deuxième chapitre, de la qualité *excitante* nécessaire pour mettre le système nerveux *en activité;* de plus, le déplacement des courants magnétiques *personnels*, unis presque toujours au rayonnement de la personne avec laquelle le rapport est établi, ira porter à l'âme *le sentiment* qui doit l'impressionner, et l'impression donnera naissance à la passion.

Je dois ajouter que certaines passions se développent en raison du *premier choc* reçu, tandis que certaines autres sont alimentées en quelque sorte par une action magnétique constante, c'est ce qui a lieu dans *l'amour*, *la haine*, *la jalousie*, *l'envie*, en un mot dans tous les cas où la pensée qui est en activité conserve sa tension. Et dans ce cas, malheureusement, la distance n'affaiblit pas l'action de la pensée *agissante;* car une fois *la liaison* établie par *le rapport*, fût-on à cent lieues, l'effet est presque le même chez la personne affectée comme si les parties intéressées étaient en présence. C'est pour éviter de tels effets, et bien qu'ils ne sachent pas les phénomènes que je viens de décrire, que tous les sages ont tant de réserves dans leurs rapports sociaux.

Ces lois générales étant connues, étudions ce que les passions produisent sur notre organisme une fois qu'elles sont suscitées. Nous commencerons par celles qui ont une action *concentrique*, celle qui est le plus funeste à notre santé, car nous ne devons pas oublier que c'est le but vers lequel nous dirigeons nos investigations.

Prenons pour notre début une passion qui est bien, je le crois, celle qui est la plus fréquente *dans cette vallée de larmes*, je veux dire : LA TRISTESSE.

La tristesse nous prouve aussitôt ce que j'ai soutenu en attribuant au cœur le siège de l'âme ; car si un *événement*, *une nouvelle fâcheuse*, ou bien *une personne* ont provoqué ce sentiment, chacun est ou bien a été à même d'observer que *c'est bien* au cœur que la sensation se porte *tout d'abord*. En examinant les suites de cette première impression, nous sentons le cœur se resserrer peu à peu sous l'influence de l'âme, qui semble aussi se replier en quelque sorte sur elle-même.

Prenant ce cas pour type, nous allons suivre un à un les effets du moral sur le physique, et nous disons : *Le premier effet* du resserrement du cœur déterminera bien certainement *un trouble dans la circulation du sang;* et presque en même temps, cette cause organique sera doublée par les effets de la circulation nerveuse mise en mouvement par l'action concentrique ou excentrique dépendant du caractère de la passion. *Cette action nerveuse* agira enfin sur un *troisième appareil* que nous allons faire connaître, et qui deviendra une nouvelle cause d'influences sur la circulation du sang, je veux dire : *L'appareil musculaire*. De cette nouvelle étude, il résultera une preuve de plus en faveur de la proposition que j'ai avancée : *que l'effet* ESSENTIEL *des passions est de modifier la circulation du sang.*

Comme tout le monde ne sait pas ce que c'est qu'un muscle, il est bon de le dire : Les muscles constituent la partie charnue du notre corps, ils sont des sortes *de leviers* admirablement combinés, calculés, qui par leur *resserrement* ou leur *relâchement* font accomplir les mouvements. La plupart des organes sont pourvus de muscles qui leur sont propres, tels sont : L'œsophage, l'estomac, les intestins, la vessie, etc. ; de plus les poumons sont séparés par une cloison musculaire très importante, qui joue un rôle *capital* dans l'acte respiratoire, c'est *le diaphragme.*

D'après cet exposé, nous concevons clairement quel trouble subira la circulation du sang, lorsque le resserrement des muscles organiques comprimera les vaisseaux sanguins pendant l'action des passions concentratives. Nous les concevrons mieux encore si je fais ressortir l'action du diaphragme (qui est un muscle soumis à l'empire de la volonté) et qui par son resserrement établira une compression de haut en bas sur l'intestin (comme cela se fait pendant l'acte de la défécation), ou bien qui refoulera les poumons de bas en haut, ce qui aura pour conséquence *l'oppression*, *l'étouffement*, *l'absence même de respiration* qui peut aller jusqu'à *la syncope.* Ce tableau sera complet quand j'aurai fait savoir que toute la partie charnue qui sert d'enveloppe à l'intestin est composée de muscles dont les contractions produisent tantôt le resserrement de haut en bas ou de bas en haut, tantôt de droite à gauche ou de gauche à droite, ce qui constitue un puissant moyen de compression des vaisseaux sanguins dans l'intestin, cet organe si important dans la vie humaine.

Oui, tel est l'ensemble des actions musculaires qui

entraveront dans un moment donné le jeu normal des organes sous l'influence des passions concentratives; et ces actions auront pour conséquence essentielle, ai-je dit, *de troubler plus ou moins la circulation du sang*, puisque tous les vaisseaux sanguins qui seront ainsi comprimés ne laisseront plus passer le sang dans *les temps* ni dans *les quantités* voulues, si bien que ce liquide sera refoulé vers les organes où il trouvera un passage plus facile, ou bien il séjournera dans ceux où il se trouve emprisonné : de là *congestion* pour certains organes, et *inflammation* chez ceux où il séjourne. Ajoutons enfin pour terminer que ce mécanisme des actions musculaires est le même dans toutes les passions concentratives, qu'elles soient douces ou qu'elles soient violentes. Seulement dans ce dernier cas, l'afflux sanguin aura été si rapide à cause de la violence de l'émotion, que cette violence sera la principale cause *des congestions* ; c'est pourquoi on voit la peau même se colorer dans certains cas (bien que l'affection soit concentrative), vu la violence des congestions.

Je faisais ressortir tout à l'heure les conséquences des effets musculaires subis par l'intestin, *cet organe si important*, ai-je observé ; mais il en est un plus important encore et qui à lui seul opposera une digue redoutable à la circulation du sang, c'est LE FOIE.

Bien que l'anatomie n'ait pas trouvé *dans le foie*

les éléments musculaires, bien qu'il échappe jusqu'à un certain point à l'action des muscles externes, caché qu'il est sous les fausses côtes, le foie est cependant le plus *contractile* de tous les organes. En veut-on une preuve immédiate, on n'a qu'à songer à la facilité, à la rapidité qu'il met à se contracter sous l'action d'une répugnance, ce qui nous donne *mal au cœur*, selon l'expression usuelle. D'où tire-t-il cette faculté, interrogerons-nous, puisqu'il est dépourvu de la fibre musculaire qui détermine les mouvements ?

Pour moi, je soutiens que les membranes fibreuses sont contractiles, et je dis que l'extrême sensibilité du foie est due à la finesse de sa membrane fibreuse qui forme la charpente hépatique. Cette sensibilité organique est encore la résultante de l'incalculable ramification nerveuse qui le pénètre aussi intimement que les vaisseaux sanguins destinés à constituer, avec le secours de la cellule fibreuse et des canaux biliaires, *les granulations* microscopiques dans lesquelles le sang vient se cribler.

Eh bien, si nous multiplions par la pensée ces minuscules foyers de constriction dont le foie est entièrement composé, nous nous ferons une idée de l'incroyable influence qu'il exercera *sur tout* le torrent circulatoire par ses spasmes et ses constrictions. On jugera mieux les conséquences de ce genre d'obstacle si je rappelle que le foie reçoit le sang des membres inférieurs, celui de l'intestin, de la rate, de l'estomac, du pancréas, des reins, etc. Il est évident, n'est-ce pas, que le sang de ces organes essentiels à la vie, obligé qu'il est de traverser le foie pour se rendre au cœur, n'y parviendra pas facilement quand les granulations sont resserrées. — Ajoutons à ce tableau des obstacles apportés à la circulation générale, les congestions spéciales vers tel ou tel organe selon le lieu où le sang trouvera une issue, et nous comprendrons l'importance du rôle du foie au milieu des affections morales.

Mais, comment le foie sera-t-il irrité par le système nerveux *sensitif?* m'objectera-t-on. — Comment les muscles de l'estomac et de l'intestin le seront-ils ?

Tout simplement par les ondes magnétiques qui parcourent aussi bien le système nerveux sensitif que l'autre système nerveux, au moment des activités de l'âme.

Bien plus, l'onde magnétique arrivera au foie et à l'estomac par deux sources : *Du cœur* et du *cerveau.* Du cœur, au moyen du plexus cardiaque qui résulte de l'enlacement d'une multitude de nerfs envoyés tant par le pneumo-gastrique que par le système nerveux ganglionnaire, lequel est affecté à la vie organique ou *végétateur*, comme je l'ai répété.

Or, il est évident (et c'est ce qui est), que les ondes magnétiques chassées par les activités de l'âme, du foyer central de son action, c'est-à-dire *du cœur*, auront une répercussion immédiate sur tout le système nerveux ganglionnaire qui se ramifie vers le cœur. Il en serait de même d'un liquide partant d'un centre pour circuler dans des vaisseaux ; car s'il peut arriver du centre aux extrémités des vaisseaux lorsqu'il est mis en mouvement *par une force* à effet centrifuge ; de même il peut être refoulé des extrémités vers le centre quand une action *centripète* se produit.

Le centre que je suppose dans ce cas est représenté par *l'axe* du système nerveux ganglionnaire, les vaisseaux sont les ramifications nerveuses qui émergent du cœur pour y revenir.

L'action centrifuge est celle du courant magnétique de la vie végétative qui vient animer le cœur ; *l'action centripète* est celle de l'âme qui, à son tour, refoule les ondes magnétiques vers l'axe du système ganglionnaire, et de là vers tous les organes de la vie végétative.

Ainsi refoulé, le fluide magnétique se portera sur tous nos organes il est vrai, *mais il y viendra en quantité d'autant plus grande et plus forte, que l'organe reçoit plus de filets nerveux* ; cela tombe sous le bon sens.

Or, le foie est le plus volumineux de nos organes, et c'est celui qui reçoit le plus de filets nerveux, puisque leur nombre est incalculable. Donc, c'est principalement *sur le foie* que se portera l'action centripète exercée par l'activité de l'âme dans les passions, et ce phénomène aura lieu en raison de leur intensité. Par conséquent, l'excitation du foie sera, elle aussi, en raison de l'énergie du principe excitant.

L'onde magnétique ne vient pas seulement au foie par le système nerveux ganglionnaire, ai-je soutenu, mais elle vient encore *du cerveau*, d'où elle arrive en suivant le trajet du nerf *pneumo-gastrique* dont j'ai décrit, en commençant, lès attaches et les distributions.

L'influence exercée par le pneumo-gastrique sur le foie est telle, que le savant Claude Bernard a démontré qu'en le piquant, ou en l'irritant, on augmente aussitôt la sécrétion du sucre que le foie fabrique tous les jours. De cette observation, il résulte pour nous l'explication d'un phénomène fréquent, à savoir : que les émotions violentes, agissant à la façon des agents capables d'irriter le pneumo-gastrique, sont douées de la puissance de déterminer un diabète instantané, et c'est ce que l'expérience a constaté sans l'expliquer.

L'action du pneumo-gastrique est si bien connue des physiologistes, qu'ils en arrivent à se demander, pour le cas qui nous occupe, si le diabète n'est pas une conséquence *essentielle* d'une altération des fonctions du pneumo-gastrique, plutôt que la résultante d'une maladie organique du foie. J'ai répondu à cela dans mon premier volume.

Il reste à présent à résumer notre digression qui était essentielle, et nous dirons :

1° L'idée, née du cœur, remonte au cerveau d'où elle réagit sous l'organisme *entier*.

2° Dans les passions douces, comme dans les passions violentes, le trouble ne naît pas seulement de l'impulsion communiquée par le cœur sous *l'effort* des activités de l'âme, mais encore du système musculaire dont les contractions sont mises en jeu par l'influx nerveux venu du cerveau et du système nerveux ganglionnaire sous l'influence de *la pensée* et *des sentiments* combinés.

3° Qu'il résulte de ces causes *une dilatation* ou bien *un resserrement* des muscles en général et des muscles organiques en particulier, selon que l'influx nerveux est chassé par une passion *concentrative* ou *expansive*.

4° Que cette dilatation ou ce resserrement se produisent *également* et même d'une façon *plus puissante* sur le foie, bien que sa charpente soit *fibreuse*.

5° Que cet organe, grâce à son volume et à l'innombrable quantité de nerfs qui le pénètrent, est *le plus impressionné* de tous les organes dans les passions.

6° Que sous l'influence des passions douces comme dans les passions violentes, il devient l'obstacle *par excellence* qui s'oppose à la régularité de la circulation du sang.

Je viens de dire que dans les passions *violentes*, le foie est une cause essentielle d'arrêt de la circulation du sang, je dois l'expliquer :

Les passions violentes déterminent dans la circulation sanguine une activité sans égale, et cette activité se révèle par les battements rapides et vigoureux du cœur, dont les artères indiquent les mouvements fébriles. Dans ces cas, le foie se trouve frappé *de congestion*, parce qu'il lui est impossible de laisser passer le sang *aussi vite* qu'il le reçoit.

Cette petite étude sur l'effet des passions vis à vis du foie nous fait comprendre pourquoi, dans mon premier volume, je les ai classées parmi les causes fréquentes des maladies du foie. Nous verrons tout à l'heure à quel point chacune d'elle agit sur ce principal organe de la vie végétative.

Instruits de tous les phénomènes de physiologie générale résultant des passions, nous aurons vite fait d'examiner à présent ceux qui sont propres à telle ou telle affection de l'âme.

Revenons à celle que nous avons prise pour point de départ : LA TRISTESSE.

La tristesse, avons-nous dit, a pour effet premier de resserrer le cœur qui engourdit en quelque sorte la circulation du sang sur laquelle, ai-je démontré, les passions portent *surtout* leur action pernicieuse ;

c'est ce que je viens de faire ressortir par l'examen précédent. Nous avons vu, en effet, que cela a lieu soit *directement* par l'action du cœur, soit *indirectement* par l'action musculaire ou par celle du foie.

L'action cérébrale, née de la tristesse, resserrera également le diaphragme, et celle du système nerveux ganglionnaire resserrera les muscles de l'intestin aussi bien que la membrane fibreuse hépatique. Il résultera de tout cela un trouble dans la circulation intestinale et par conséquent les sécrétions de l'intestin seront altérées, aussi bien que la sécrétion biliaire. Nous aurons en outre un resserrement de la poitrine et par contre de la respiration.

Si la tristesse se prolonge, ces divers états organiques auront pour conséquence : la perte de l'appétit, la difficulté des digestions, et la constipation se produira ; et comme le sang se porte à la tête toutes les fois que le foie et l'intestin mettent obstacle à la circulation du sang, on aura la tête appesantie, des maux de tête, de la difficulté à respirer également. Tels sont les effets que la tristesse produira ordinairement sur l'organisme.

Les peines, qui sont des affections plus concentratives que la simple tristesse, auront un effet analogue, et détermineront les mêmes désordres organiques dont les proportions seront en raison de la durée et de l'intensité de la passion.

Les chagrins *qui nous minent* (selon l'expression

consacrée) agiront encore plus profondément. Je dis plus profondément et là encore je trouve une expression usuelle : de *profonds chagrins*, c'est-à-dire des douleurs morales telles que l'être entier en est pénétré.

Les chagrins sont en effet des passions tellement concentratives, que plus ils grandissent, que plus ils durent, ils aggravent les lésions organiques qui d'abord étaient légères, et cela en raison directe de la grandeur du chagrin et de sa durée ; enfin ces lésions deviennent d'autant plus profondes, que l'âme aussi se replie davantage sur elle-même comme si elle voulait se soustraire à la cause de son mal. Il en est de même si elle veut les cacher.

L'âme subit en effet intérieurement les mouvements qu'elle laisse apparaître dans son enveloppe, le corps. De même que nous fuyons instinctivement la douleur, de même l'âme se replie dans les profondeurs de l'organisme comme si elle espérait se soustraire au mal qui l'atteint, et s'il n'était le corps qui l'enchaîne, elle s'enfuirait de sa prison pour éviter la souffrance comme nous nous enfuyons d'un danger qui nous menace.

Notons que la lâcheté n'est pour rien dans ces mouvements *instinctifs*; mais que cela est le fait *de la nature* de l'âme qui a été créée primitivement pour être heureuse ; et qui pendant le temps que nous passons sur la terre, cherche toujours à acquérir, à posséder *le bonheur*, ce qui est le rêve de chacun, n'est-ce pas ?

Survient-il au contraire de ces maux que nous devons supporter *absolument;* une fois que l'âme a reconnu la nécessité de la souffrance et de la lutte, elle s'arme d'un courage plus ou moins solide selon *la foi religieuse*, selon *les natures individuelles*, selon *l'éducation ;* et alors, loin de fuir le mal, elle se présente courageusement à ses coups, semblable à nos soldats devant l'ennemi qui combattent avec acharnement et bravoure jusqu'à ce que la victoire ou la mort aient décidé du sort de la bataille.

Mais pendant ce temps-là, les *secousses* et les *coups* reçus par l'organisme le brisent ou le minent ; voilà pourquoi les chagrins sont les causes les plus fréquentes des plus graves maladies que les passions puissent engendrer. Je n'ai pas besoin de faire observer que ces maladies seront d'autant plus dangereuses ou plus rapides que les personnes affectées se trouvaient auparavant dans un état de santé plus ou moins satisfaisant, cela tombe sous le bon sens.

Je pense qu'il ne sera pas sans intérêt de voir ces maladies suivre le chemin qui les conduira d'un état anodin à celui le plus grave.

Le foie, avons-nous dit, est l'organe qui est le plus vivement impressionné par l'influence des émotions morales, et nous savons que par son état spasmodique, il emprisonne plus ou moins le sang dans leurs vaisseaux. Une fois que ce liquide est arrêté dans sa course par cet organe, le sang est refoulé en raison de l'obstacle, vers l'intestin, vers l'estomac, vers la rate, vers les reins où il détermine *une congestion*, puis *l'inflammation* qui est la fille de la congestion, ai-je démontré dans mon premier volume. Mais comme d'autre part *l'effort de la force vitale*, c'est-à-dire les courants magnétiques de la vie végétative tendent *constamment* à rétablir l'équilibre, le sang affluera vers les parties déjà congestionnées en raison de l'obstacle et de l'énergie des courants qui cherchent à culbuter la digue. Si la digue cède à cette puissance, l'état anodin disparaît par le rétablissement de l'équilibre sous l'empire de *cet effort de la nature*; tandis que la gravité du mal s'accroîtra en raison de la résistance, parce que la congestion sera elle-même en rapport direct avec la résistance, c'est ce qui découle clairement de notre démonstration. Si nous joignons à cette action des courants de la vie végétative ceux qui résultent des émotions de l'âme, nous nous ferons une idée complète de ce qui se passe en ce cas. En effet, les vaisseaux sanguins, de plus en plus dilatés par le fait congestionnel que nous venons d'étudier, finiront par déterminer un gonflement, une hypertrophie des tissus qui dès lors sont pénétrés jusqu'où aboutissent les ramifications capillaires, c'est-à-dire dans *les profondeurs de l'organe*. De la durée de l'inflammation née de cette congestion naîtra *la dégénérescence* des tissus qui se fondent, s'unissent, se durcissent et finissent par constituer *une tumeur*.

Les tumeurs du foie, du pylore, de l'intestin ont bien souvent pour cause *essentielle* les chagrins prolongés, et nous comprenons à présent le mécanisme de leur formation.

Une fois que les maladies du foie et des organes intestinaux ont atteint une certaine gravité, telle que : engorgement du foie soit partielle, soit générale ; hypertrophie, calculs biliaires, gravelle biliaire, vers, ramollissement ; ou bien du côté de l'intestin : épaississement des muqueuses, engorgement inflammatoire des ganglions du mésentère, tumeurs, paralysie ou simples rhumatismes intestinaux ; une fois, dis-je, que ces organes sont gravement atteints, comme le sang éprouve de plus en plus de difficulté pour traverser ces parties afin de revenir au cœur, il se reporte par *un mouvement rétrograde* vers le cœur et à la tête.

Dans cette situation, comme le cœur s'efforce à vaincre la résistance qu'il rencontre, il résulte de cette lutte nouvelle *une dilatation* cardiaque. *C'est ainsi que se produisent les maladies du cœur si fréquentes chez les* personnes qui ont eu des chagrins prolongés.

Je dois cependant reconnaître que dans les cas où les chagrins auront eu leur source dans des émotions violentes, *le cœur* subira *d'abord* l'effet du coup moral. Au moment où l'âme se débat sous le poids de l'émotion, il est aisé de comprendre que son habitation (le cœur) en éprouve les premières secousses. Mais dans ce cas encore, le cœur reviendrait sur lui-même, si les causes que je viens d'indiquer ne se développaient *ensuite.*

Je l'ai dit dans mon premier volume, et je ne saurais trop le répéter : *Toutes les affections graves du cœur viennent du foie.* Combien de fois ne l'ai-je pas constaté dans ma longue pratique ! — Combien de fois n'ai-je pas vu des maladies du cœur être le fait d'un cancer ou d'un commencement de tumeur du pylore. Les médecins ne font pas assez attention à cela, et ils traitent les effets pour les causes. Combien de fois n'ai-je pas vu ces mêmes maladies venir d'un engorgement intestinal qui refoule le diaphragme en haut, ce qui empêche le jeu normal des organes respiratoires et par suite les affections cardiaques !

La douleur, qui est le degré le plus élevé du chagrin, nous offrira le même genre de lésions, mais elles seront déterminées plus rapidement, car on pourrait dire que la douleur est comme une affection *aiguë* de l'âme qui réagit en tous sens et violemment contre cette émotion, tandis que le chagrin est souvent la douleur passée en quelque sorte à l'état chronique.

En effet, lorsqu'on est affecté par un sentiment douloureux, il frappe souvent le cœur comme s'il venait d'être percé d'un glaive. D'autres fois, le choc est partagé entre le cœur et *le creux de l'estomac*, où se trouve le centre nerveux épigastrique que nous avons fait connaître, lequel, ai-je dit, est un foyer magnétique des plus importants destiné à la vie végétative, mais qui, dans les passions violentes, subites, semble destiné à diviser les coups, les chocs que nous recevons; car si le choc frappait le cœur *seulement*, la mort serait le plus souvent la conséquence des violentes secousses.

Je soutenais en commençant notre sujet que *les rapports* sociaux s'établissent entre les hommes par l'intermédiaire du fluide magnétique dans lequel nous vivons et dont nous sommes pénétrés. Je tiens à le faire ressortir mieux encore, et pour cela on n'a qu'à réfléchir *à ce coup* dont l'estomac et le cœur sont atteints, si l'on est *surpris* désagréablement ou péniblement. Nous serons forcés alors d'avouer que *ce coup*, semblable à l'action qui résulterait d'un objet matériel, ne peut résulter que d'une action fluidique semblable à celle que fournirait une forte décharge électrique.

J'ajouterai un mot encore pour appuyer ce que je viens d'avancer, et je dis : Si nous n'étions pas *tous* liés magnétiquement les uns aux autres, comment expliquerait-on *la faculté* que nous avons de nous transmettre *réciproquement* nos sentiments et même nos pensées, et cela d'une façon tellement puissante, que nous prétendons avoir *deviné* la pensée des personnes avec lesquelles nous nous trouvons? — Sachons-le bien, nous ne *devinons* pas la pensée, mais elle nous a été *communiquée* et nous *la sentons* comme nous *sentons* les sentiments d'autrui. Et je répète : Ne pas admettre que c'est au moyen du rayonnement magnétique dégagé par les activités de l'âme, que nous sommes liés de telle sorte que nous *agissons* les uns sur les autres, serait aussi peu rationnel que de vouloir prétendre que les planètes se communiquent leur action réciproque dans le vide, comme on l'a bien longtemps supposé. J'ai prouvé le contraire, dans mon premier chapitre, en faisant connaître l'agent qui permet aux astres de se transmettre réciproquement leur action, à savoir : le fluide magnétique.

Revenons à l'étude *de la douleur*.

La douleur a pour effet premier, à cause de la violence de l'émotion : soit de bouleverser tout l'organisme si l'âme se révolte et se débat, soit de faire refluer le sang vers les centres organiques si la douleur est forte au point d'être à peine supportée. Je n'ai pas à insister sur les désordres viscéraux qui seront la conséquence de pareilles secousses, on le comprend certainement d'après tout ce que j'ai expliqué du mécanisme des passions. Je dirai seulement que là, c'est immédiatement sur la circulation du sang qui est ou *activée* ou arrêtée, que l'action se produira ; et il en résultera des congestions soit par la rapidité du cours du sang, soit par la stagnation dans les vaisseaux, selon la nature de la douleur. Ce qui nous prouve une fois de plus que j'ai le droit de soutenir que les passions portent essentiellement et premièrement sur le mouvement circulatoire, comme j'ai eu l'occasion de le faire ressortir déjà. En face de lois comme celle-ci, on ne saurait trop se le répéter.

Si la douleur aiguë se continue par le chagrin, nous savons tous les désordres qui en résulteront. Quelquefois, à la douleur succède la joie, ce qui malheureusement est assez rare, dans ces cas l'action *expansive* de cette passion vient vite aider au rétablissement de l'équilibre détruit par l'effet *concentratif* de la douleur.

La jalousie, *la haine*, *l'envie*, *les soucis*, *les inquiétudes*, *la crainte*, *la peur*, *la frayeur*, qui sont des affections concentratives, agiront sur l'organisme selon que nous venons de l'expliquer, avec plus ou moins d'intensité (cela se comprend), mais de la même façon. Nous n'avons donc pas à consacrer à ces passions une étude spéciale.

LA JOIE, étant une passion éminemment *expansive*, *excentrique* par ce fait, est ordinairement bienfaisante ; car tout ce qui dilate l'organisme, aidant à la circulation du sang et au jeu régulier des organes, facilite en nous la vitalité. Néanmoins, selon les circonstances, la joie ayant des caractères différents, il peut se faire qu'elle produise des effets nuisibles. Cela pourrait même se produire dans le cas que je citais tout à l'heure ; si la joie succède à la douleur trop brusquement, il en résulte une sorte de brisement interne et externe sur les deux actions subies en sens inverse. Le cœur en reçoit quelquefois un tel choc, qu'un évanouissement ou une syncope en sont la conséquence, bien heureux s'il ne reste pas ensuite une lésion organique. Le cœur recevra encore un contre-coup si l'on veut cacher la joie, et cela arrive assez souvent, parce que le diaphragme, en resserrant les côtes, nuit à la circulation pulmonaire, ce qui congestionne le cœur et la tête même. Une joie imprévue peut tuer, à cause de la brusque expansion de l'âme qui dilate le cœur au point d'en paralyser les mouvements.

La douce joie, qui calme le système nerveux, qui détend les muscles, ouvrant par ce fait l'espace à la circulation, est le plus grand bienfait pour le corps.

L'homme heureux, celui qui est content, se porte bien ordinairement, parce qu'aucune constriction ne vient troubler ni la circulation ni le jeu des organes; mais survient-il une simple *contrariété*, un peu *d'ennui*, on voit s'altérer aussitôt la santé de l'heureux d'hier. La face pâlit, le teint se plombe, l'appétit diminue, l'abattement arrive parce qu'il y a eu *constriction* des viscères selon le mécanisme que j'ai décrit, et refoulement sanguin en dedans.

L'appétit diminue, ai-je dit, et j'ajoute en passant que c'est presque toujours le commencement de sérieuses maladies, parce que le corps ne recevant plus les éléments nécessaires à sa réparation, les organes s'altèrent et deviennent malades en raison de la durée de la perte d'appétit. De là : anémie, chlorose, etc., qui ne se guérissent pas avec le fer, ni avec le quina, mais bien par une médication intelligemment exercée s... la digestion, de laquelle le corps tire *le sang*. En effet, pour guérir l'anémie ou *privation de sang*, on ne réussira que si l'on *rend* du sang en quantité suffisante, et cela je le répète : *par de bonnes digestions.* Dans ces cas encore, c'est *sur l'état du sang*, sur sa circulation que portent, on le juge, l'effet des passions.

Je ne m'étendrai pas davantage sur les effets des bonnes passions expansives, il suffit de dire qu'elles sont *bienfaisantes.* Il n'en est pas de même des mauvaises passions expansives, telles que certain genre de colère.

LA COLÈRE, nous dit le Dr Descuret, *est un besoin excessif de réaction déterminé par une souffrance physique ou morale.*

Comme je trouve cette définition parfaite, je la lui emprunte ainsi que ses divisions de la colère en :

colère rouge ou expansive, en *colère blanche* ou concentrique, divisions auxquelles j'ajoute : *la colère verte* ou bilieuse.

S'il est une affection de l'âme qui prouve l'action *immédiate* des passions sur la circulation, certes c'est la colère, et par-dessus tout : *la colère rouge* ou expansive. En effet, le sang bouillonne dans ce cas avec une telle rapidité, avec une telle énergie que le cœur, dont les efforts sont multipliés par ce fait, est près de se rompre. Je n'ai pas à faire ressortir que dans ce cas encore, il est facile de voir que les mouvements sanguins sont en raison des *flots* du magnétisme dégagé et mis en activité par la violence des émotions de l'âme ; enfin je n'ai pas à m'étendre non plus sur les désordres organiques qui seront la conséquence des congestions résultant de ce bouleversement sanguin, car cela nous est connu grâce à ce que j'ai expliqué précédemment. Je ferai seulement remarquer que c'est vers le cœur et la tête que le sang se porte le plus ; et que dans certains cas, la congestion cérébrale est telle qu'elle paralyse en quelque sorte l'action de l'intelligence, si bien que la crise donne presque un état de folie. De là cette expression : *être fou de colère*. Bien que cette espèce de colère soit cause de vives altérations organiques, elle n'est cependant pas la plus nuisible, car un ou deux bains, des lotions alcooliques sur la tête, des applications alcooliques sur le cœur, des bains et quelques boissons délayantes jointes aux repas, tout cela rendra l'équilibre. Je conviens cependant que les conséquences de cette passion seront funestes, si on laisse les congestions s'établir au cœur et à la tête, car il peut rester des troubles intellectuels et des affections sérieuses de ces deux parties.

LA COLÈRE BLANCHE ou spasmodique refoule le sang vers les centres vitaux, de là cette pâleur de la face et des extrémités. C'est une passion à effet *concentrique* dont nous connaissons et le mécanisme et les résultats, nous n'avons pas à insister.

LA COLÈRE VERTE ou *bilieuse* est propre aux personnes affectées de maladies du foie déjà invétérées. Elle a un caractère sec et nerveux, si bien qu'on peut la classer dans les affections *concentratives*. En effet, cette colère tient plus de la simple *irritation* que de *l'expansion*.

L'homme à tempérament bilieux est presque toujours *anémique*, ce qui rend le système nerveux bien plus irritable, puisque le *sang est le modérateur des nerfs*. Aussi ne remarquons-nous pas dans cette variété les symptômes de congestions *extérieures* que nous voyons dans la colère rouge, quand même on *s'emporterait*. Les congestions ont lieu à l'intérieur, et ne sont pas *fortes* puisque nous n'avons pas de sang, et comme ce peu de sang est mêlé de bile, il survient la coloration jaune ou verte des tissus, s'il y a mouvement *expansif.*

Le cœur aura quand même dans ces colères, une accélération de ses battements; mais ils seront serrés et sans expansion. Cela donne ces colères *à froid* qui sont si redoutables, car elles sont capables de pousser aux actes les plus criminels. *La vengeance* appartient presque essentiellement à ce type.

Les personnes bilieuses, ai-je dit, sont anémiques; voilà pourquoi on peut constater chez elles une si grande activité d'esprit; car, n'ayant pas assez de sang pour attirer le fluide magnétique nécessaire au fonctionnement de la vie végétative, sentant l'affaissement corporel qui résulte de ce manque de la force motrice organique, ils cherchent inconsciemment à y suppléer par la tension constante *de la volonté* qui fait rayonner sans cesse comme des courants artificiels. De cette tension continue du système nerveux irrité par l'activité intellectuelle, découle enfin cette incroyable *irritabilité* des gens bilieux qui passent en quelque sorte leur vie dans une colère perpétuelle.

Ce coup d'œil sur les espèces de colère me fait souvenir d'un charmant opéra-comique intitulé: *Le diable au moulin.* Le diable était au moulin en effet puisque le meunier et la meunière n'étaient pas toujours de bonne humeur. Au contraire, le mari et la femme étaient constamment *en colère :* celui-ci accusait son état pléthorique d'être la cause de ses emportements, celle-ci attribuait les siens à son système nerveux constamment surexcité.

L'auteur du libretto a voulu saisir là une occasion de rire des physiologistes ; il eût changé d'avis peut-être, s'il avait su ce que je viens d'écrire.

Dans les colères à effet concentrique il se produira les maladies organiques propres à ce genre de passions, et cela nous dispense de nous y arrêter spécialement. Quant aux colères chez les personnes bilieuses, je les engage à vite faire guérir leur maladie de foie ; car vraiment, elles ne sont pas heureuses et rendent souvent bien malheureux ceux qui les entourent. Est-ce à dire que dans ce cas l'état corporel *donne* l'état intellectuel ? *Certes non !* mais l'influence corporelle est là sans cesse pour solliciter la facheuse tendance *de l'esprit.*

Après la colère, nous allons nous occuper d'une passion *qui est générale*, à laquelle *personne n'échappe*, qui est cause de nos plus grandes joies comme de nos plus grandes douleurs, j'ai nommé *l'amour*.

L'AMOUR, plus que toute autre passion, est la preuve *palpable* de la liaison *magnétique* qui unit les hommes dans leurs rapports sociaux. En effet, à part de rares exceptions, l'amour débute par la sympathie qui est le fait d'une *attraction*, et nous savons comme elle s'exerce, je n'ai à pas y revenir. D'autres fois l'amour est instantané, comme cela s'est vu entre Adam Lux et Charlotte Corday au pied de l'échafaud ; mais dans les deux cas, c'est *l'attraction* qui a été l'agent de l'activité. Quelquefois cependant *l'attraction* n'est pas *réciproque;* il peut être même le fait d'une sorte de *fascination* ou de *domination.* C'est ce qui a fait dire à un penseur bien connu, Alphonse Karr, que chez deux être liés par l'amour l'un *aime* et l'autre est *aimé.* Cela n'est pas constant par honheur; mais c'est, hélas, bien fréquent! Néanmoins, dans ce cas même, l'amour est exercé par *nos influences magnétiques* ; et cela est si vrai que le *contact* est nécessaire pour établir des relations parfaites. Ce contact seul comble les vœux de ceux qui s'aiment, et ils cherchent sans cesse les moyens de *se voir, de se toucher,* ou de *toucher* l'objet qui appartenait à celui qui est aimé. La pression des mains, les baisers font circuler dans l'être entier le rayonnement du fluide magnétique déplacé par l'acte de l'âme, et cela fait éprouver les émotions les plus douces. La mère qui berce son enfant dans ses bras et qui le couvre de baisers s'il pleure, agit magnétiquement sur son bébé chéri et calme peu à peu par le balancement, le regard ou la voix les chagrins précoces du petit être. Tout dans l'amour, je le répète, prouve nos influences magné-

8

tiques, il n'est pas besoin de le développer davantage.

Si de l'amour nous jetons un regard sur les *doléances* que nous adressons à celui qui souffre, sur la *compassion* que nous accordons aux malheureux, nous constaterons que le soulagement éprouvé par le patient ne vient d'autre raison que du *dégagement fluidique* opéré par le consolateur qui a *pris sur lui* une partie de ce fluide échangé pendant le *rapport*. Aussi, se retire-t-on toujours *affecté*, *souffrant* après les visites de réelle charité.

Il résulte de ce que nous venons d'examiner que c'est par *les sens* que l'amour est obligé de passer pour arriver à l'âme, ET C'EST RIGOUREUSEMENT VRAI. De là les dangers dans les amours les plus chastes lorsque le contact se prolonge ; car qui pourra répondre d'être maître de soi s'il aime vraiment?... Les exemples abondent et démontrent le contraire; il n'est qu'un moyen de salut pour fuir le péril, c'est d'éviter le *contact*, et cela est encore un argument en faveur de mes propositions. Dans l'AMITIÉ, ne sentons-nous pas impérieusement le besoin de ce contact pour établir *les liens?* Pourquoi ces poignées de mains que l'on se donne presque inconsciemment au moment où la sympathie se manifeste? N'est-ce pas encore en vertu de ce besoin d'unir les deux organismes par l'intimité des fluides échangés dans cet acte?

L'amour arrive à l'âme par les sens, avons-nous dit, et chez beaucoup d'individus, il aura un caractère plus *sensuel* que *spirituel*. (Notons bien qu'ici je parle de *l'amour*, et non de ce qui souvent est baptisé de ce nom quand ce n'est qu'une honteuse bestialité.) De même et selon le degré de l'élévation de l'âme, les sens auront une plus ou moins faible part dans ce sentiment pour aboutir à l'âme. C'est ainsi que chez les âmes d'élite ce sentiment est presque *tout* spirituel. L'amour de ce genre est le père des nobles actions, des plus sublimes dévouements, des actes les plus héroïques, parce qu'il est un amour divin, grand, beau, noble comme les rayons d'où il tire son essence ; mais ces amours-là sont rares. Si l'on veut enfin trouver l'amour *sublime*, il faut le chercher chez les saints, là seulement il existe étant dépouillé de tout lien charnel, puisque c'est Dieu qui est l'objet de l'amour. Or, Dieu étant essentiellement amour et amour pur par excellence, l'âme des saints illuminée et embrasée par l'amour de Dieu est seule en état de dire : *J'ai su ce que c'est d'aimer et d'être aimé !*

Quels sont les effets de l'amour sur l'organisme? Si l'amour est heureux, partagé, bien équilibré en un mot, non seulement il aidera à la santé, mais on a vu souvent l'amour amener la guérison de graves maladies. Mais si l'amour n'est pas partagé, équilibré ; s'il survient des peines, des chagrins d'amour, les effets de cette passion rentreront dans la catégorie des maladies résultant des affections à effets *concentriques*, et nous les connaissons. Le Dr Descuret prétend que les peines d'amour agissent plus spécialement sur la poitrine, je ne suis pas tout à fait de son avis. Il est vrai que le cœur recevant sans cesse des commotions aidera aux congestions pulmonaires et par conséquent à la formation des maladies de poitrine; mais si on a bien observé, on reconnaîtra que le plus souvent il y avait *prédisposition* à cette affection. L'amour comme les autres passions aura son action *immédiate* sur la circulation du sang, et les maladies se développeront en raison de telle ou telle prédisposition particulière à l'individu, et d'après les lois suivies par la nature dans les passions concentratives; il n'y a pas à sortir de-là. Les bouleversements, les surprises, etc., toutes les vives émotions nées des accidents de l'amour agiront sur le corps à la façon des vives émotions que nous avons étudiées aussi.

Tout se passera dans l'amour, ai-je énoncé, comme pour les manifestations morbides spéciales à la même classe concentrative. Cela n'est pas complet; car ces premières causes sont doublées d'une action magnétique exercée *à son insu* sur la victime par la personne qui affligera; en effet, une fois la sympathie établie entre deux êtres, nous savons que les deux fluides se confondent, se marient pour ne former qu'un seul et même courant, si bien qu'un équilibre nouveau s'est établi entre les deux personnes; mais dans l'amour, cette fusion est plus parfaite, plus intime, et par contre il y a plus de solidité dans les rapports magnétiques.

Or, toutes les personnes qui ont fait des expériences magnétiques vous diront qu'ils *chargent* de leur fluide personnel le sujet afin de déterminer tel ou tel phénomène. Dans ce cas, ils ont exercé une action *centripète* sur le sujet, et refoulé une provision fluidique vers les centres; mais cette surabondance de magnétisme agit intérieurement à la façon des corps étrangers, et cela devient une cause de maladie. Les malédictions produisent ces mêmes effets, et dans cet état les malades ne seront soulagés par *aucun remède* si ce n'est par *l'extraction*, au moyen de dégagements, de ce fluide magnétique ainsi accumulé.

Or, quand l'amour n'est plus partagé, puis si l'objet n'est plus aimé, il y a répulsion du fluide magnétique de l'infidèle sur le patient, et peu à peu celui-ci se trouve dans la situation que je viens de décrire. Cela sera bien pis si l'aversion ou la haine succèdent à l'amour! Aussi, voyez dès le début de la souffrance cette oppression, ces serrements de cœur chez le délaissé!... Cela ne vient pas d'autre source que de celle que je révèle. Il est évident que la circulation sanguine, subissant les influences en question, aura plus d'activité d'autre part dans la formation des maladies.

De cette mauvaise liaison magnétique prolongée, il naît chez l'affligé une réelle *obsession*, qui se traduit souvent par *l'augmentation* du sentiment que l'on voudrait étouffer ; et cette obsession sera bien plus terrible si l'amour est venu de *la domination*, cela est facile à comprendre. Combien de personnes n'ont-elles pas subi cet amour par domination ? On aime alors forcément, sans s'en douter d'abord ; et plus tard on a beau se défendre, on est pris ! Les femmes possèdent plus que les hommes la faculté de déterminer cet amour; car (et c'est à leur louange) leur esprit est *plus fort* que celui de l'homme; et comme les phénomènes magnétiques sont *par-dessus tout* SPIRITUELS, voilà ce qui explique *la force* du sexe *faible*.

Dans LA HAINE, l'action magnétique centripète, que je signalais, aura un effet encore plus funeste que celle de l'amour, cela va de soi, parce qu'il y a dans ce cas activité *constante* de la volonté répulsive ; mais si la haine est égale chez deux individus, ils en viendront aux mains le plus souvent, parce que leurs fluides se heurtent sans cesse, allant de l'un à l'autre, ce qui les surexcite au suprême degré.

L'ENVIE, qui est classée parmi les péchés capitaux, agit à la façon de la haine, et même plus fortement, car l'envieux attire sur la personne enviée toutes sortes de mauvaises influences qui réagiront non seulement sur le corps, mais sur la fortune et le bonheur! Celui qui envie avec ténacité porte la malédiction dans une famille et dans une maison!...

Sans connaître ces lois magnétiques, ne remarque-t-on pas que l'envieux porte malheur, et ne cherche-t-on pas à le fuir? Quant à l'envieux lui-même, il est sous le coup d'une passion à effet tellement *concentrique* que pour exprimer son état on dit *qu'il sèche de dépit,* et c'est trop peu pour le mal qu'il fait!...

Je m'aperçois que les éléments de cette étude des effets du moral sur le physique m'ont entraîné plus loin que le permettait le cadre de cet ouvrage. Il resterait beaucoup à dire encore; mais ce que je présente est suffisant pour que l'on se rende compte de l'ensemble de la question, c'est tout ce qu'il nous faut pour l'instant.

D'autre part, on peut apprécier qu'avec la connaissance *positive* des agents qui occasionnent les maladies, avec celle du mécanisme de leur formation, le médecin peut désormais y remédier sûrement et facilement.

Il nous reste, pour compléter notre aperçu, à résumer les plus importants effets du physique sur le moral.

IV

DES INFLUENCES DU PHYSIQUE SUR LE MORAL

Si nous voulions étudier *in extenso* cette question, nous devrions analyser non seulement l'action des organes et des maladies sur le moral, mais encore les influences *des âges*, *des sexes*, *des lieux*, *des habitudes*, *des tempéraments*, ce qui nous obligerait à faire un volume. Nous devons donc nous borner ici à des appréciations générales, puis à quelques considérations particulières, en un mot à ce qui est strictement nécessaire pour donner un *ensemble* du sujet.

Comme influence *générale* de physique sur le moral, nous trouvons en première ligne *les tempéraments* qui, de tout temps, ont été considérés comme LES CAUSES du caractère. Hippocrate qui le premier a traité la question, est l'auteur de ce principe ; aussi s'est-il transmis intact, d'âge en âge.

Tout en reconnaissant que certaines influences corporelles font dévier notre liberté intellectuelle, JE NIE *que la nature du tempérament* DONNE *le caractère*. Nous en avons la preuve *évidente* et *constante* chaque jour et à chaque instant devant les yeux, dans les subits changements d'allures, de tournures, d'habitudes, dans les modifications de la face, etc., modifications qui résultent de *la direction de l'esprit*. Cette direction de l'esprit a une influence telle sur les corps, qu'elle imprime à *chacun* le *caractère* de sa profession, de ses habitudes. Donc, *l'esprit* est la cause *essentielle* du caractère, et je soutiens avec Stahl QUE L'AME FAIT SON CORPS, ou pour mieux m'expliquer, que l'âme imprime au corps, *dès son incarnation*, *le caractère* qui est propre à son degré d'élévation dans l'échelle spirituelle. C'est ainsi *qu'elle fait* son corps, ou mieux qu'elle *le pétrit*.

La législation et l'embryogénie sacrée ont interrogé la science afin de savoir à quelle époque de la gestation on doit considérer *l'être humain* comme *vivant*, c'est-à-dire pourvu de son âme. La loi déclare l'homicide s'il est constaté que le fœtus est né viable, tandis que la théologie croit à la présence de l'âme dès l'époque du mouvement du fœtus. Pour moi, je soutiens que l'âme étant destinée à pétrir son corps, elle est dans le sein maternel *dès le principe* de la gestation, et la preuve : c'est que chez l'homme comme chez les animaux, C'EST PAR LE CŒUR que débute l'embryon. Or nous savons que le cœur est le siège de l'âme, donc *aussitôt* son incarnation l'âme fabrique sa demeure *essentielle*, ce qui est pour elle de TOUTE NÉCESSITÉ ; puis elle façonne peu à peu le reste de son organisme qui reflète *l'élévation de son degré spirituel.* De là les races, les types et les caractères Partant de ce principe nous comprenons comment tel ou tel cerveau offrira à l'examen les aspects d'une plus ou moins grande intelligence, et la doctrine de Gall s'explique. Il en est de même pour la physiognomonie.

Le tempérament, soutenons-nous, correspond à *la nature* de l'âme qui lui a imprimé le cachet de sa nature ; l'âme donne *le caractère*, mais il ne vient pas *du tempérament* ; et j'ajoute : *quel que soit le tempérament, les modifications du caractère viendront des diverses actions propres à telle ou telle affection, selon les maladies auxquelles auront été exposés les individus.* Je ferai observer que je n'ai pas à m'occuper ici des modifications apportées au caractère par l'éducation, par le milieu où l'on vit, ou par les événements, ces grands maîtres de nos destins ; souvenons-nous que nous étudions seulement les effets du *physique* sur le moral. En tous cas, et soit dit en passant, les influences que je viens de signaler sont une nouvelle preuve en faveur de ma doctrine relative à *l'origine spirituelle* du caractère, puisque les plus grands modificateurs du caractère sont puisés dans nos rapports sociaux.

Une preuve encore que le tempérament ne donne pas *le caractère*, c'est que dans les mêmes tempéraments nous trouvons des caractères différents, ainsi chez les tempéraments lymphatiques, nous trouverons des nuances à l'infini. Tels, par exemple, jouissant du bénéfice du lymphatisme seront calmes, persévérants, tenaces dans leurs idées ; tandis que d'autres seront vifs, facilement découragés, mous et paresseux. Si nous devons accuser le tempérament d'être une cause de modification morale, certes c'est dans cette dernière catégorie ; car le défaut d'énergie vitale diminue dans les mêmes proportions l'énergie morale. *Le mens* ayant trop à travailler pour soulever *le molem*, finit par se lasser pour se livrer de la *nonchalance* à *la paresse* qui représente une sorte de paralysie. En effet, le mot *paresse* vient du grec *parisis* qui signifie *relâchement*, *paresse*. D'autre part, si les tempéraments sanguins ou bilieux *facilitent* les mouvements impétueux, combien ne voyons-nous pas chez ces mêmes tempéraments régner *la patience* et *la fermeté*.

Si nous nous souvenons que la vie de l'homme *est un combat perpétuel*, nous comprendrons que s'il doit combattre des propentions *corporelles* ou *des influences spirituelles*, c'est toujours la même lutte contre le mal. Notre gloire est de vaincre les fatales influences, de quelque source qu'elles viennent, et c'est le *but* de notre vie *de voyageurs, de pèlerins,* qui est celle d'ici-bas.

Les maladies ont une action plus évidente sur le moral ; et cela se comprend aisément, car elles sont une perturbation d'un équilibre primitivement établi. Par conséquent, les réactions de l'organisme ayant **toutes** un retentissement au cerveau, cet organe rapporte à l'âme des sensations désharmoniques, comme seraient désharmonieuses les notes d'une harpe désaccordée.

L'âme *qui juge* d'après les impressions qui lui sont transmises par la voie des sens (ses seuls moyens de communication avec le dehors), l'âme, dis-je, arrive à des *déterminations* qu'elle n'aurait prises si elle s'était trouvée dans une autre situation vis-à-vis de ces mêmes sens. **Il est impossible de nier ce fait**; aussi le matérialisme s'en est-il emparé pour tirer les conséquences erronées que nous connaissons. De même, ai-je observé déjà, les spiritualistes ont fauté en spiritualisant *par trop* la nature humaine, en traitant de l'âme des hommes comme si elle était un pur esprit dégagé des liens charnels. En profond spiritualiste, mais en sage physiologiste, le Dr Descuret a été plus vrai que nos théologiens, car il n'admet pas même leur définition : *L'homme est une intelligence servie par des orga-*

nes, parce que, dit-il, cet axiome laisse supposer *la servitude* parfaite des organes, ce qui n'est pas. Aussi remplace-t-il la définition de la théologie par celle-ci : *L'homme est une intelligence unie à des organes;* ET LE CHRÉTIEN DOIT SE CONVAINCRE QU'IL EST UNE INTELLIGENCE DÉCHUE LUTTANT CONTRE DES ORGANES. Telle est aussi mon opinion.

Bien que j'aie avancé il y a un instant que l'homme était né pour combattre les mauvaises influences corporelles ou spirituelles ; bien que dans la majorité des cas s'il est pénétré du sentiment du bien et animé du désir de le faire, il modifiera ou détruira les fâcheuses actions du corps, il n'en reste pas moins évident que dans certains états morbides soit aigus soit chroniques, l'âme se trouvera dominée par l'organisme, malade au point de nous rendre moralement méconnaissables mêmes à nos proches.

Les affections intestinales et celles du foie sont, de toutes les maladies, celles qui ont le plus d'action sur le moral ; tandis que celles du cœur et même celles des poumons n'ont pas la même influence, tant s'en faut ! nous nous rendons compte aisément de ces faits puisque nous connaissons la richesse des vaisseaux sanguins et des filets nerveux qui fourmillent dans ces viscères facilement sujets à se resserrer et à s'engorger, ce qui détermine la *compression des filets nerveux*. Or, cette compression communique une irritation à la presque totalité du système nerveux, irritation plus ou moins forte, plus ou moins sourde, selon l'altération organique. De là, ou *la mélancolie*, ou *la tristesse*, ou *l'abattement*, on *des impatiences*, ou *des colères faciles*. De la tristesse ou de la mélancolie à *l'hypochondrie*, la maladie a bientôt franchi le léger pas qui les sépare.

Les anciens avaient bien observé le siège de ces affections tristes que les anglais nomment LE SPLEEN, et que nous désignons toujours par le vieux mot : l'hypochondrie, ce qui est plus juste. En effet, cette expression est tirée de deux mots grecs *hupo* et *chondros* qui signifient *sous les cartilages ;* et les causes qui engendrent cette maladie siégent en haut de l'intestin et au foie, c'est-à-dire aux parties qui sont sous les cartilages, sous les fausses côtes. Il est constant d'autre part que l'hypochondre droit est toujours le plus malade, ce qui n'a pas lieu de nous surprendre avec la connaissance que nous avons du rôle important joué par le foie dans la vie humaine. Ajoutons comme preuve les cas si nombreux des maladies morales découlant des altérations du sang : syphilis, dartres, vices cancéreux, chlorose, anémie, et nous conclurons que si d'un côté le sang affaibli *n'est plus le modérateur des nerfs*, il se trouvera en outre dans une condition telle qu'il fournira une énorme quantité d'éléments de bile, ce qui engendre *forcément* les maladies du foie d'où résultent les causes principales de l'hypochondrie.

En dehors de ces altérations sanguines *par vices du sang*, proprement dits, il est à notre époque une source bien plus active et malheureusement trop répandue des plus graves maladies mentales, je veux nommer *l'ivrognerie* ou mieux *l'alcoolisme.*

L'ivrognerie est possible aux classes aisées parce qu'elles ont du vrai vin, de vrais alcools ; tandis que l'ouvrier *s'alcoolise* avec des produits fraudés ; mais dans un cas comme dans l'autre, l'effet est identique, à savoir : L'EMPOISONNEMENT PAR L'ALCOOL.

L'alcool a pour effet de coaguler l'albumine du sang, ce qui l'épaissit et s'oppose à la circulation normale. L'ammoniaque dissout la fibrine, c'est pourquoi on dégrise quelqu'un en lui faisant boire de l'eau ammoniaquée. Mais si un homme a pris l'habitude de boire, il ne prendra jamais ce contre-poison ; bien loin de là, à mesure que l'empoisonnement pénètre, l'ivrogne aime à jouir de l'espèce de bien-être qui résulte de la paralysie du cerveau née de l'alcoolisme. J'ai fait bien des autopsies d'ivrognes morts ivres, et là j'ai constaté dans le cerveau non seulement des foyers apoplectiques, mais *tout le cerveau* était piqueté de taches noires résultant du sang extravasé des vaisseaux capillaires.

Jugeant par ces désordres ce que doit être le cerveau de celui qui vit dans un état d'alcoolisme presque constant, nous comprendrons que l'âme ne reçoit plus que les sensations désharmoniques dont j'indiquais le mécanisme tout à l'heure. N'est-ce pas ce qui a lieu dans l'ivresse complète? L'alcoolisme est cette même situation passée à l'état chronique!...

Si nous calculons enfin tous les éléments azotés renfermés dans le sang des alcoolisés, si nous nous souvenons que la bile tire sa constitution principalement de ces matériaux, nous arriverons à calculer la gravité des maladies de foie nées de l'alcoolisme, ainsi que les graves conséquences qui résultent de ces maladies devenant de nouveaux agents des congestions cérébrales, d'où L'ABRUTISSEMENT.

Voilà les cas où la matière tue l'esprit; et cependant si l'ivrogne se convertissait, s'il sentait la honte, la dégradation dans laquelle il croupit et si son âme se réveillait, à son tour l'esprit ferait revivre à nouveau la matière sagement dégagée des principes morbides. — Une fois de plus nous voyons que c'est de *l'esprit* que partent nos passions, et que *l'esprit* peut seul aider à la guérison.

Dans les fièvres graves, toutes les fois enfin que le cerveau est affecté de telles congestions qu'il est dépourvu de ses normales fonctions, la matière dominera l'esprit; mais là encore, en rétablissant l'équilibre, l'organe redeviendra souple et sera docile aux ordres de l'âme.

Si les viciations profondes du sang, quelles que soient leur origine, ont produit, *par défaut de nutrition*, des altérations plus ou moins graves du système nerveux telles que inflammation de la moelle et du cerveau ou de leur enveloppe, congestions passives ou actives des centres nerveux, ramollissements, etc., — *La dépolarisation* matérielle amène *la dépolarisation* dans les idées ; et cela fait de ces malheureux ainsi frappés, ou des extravagants, ou des originaux, ou des gens bizarres, ou des fous.

En résumé, toutes les affections mentales qui découlent des maladies du corps peuvent se grouper en ces deux classes : 1° *Le sang étant le modérateur des nerfs*, mille désordres surgiront s'il n'est plus capable de remplir ce rôle ; 2° *le cerveau* recevant les impressions du corps pour les transmettre à l'âme, il y aura perturbations morales plus ou moins sérieuses, depuis le simple ennui ou la mauvaise humeur jusqu'au mal le plus extrême selon les fatigues cérébrales.

Le cœur entrera en dernier lieu dans le concert, et quelquefois, sous le coup d'une émotion vive, il sera une des causes les plus actives des congestions et des maladies cérébrales, d'où des affections morales par contre-coup.

J'ai parlé des fous, il y a un instant. En face de cette effrayante calamité, faisons comme les Indiens, découvrons-nous et agenouillons-nous pour pleurer sur le sort de ces infortunés auxquels est ravi le plus grand de tous les trésors : *la liberté de l'intelligence !*

Le médecin aliéniste, qui voue son existence à l'étude de cette terrible maladie, est un de ceux qui méritent les plus vifs hommages de la société. On a fait dans cette étude de réels progrès ; mais il reste beaucoup encore à conquérir. Pour ma part, ayant eu à traiter des fous, j'ai observé que la plupart sont atteints *d'une fièvre lente*, non perceptible au pouls. Un de mes maîtres, M. le Dr Magail, médecin en chef de l'hôpital militaire de Lyon, m'avait averti de surveiller chez beaucoup de malades l'existence de ces fièvres qui, me disait-il, existent en France comme en Afrique. J'ai suivi ses conseils et j'ai pu en constater la vérité. Chez les fous, cet état est presque constant ainsi que de graves altérations hépatiques que l'on ne soupçonne pas. Appuyé sur ces connaissances, j'ai pu guérir les fous que j'ai eus à traiter.

Mais il est une classe de folie à laquelle on ne croit pas dans notre siècle de lumières, *c'est la folie par obsession ou possession spirituelle.*

Toutes les fois qu'un fou meurt sans qu'à l'autopsie on puisse constater des lésions cérébrales, on peut être assuré que la folie venait des causes que je viens de dévoiler, elles sont plus fréquentes qu'on le pense.

V

LE SOMMEIL NATUREL ET LE SOMMEIL ARTIFICIEL OU MAGNÉTIQUE

LE SOMMEIL, cette fonction de l'organisme qui s'accomplit si simplement, si naturellement (pour me servir d'une expression frappante), n'a sans doute jamais fait naître en vous, ami lecteur, l'idée de vous demander comment il se fait que vous dormez, d'où vient *le besoin* et *la nécessité* de dormir.

Eh bien, il n'en a pas été de même du médecin; car il sait qu'il ne peut être *vraiment* médecin qu'à la condition expresse de connaître les lois et le mécanisme de *tous* nos mouvements vitaux. Or, le sommeil jouant dans la vie humaine un rôle si important, puisque la majeure partie de notre existence se passe dans cet état, les physiologistes ont cherché dès les anciens temps à se rendre compte de ce phénomène. Dire tout ce qui a été écrit sur ce sujet, toutes les idées qui se sont succédé, serait remplir une bibliothèque; et malgré toutes ces recherches, la question est loin d'être élucidée.

Les pontifes du positivisme, MM. Littré et Robin, affirment qu'en dehors des doctrines de Cabanis et de Bichat, tout ce qui a été présenté relativement au sommeil doit être lettre morte, parce que cela est le fruit d'observations erronées. Nous n'avons donc qu'à jeter un coup d'œil sur les écrits de ces deux grands maîtres, vous jugerez si leurs enseignements satisferont votre raison, cher lecteur.

Bien que j'aie résumé dans mon troisième chapitre les opinions de Cabanis sur le rôle du cerveau, il est bon de les rappeler, cela évitera d'avoir à compulser ce que j'ai écrit précédemment.

Tous les organes, prétendait le célèbre académicien de la Révolution, reçoivent *la vie* du cerveau et du système nerveux qui, étant présent partout, dirige les actes vitaux. Le cerveau, ajoutait-t-il, est *la source de la vie* et de l'activité.

Les notes de son éditeur, que j'ai reproduites, ont réduit *à néant* ces dogmes, car il a été démontré que pour être une *source* de vie et d'activité, il fallait que le cerveau fût *par lui-même* vivant et actif. Il n'a pas été difficile de prouver le contraire. — Or, Cabanis faisant reposer sa théorie du sommeil sur *ces* fonctions cérébrales, nous sommes en droit de prétendre que les conséquences seront fausses le point de départ étant faux. Il en sera de même pour ce qui est relatif aux rêves, aux songes, aux hallucinations, en un mot à tout ce qui découle de la pensée, puisque Cabanis soutient que le cerveau est l'organe pensant, et nous avons démontré que cela n'est pas. Néanmoins, appuyons ces conclusions anticipées par de nouvelles investigations.

Voici comment Cabanis définit le sommeil :

« C'est une fonction *particulière* du cerveau, non pas un état passif de cet organe, état qui n'a lieu qu'autant qu'il s'établit dans l'organe une série de mouvements *particuliers*, et leur cessation ramène la veille, ou bien les causes extérieures du réveil le reproduisent immédiatement. »

Cette fonction *particulière* du cerveau, quelle est-elle? Comment s'exécute-t-elle? En quoi est-elle particulière au cerveau? Qui nous le prouve? — A ces justes questions, il n'est pas fait de réponse. On ne se préoccupe même pas si l'on doit jamais interroger à ce sujet. On *affirme*, selon la méthode positive; le nom de l'auteur doit tout faire admettre, et le tour est joué.

Et ces mouvements *particuliers*, quels sont-ils? En quelle partie du cerveau s'accomplissent-ils? Étant particuliers, ils doivent avoir un cachet tout spécial, quel est-il? — Le dogme positif ne s'abaisse pas à de tels menus propos ; il se fait des mouvements particuliers dans le cerveau, ces mouvements particuliers déterminent le sommeil, vil profane, cela doit te suffire! — Crois à ce que nous enseignons, nous sommes les pontifes de la science moderne, science devant laquelle chacun doit s'abaisser, à laquelle on doit croire, *sans réfléchir!* Pour ma part, messieurs, je vous demande humblement pardon d'avoir osé réfléchir, et je continue :

« Cette fonction particulière du cerveau, prétend Cabanis, est *le résultat* de la loi de périodicité à laquelle sont soumis les mouvements de l'organisme. » Cela est loin d'être clair; mais enfin il faut l'accepter comme il nous l'est donné!... « Tous les besoins, ajoute notre auteur, renaissent et toutes les fonctions s'exécutent à des époques fixes et isochrones. La durée des fonctions est la même pour chacune de leur période. Les mêmes appétits ou les mêmes besoins ont des heures marquées pour chacun de leurs retours; et le plus souvent, lorsque les besoins ne sont pas satisfaits alors, ils diminuent et s'évanouissent au bout d'un certain temps pour revenir avec plus de force et d'impétuosité à l'époque suivante qui doit ramener les impressions. Ce caractère de périodicité se remarque particulièrement dans le retour et dans la durée du sommeil, car il revient ordinairement chaque jour, à la même heure. Il dure le même espace de temps, et l'on observe que plus il est régulièrement périodique, plus aussi l'assoupissement est facile, le repos qui le suit salutaire et restaurant. »

On ne peut qu'applaudir à cette observation relative à la périodicité des fonctions, surtout dans le sommeil ; mais *à quelle cause* est due cette périodicité dans le sommeil ? La périodicité est loin d'être une cause, elle-même n'est qu'une résultante d'une action spéciale qui la produit. Cabanis se garde bien de soulever ce coin du voile, il lui suffit d'établir que la fonction *particulière* du cerveau est le fait de la périodicité, pour se persuader que chacun doit être satisfait. Puis, il passe en revue les causes de second ordre, c'est-à-dire l'action de l'air, de la chaleur, du froid, des boissons fermentées, des digestions, des maladies, etc. ; seulement, nous pouvons dans ce cas risquer encore deux questions : 1° Si le sommeil est le fait d'une action *périodique* capable de faire agir la fonction *particulière* du cerveau ; comment, de quelle façon ces agents de second ordre favorisent-ils l'action périodique, et si bien qu'elle n'est plus périodique ? 2° Dans ce cas, d'où vient le sommeil, puisque l'action *périodique* n'existe plus ? — Voilà des questions sensées, il me semble ; mais je ne veux pas les poser.

Passant de cette physiologie *positive* du sommeil à l'étude *positive* des rêves, des songes, etc., Cabanis continue à s'évertuer de la meilleure façon afin de démontrer que tous ces états de la pensée découlent des troubles de l'organe pensant, du cerveau qui a produit le sommeil en vertu de ses fonctions *particulières*, ne l'oublions pas !

Partisan des doctrines matérialistes sur l'origine des idées (à savoir *qu'elles naissent des sens*), notre célèbre auteur fait ressortir : « que cependant elles n'ont pas *uniquement* leur source dans les *sensations* venues de l'extérieur, mais encore des impressions des organes internes qui non seulement y contribuent, mais dans beaucoup de cas semblent le produire. *Les rêves*, *les songes*, conclut-il, où l'esprit (lire le cerveau) est assiégé d'images ou agité d'affections, sont dus à cette action des sens *internes* sur le cerveau. En effet, ils ne sont rarement alors le tableau fidèle des pensées ou des sentiments habituels. Ils viennent souvent, et d'une manière sensible, du travail de la digestion, ou de la gêne du cœur et des gros vaisseaux. Des dispositions nerveuses, *toutes particulières*, se joignent à ces actions organiques, déterminent *le cauchemar*. »

Comme c'est commode et savant de se tirer d'affaire en employant cette formule : *Toute particulière, tout spécial !* De cette façon, on n'a pas besoin de définition ; mais cela ressemble assez aux analyses chimiques des anciens qui se résumaient en ces quelques mots : Dans tel corps nous avons trouvé des *sels terreux*, des *acides* et des *gaz volatils*. A cette époque c'était très beau, tandis qu'avec la connaissance des équivalents chimiques, on veut aujourd'hui de *vraies* analyses, et c'est justice. Or, Cabanis nous apparaît dans les mêmes conditions ; et dire que nos académiciens actuels invoquent ses doctrines, et qu'ils prétendent qu'en dehors, il n'y a rien de *positif !...*

Après avoir avancé que les rêves ne sont qu'une suite d'opérations du cerveau mêlées à des idées ou des souvenirs qui se raniment pendant le sommeil, Cabanis se voit obligé de convenir que dans certains cas cependant il nous vient des idées que nous n'avons *jamais eues* à l'état de veille. « C'est ainsi, explique-t-il, que nous croyons converser avec un homme qui nous dit des choses que *nous ne savions pas*. On ne doit pas s'étonner que dans les temps d'ignorance les esprits crédules aient attribué ces phénomènes singuliers à des causes surnaturelles, » fait-il remarquer.

L'illustre Cabanis devait, il nous semble, se saisir de cette observation pour nous expliquer quelle est la fonction *particulière* du cerveau capable de mettre en jeu l'organe pensant au point de faire naître *la connaissance* de ce que l'organe *ne connaît pas*. Une bonne démonstration scientifique et positive de ce phénomène bizarre eût été la bienvenue. Mais pas du tout, on se contente de hausser les épaules avec pitié en avançant que l'ignorance seule a pu faire croire au surnaturel, et *d'affirmer* qu'il n'y a là que des effets les plus naturels.

Ceux qui étudient l'homme, s'ils veulent supprimer les influences supra-naturelles, n'auront jamais une connaissance *vraie* des effets psychiques ; tandis que tout s'explique si on comprend que l'homme n'est pas plus isolé des êtres supra-naturels qu'il l'est de ses semblables. La connaissance de ces rapports rentre dans la classe des choses *naturelles*, car tout est solidaire dans la nature, aussi bien ce qui est en haut comme ce qui est en bas. Marcher dans cette voie, c'est se diriger du côté de la logique et par contre vers *la vérité !*

Après Cabanis, Bichat reprit l'étude de cette loi d'intermittence, de périodicité dans les actes vitaux, et conclut également que : « Le sommeil général est l'ensemble des sommeils particuliers. Il dérive de cette loi de la vie animale qui enchaîne constamment dans ses fonctions de temps d'intermittence aux périodes d'activité. »

Comme Bichat n'a en rien modifié les doctrines dont il s'est fait le simple écho, nos réfutations restent les mêmes pour lui, ce qui nous permet d'abréger notre étude. D'autre part, imitant son devancier, il ne nous dit pas quelle est *la cause* de la périodicité qu'il semble attribuer à *l'excitation en général*, ce qui ne nous apprend rien. En effet, qu'est-ce que l'excitation en général? D'où vient-elle? Cela est parler pour ne rien dire.

Mais si Cabanis et Bichat n'ont porté aucune lumière sur ce sujet, il n'en a pas été de même de Burdach, un savant physiologiste allemand. (C'est pénible à reconnaître!) Afin d'apprécier la haute portée de ses recherches, je vais résumer le plus brièvement possible ses beaux travaux :

« La vie, enseigne Burdach, décrit plusieurs périodes dans son cours. Tout en avançant périodiquement dans la carrière qu'elle fournit, elle revient de temps en temps dans un état dans lequel elle a déjà passé.

« Si l'on recherche à ramener cette loi de périodicité à celle de la périodicité organique sous un point de vue général, nous reconnaissons qu'elle varie dans la manière dont elle se manifeste, et dans les époques où elle devient sensible suivant qu'on examine tel ou tel côté de la vie.

« 1° *La périodicité élémentaire* se trouve dans les actes simples ou élémentaires de la vie. Chaque muscle, chaque filet nerveux, bien qu'il paraisse demeurer dans un état uniforme, est sans cesse agité d'un tressaillement intérieur, qui est le plus bas terme de la périodicité.

« Si les tissus organiques ont l'air de rester uniquement dans l'état sous lequel ils s'offrent à nous, il faut en rechercher l'explication dans la brièveté infinie des périodes d'expulsion des matériaux mis hors de service, et l'admission de substances nouvelles.

« 2° *La périodicité fonctionnelle* est celle qui tient d'une manière si intime à la fonction dont elle fait partie, que cette dernière ne saurait être conçue sans elle. Elle comprend tous les mouvements qui tiennent aux alternatives *d'attraction* et de *répulsion* des matériaux, et ceux qui dépendent des alternatives de relâchement et de contraction de muscles de la vie organique. *La respiration*, *les battements de cœur* et la circulation ont un système qui ne s'interrompt jamais.

« 3° *La périodicité universelle*, ou proprement dite, est celle qui, alors même qu'elle part d'un organe, s'étend plus ou moins dans l'ensemble de la vie; et qui revient tantôt à des intervalles déterminés, *coïncidant avec les phases de notre planète;* mais qui se manifestent surtout par un changement dans les rapports avec le monde extérieur comme *cela a lieu pour le sommeil.*

« La vie humaine nous offre des périodicités en général d'alternances de directions, *comme nous voyons la vitalité extérieure de notre planète* se manifester dans son conflit avec le soleil pendant le jour et durant l'été; tandis qu'elle se replie sur elle-même pendant la nuit et en hiver.

« L'antagonisme de la direction interne ou externe

de la vie est : *L'activité* et le *repos ; l'état positif* et *l'état négatif.*

« L'idée de périodicité entraîne l'idée de retour à un état antérieur. Comme le terre reproduit dans sa révolution les circonstances qui avaient eu lieu auparavant, de même la périodicité est une succession de manifestations de la vie qui ramène cette dernière à son état antérieur.

« La vie suit une progression continuelle dans son développement, et celui-ci n'admet de retour sur soi-même qu'à titre de phénomène subalterne. La périodicité doit donc être une alternative de *propulsion* qui conduit au développement, et de *rétrogradation* qui, chez l'homme, semble le ramener à l'état qu'il avait dans le sein de sa mère.

« Le retour de la périodicitédé pend donc de la tendance à la conservation de soi-même, il réprime le développement qui a un but contraire au sien. En résumé : *La périodicité a son fondement dans l'essence même de la vie.*

« La vie consiste dans la liaison essentielle *de deux directions ;* de telle sorte que celles-ci soient la conséquence réciproque l'une de l'autre, et qu'elles *s'appellent mutuellement.*

« La vitalité des corps célestes se manifeste par une révolution qui obéit à des lois universelles, de même la vie végétatrice est le *foyer* proprement dit de la périodicité, et IL SEMBLE QUE CES MOUVEMENTS PÉRIODIQUES SOIENT LIÉS A CEUX DES ASTRES.

« C'est chez les végétaux que l'harmonie avec les changements résultant des influences astrales, se manifeste de la manière la plus frappante ; car chez l'homme, *l'activité de la volonté* lui permet de briser (pour le sommeil par exemple), *les liens* qui se révèlent d'une manière *si évidente* chez les êtres inanimés.

« Pendant que les phénomènes *dynamiques* de la lumière et de la chaleur auxquels donnent lieu les rapports de nos planètes avec le soleil, font une révolution simple et atteignent *leur maximum* vers le milieu du jour, leur *minimum* vers le milieu de la nuit, LES FLUIDES GÉNÉRAUX DE LA TERRE, *de la mer* et de *l'atmosphère* éprouvent dans l'espace de vingt-quatre heures une révolution *double ;* c'est à dire que deux fois ils *s'élèvent* et ils *s'abaissent.*

« A la périodicité simple de notre planète correspond l'alternative du SOMMEIL et de la VEILLE.

« A la double périodicité *de la mer* et de *l'atmosphère*, correspond également une double alternative *dans le système sanguin.*

« Nous pouvons donc présumer que le vie, considérée dans ses phénomènes généraux et dans ses phénomènes *dynamiques*, répond à l'antagonisme simple *du jour* et de *la nuit*; tandis que la vie organique *partielle* et *l'état des liquides* marchent parallèlement aux phases des *quatre* périodes du jour.

« Ne voyons-nous pas la mer et les fluides généraux de la terre exprimer ces influences astrales? *La mer* se meut toutes les six heures dans une direction inverse par rapport à la terre ferme, puisque *le flux* et *le reflux* ont lieu chacun deux fois dans vingt-quatre heures cinquante minutes.

« Quelque chose d'analogue a lieu dans le *magnétisme*, *l'électricité* et *la pression atmosphérique*. Pour *le magnétisme*, c'est le matin de huit à neuf heures que l'aiguille aimantée décline le plus vers l'est; et de deux à trois heures de l'après-midi elle va vers l'ouest.

« *L'électricité atmosphérique* augmente avant le coucher du soleil et pendant quelques heures après, et diminue depuis midi jusqu'à deux heures avant le coucher du soleil. Elle remonte le soir jusqu'à deux heures après le coucher du soleil, et baisse de nouveau pendant la nuit.

« *Le baromètre* monte le matin, baisse vers le milieu du jour, monte le soir et baisse la nuit.

« Les végétaux ressentent tous ces influences. Certaines fleurs épanouissent le matin, se ferment à midi, pour s'ouvrir le soir et se refermer à l'entrée de la nuit. Les céréales croissent plus vite le jour que la nuit, etc. » Suivent les observations les plus concluantes sur le sommeil des plantes, qui est dû aux influences astrales ci-dessus mentionnées; mais comme cela nous entraînerait trop loin pour les reproduire; nous ne nous occuperons que de ce qui a rapport au sommeil chez l'homme :

« La constatation de ces mêmes influences sur la vie organique de l'homme est plus difficile à établir, car la vie est modifiée par l'activité morale, les tempéraments, la volonté, le régime, etc. Néanmoins, nous reconnaissons que les deux points tropiques de la journée, *midi* et *minuit*, amènent une certaine uniformité de la vie, quoique dans des directions inverses; et que les deux périodes de transition, *le matin* et *le soir*, établissent dans la vie plus de mouvement.

« C'est vers minuit que la réaction est le moins considérable sur la terre, que les pressions de l'électricité et de l'air sont les plus faibles, que l'aiguille aimantée décline le plus vers l'ouest. *A ce moment le sommeil est plus profond*, la vie est le plus rapprochée de son état primorial qui est la vie de l'enfant dans le sein de sa mère; elle est le plus retirée en elle-même. C'est à ce moment aussi que le conflit avec le monde externe est le moins animé, et qu'il survient le moins de changements dans les maladies, les naissances et la mort.

« Quand la nuit fait place au jour, la pesanteur de l'électricité de l'air augmente, l'aiguille aimantée incline vers l'est, la vie se ranime, l'irritabilité s'accroît, la circulation, la calorification et les sécrétions augmentent. Les maladies donnent lieu à de nombreux accès ou à des crises, et les deux modes de scission de la vie : *naissances* ou *morts*, s'alimentent surtout à ce moment.

« La température de l'air ne commence à croître qu'après le lever du soleil, une heure seulement après laquelle son humidité commence aussi à diminuer. Au bout de quelques heures, l'éveil est donné à son électricité et à sa pesanteur, et la déclinaison de l'aiguille aimantée parvient à son maximun.

« La vie se tourne alors vers le dehors, et en même temps que l'irritabilité se trouve refoulée, il se développe une spontanéité plus prononcée dont l'influence se fait sentir sur la circulation, la digestion, la respiration ; mais surtout sur l'activité des sens, les mouvements du corps et les facultés de l'esprit.

« Vers midi, la chaleur augmente et vers une heure ou deux, elle est à son maximum, comme l'est aussi la sécheresse de l'air deux heures plus tard. Le magnétisme acquiert une plus grande intensité ; mais ne parvient à son maximum que de quatre à huit heures.

« *L'aiguille aimantée* présente sa plus forte inclinaison *à midi*, et décline de plus en plus vers l'ouest jusqu'à *deux heures*.

« *Le baromètre* baisse et arrive à son maximum vers quatre heures ; *l'électricité* diminue, mais son minimum n'a lieu que quelques heures avant le coucher du soleil.

« *A midi*, la vie fait pause au point culminant de son déploiement, et de même que les maladies ne subissent pas de changements, de même le nombre des naissances et des morts diminue.

« *Le soir*, l'air devient plus humide, plus frais, mais *plus électrique*, dernier rapport sous le point de vue duquel il atteint son *maximum*. Quelques heures après le coucher du soleil, l'aiguille aimantée décline vers l'est jusqu'à *huit* heures. Le baromètre monte jusqu'à dix heures.

« Alors commence le second flux de la vie dans l'organisme, mais avec prédominance de la direction *du dehors* au *dedans*, avec diminution de l'aptitude à recevoir les impressions des objets externes, avec empire des sens internes sur les sens externes, de l'imagination et du sentiment sur l'entendement, *et l'âme prenant un libre essor s'enivre du plaisir de vivre*. Jusqu'à ce que le moment *du reflux* soit arrivé, elle acquiert la tendance ou à se replonger de suite dans son état primordial de la vie végétative, ou à s'élever avant jusqu'à ses sources divines ! »

Nous arrêterons là ce résumé des travaux de Burdach ; il nous semble que ce que nous avons rapporté est suffisant pour nous permettre d'apprécier que si ce savant physiologiste a reconnu la loi de périodicité signalée par Cabanis et Bichat, il en a du moins recherché *les causes* qu'il nous a démontrées d'une façon *positive*, grâce à ses rigoureuses observations des effets des planètes sur les végétaux et sur l'homme. Nous avouerons cependant que, malgré toute la précision des démonstrations de Burdach, sa doctrine resterait incomplète si n'étaient nos connaissances relatives au rôle du fluide magnétique dans la vie de l'homme ; c'est ce que nous examinerons dans un instant ; mais auparavant il ne sera pas sans intérêt de voir, en regard des études que nous venons de faire, quels sont les enseignements de L'ÉCOLE DE PARIS relativement au sommeil.

M. le professeur Longet, dans son traité de physiologie qui est l'ouvrage *classique* par excellence en notre Faculté, enseigne également que *le sommeil* est le fait d'un mouvement *périodique* de l'organisme ; mais, pour ce célèbre professeur, *la cause* du sommeil naît *du besoin*.

Quant aux effets psychologiques qui se manifestent pendant le sommeil, ils sont considérés à la façon de Cabanis, c'est-à-dire *comme des réactions des sens internes sur le cerveau ;* et pour les démontrer, on emploie le système que nous connaissons, plein de vague et d'affirmations. Voici, par exemple, comment on explique le somnambulisme naturel :

« De l'assoupissement *de certaines* facultés intellectuelles *importantes*, coïncidant avec l'état de veille *d'autres facultés* et de *certaines* parties du corps, il résulte cet état particulier, *bizarre*, *étrange*, auquel on a imposé le nom de somnambulisme. »

N'est-il pas vrai qu'un élève qui est ainsi enseigné doit être bien instruit du sujet? S'il réfléchit, il se demandera quelles peuvent bien être *ces certaines* facultés éveillées d'un côté, assoupies de l'autre *en même temps* dans *l'unique* cerveau, centre des réactions internes? Cela lui semblera aussi *étrange* que le phénomène du somnambulisme, car il lui sera difficile de se rendre compte comment *le cerveau* veille d'un côté, tandis qu'il dort *de l'autre !...* Cependant il faut convenir que cette définition vaut bien celle du savant M. le professeur Charcot qui, ces temps-ci, dans une campagne qu'il a faite contre le somnambulisme *charlatanesque*, nous apprenait que ce phénomène n'est qu'une forme d'hystérie, *sans névrose*. Malheureusement, lui ai-je répondu par le *Figaro*, l'homme étant sujet à ce même somnambulisme, l'hystérie étant une affection qui dépend de la matrice, je ne m'explique pas que le somnambulisme soit possible chez l'homme, *puisqu'il n'a pas de matrice.*

Quant à *la névrose*, nous allons répondre ce que nous n'avons pu dire dans le *Figaro* qui nous avait donné déjà une assez belle hospitalité, et cela s'adressera en même temps à un autre savant qui a écrit sur le sommeil, M. Alfred Maury, de l'Institut.

« Le sommeil, nous dit-il, chez l'homme comme chez les animaux, est amené *par le besoin de repos;* c'est la forme principale et *périodique* sous laquelle les êtres animés rendent à l'organisme fatigué l'énergie nécessaire, etc. »

Nous retrouvons là les causes admises par M. le professeur Longet : *Le besoin* et *l'état périodique;* donc rien de nouveau. Mais d'où naît le besoin? interrogeons-nous. Il est une cause seconde, et non pas *une cause essentielle.* Ah!... comme Burdach a bien compris cela!...

D'autre part, M. Alfred Maury ne voit dans la psychologie des actes durant le sommeil qu'une série d'altérations dans les fonctions cérébrales. Le somnambulisme naturel, nous dit-on entr'autres, l'extase, le somnambulisme artificiel ou *prétendu magnétique,* ne sont que des états maladifs, *des sortes de névroses.*

Eh bien, ami lecteur, sachez que *la névrose* a été *inventée* par nos professeurs, afin de désigner *un état nerveux vague et indéterminé, auquel on ne saurait reconnaître un siège appréciable.*

La névrose reste donc un des plus heureux échappatoires par où se sauve le médecin quand il ne sait pas *la nature* d'une maladie, et qu'il est impuissant à soulager le malade. Chacun sait que du moment où un patient est accusé de névrose ou de maladie nerveuse, il n'a qu'à se résigner à souffrir, parce qu'on a renoncé à combattre son mal.

Comment peut-il en être autrement, puisque l'on ne connaît pas *la nature* du fluide nerveux, ni ses rapports avec les vaisseaux sanguins? Par contre, privés de cette science, il est impossible de savoir comment se fait *l'innervation*, c'est-à-dire comment la volonté agit sur le système nerveux. Or, ne trouvons-nous pas surprenant que l'on veuille *faire* des maladies nerveuses, alors que l'on n'a pas la moindre notion sur l'état sain? Je soutiens que l'on ne peut déduire la nature des altérations survenues dans le système nerveux que si on a la connaissance *exacte* de son rôle à l'état normal; et j'ajoute, une fois encore, que la névrose et les maladies nerveuses ne sont que d'heureux moyens d'échapper aux incessantes questions de celui qui souffre sans soulagement.

J'appuierai ce qui précède en citant les paroles de M. Albert Maury étudiant ces prétendus états névrosiques. « Quant à la cause physique de ces divers phénomènes, à leur étiologie médicale, *elle ne saurait être nettement désignée.* Les désordres nerveux qui les accompagnent, qui frappent surtout dans le somnambulisme et l'extase, prouvent que la lésion de l'intelligence se rattache généralement à une lésion plus ou moins étendue *de l'innervation.* » Mais, monsieur l'académicien, vous ne savez ni les lois, ni le mécanisme de l'innervation, comment pouvez-vous juger ainsi? — Si j'établissais si peu solidement ce que j'avance, privé d'une autorité qui fait tout admettre, je ne serais guère écouté, et ce serait justice; mais voilà assez de discussions sur ce qui est enseigné relativement au sommeil, il me reste à dire ce que *l'expérience* m'a démontré, et je commence :

Nous nous souvenons comment Burdach, après avoir étudié la loi de périodicité dans nos mouvements vitaux, comment il a établi qu'ils coïncident, qu'ils correspondent avec l'action périodique que les planètes exercent les unes sur les autres. Ses observations sont tellement rigoureuses, ai-je dit, qu'on doit se rallier à ses conclusions.

Seulement, ai-je ajouté, il reste une lacune à combler dans l'œuvre de Burdach; car il faut que l'on sache quel est l'agent de ce lien mystérieux des corps qui permet la transmission mutuelle de leur action. Cet agent, nous l'avons nommé : c'est *le fluide magnétique*. Il faut, en outre, que nous soyons initiés à son mode d'action dans la détermination du phénomène que nous étudions : *le sommeil*. C'est ce que nous allons rapidement examiner.

Je n'ai pas à rappeler ce que j'ai démontré dans mon premier chapitre : 1° sur l'existence universelle du fluide magnétique; 2° sur la propriété magnétique du corps humain; 3° sur la nature du fluide nerveux et sur la circulation nerveuse ; 4° enfin sur la force vitale. Si ces sujets ne sont pas assez présents à la mémoire, il est aisé d'en prendre connaissance à nouveau ; alors on jugera que si je complète les travaux de Burdach, les siens sont la confirmation des miens, ce qui prouve que l'on sera toujours d'accord quand on se rencontre sur le terrain de la vérité, parce qu'elle est UNE. Ainsi Burdach, en démontrant que la vie consiste dans la liaison essentielle de *deux directions*, vient confirmer ce que j'ai soutenu relativement aux deux courants magnétiques dont nous sommes traversés, et qui marchent en *sens inverse*, ce qui détermine la rotation du sang. Nous avons là ces *deux directions* dont la conséquence réciproque l'une de l'autre, selon Burdach, fait qu'elles s'appellent mutuellement. Enfin, j'ai avancé que les influences astrales viennent aider à la force des courants ascendant ou descendant, et Burdach, après avoir étudié la vitalité des corps célestes, arrive à conclure que *la vie végétative* étant *le foyer* proprement dit de la périodicité, *il semble que ses mouvements périodiques sont liés à ceux des astres ;* c'est ce qu'il développe ensuite. Or, ceci est une nouvelle preuve en faveur de ce que j'ai établi sur la vie végétative et sur la force vitale. Il était bon, ai-je pensé, que je fasse ressortir ces deux points capitaux ; car étant seul pour combattre contre mes ennemis, les ennemis de tout véritable progrès, je ne puis trop me servir d'un appui si je le trouve.

Voyons à présent comment *le sommeil* est déterminé chez l'homme subissant les influences astrales que Burdach a si bien détaillées : *Il constate que les fluides généraux éprouvent, dans l'espace de vingt-quatre heures, une révolution double, c'est-à-dire que deux fois ils s'élèvent et ils s'abaissent;* et que cette *périodicité* simple correspond avec l'alternative du *sommeil* et de la *veille.*

Cette observation étant suffisante à notre démonstration, nous ne rappellerons aucune des autres, et nous dirons : Que se passe-t-il dans les végétaux et chez l'homme au moment de cet abaissement des fluides généraux? Il y a tout simplement une surcharge du fluide magnétique dans l'organisme. Or, chez les végétaux comme chez l'homme, les organes servant de *conducteurs* au magnétisme ne pourront *dégorger* que la quantité normale du fluide qui est susceptible de passer dans des temps déterminés. La surcharge existant, il résulte sur ces organes conducteurs une pression telle que le dégorgement ne se fait plus normalement; de là *engourdissement, sommeil.* Une comparaison est nécessaire pour me faire comprendre : Supposons qu'au lieu d'un fluide passant sur des conducteurs, nous ayions *un liquide* circulant dans des tubes. Ce liquide suivra son cours normal tant qu'il arrivera en raison directe de la dimension de son orifice de dégagement ; mais s'il survient un excès dans *l'arrivée* du liquide, il y aura *trop-plein*, difficulté de circulation dans les tubes et enfin un tel débordement que la circulation sera même empêchée. Il en est de même du système nerveux surchargé, comme je viens de l'indiquer, *et le sommeil n'a pas d'autre cause que celle-ci.*

Nous en trouverons une preuve évidente dans l'action de l'éther ou du chloroforme. Que se passe-t-il pendant et après l'inhalation de ces anesthétiques ? — Les vapeurs éthérées se déposent sur les centres nerveux d'abord, puis sur l'appareil nerveux *entier*, et quand il est parvenu à déterminer une *surcharge* fluidique (car les vapeurs d'éther sont semblables par leur ténuité à un fluide), il y a engourdissement, *sommeil.* — Ceci est, je le répète, la démonstration la plus frappante sur l'origine fluidique du sommeil. Il est impossible de trouver une plus grande analogie. Enfin, le réveil a lieu à mesure que les vapeurs d'éther s'évanouissent, de même que pour les végétaux et pour l'homme le réveil se produit au moment de *l'élévation* des fluides généraux, élévation qui dégage l'organisme comme s'il se dépouillait des vapeurs éthérées.

Burdach a bien soin de faire ressortir que chez l'homme *ces causes* du sommeil sont moins saisissables que chez les végétaux, *à cause de l'activité de la volonté.* En effet, l'activité intellectuelle, en déplaçant *sans cesse*, comme je l'ai expliqué, les ondes magnétiques destinées à porter l'action dans les parties correspondantes à la volonté émise, cette activité *brise* les effets généraux de la nature qui n'a plus qu'une puissance énormément mitigée. C'est pourquoi le sommeil s'enfuit sous l'influence des grandes préoccupations morales, si bien que les heures et les nuits se passent sans que l'on ait pu fermer les yeux. Pour que l'on dorme enfin, il faut que l'organisme ait épuisé *ses forces*. Alors, on tombe dans une sorte de prostration corporelle telle, que l'esprit n'a plus l'énergie nécessaire pour soulever la matière, et l'on dort enfin !

Je viens de dire : l'organisme a épuisé *ses forces*, et nous constatons que les forces ont diminué en raison de la déperdition fluidique *soustraite à la vie végétative* par l'expulsion constante résultant de l'activité intellectuelle. N'avons-nous pas là une nouvelle confirmation de ce que j'ai établi sur la nature de *la force* vitale ?

Eh bien, si nous descendons du grand au petit, c'est-à-dire de ces activités intellectuelles anormales pour ne considérer que l'activité morale quotidienne et ordinaire, nous comprenons que la vie intellectuelle *soustrait quand même* à la vie végétative une partie du fluide magnétique attiré par l'organisme pour *ses besoins*, si bien qu'il arrive un moment où cette activité a *dépensé* une somme de fluide magnétique telle, qu'il est impossible au corps d'en fournir assez, si bien qu'il est dans *la nécessité* d'en faire une provision. Alors, l'esprit étant dominé par la matière, celle-ci dort et accumule la quantité de fluide qu'il lui faut pour rétablir l'équilibre dans les fonctions vitales. Voilà pourquoi le sommeil est une fonction RÉPARATRICE! Enfin, lorsque l'organisme s'est saturé à nouveau de ce fluide qui est l'agent des fonctions vitales, l'esprit se réveille parce que son serviteur (le corps), est en état d'agir.

Telles sont les *causes* et les *lois* du sommeil, il n'y en a pas d'autres.

Si de ces causes *naturelles* nous passons à l'examen des agents secondaires du sommeil, nous voyons qu'ils ne font que favoriser l'action que je viens de décrire sommairement. Prenons pour exemple un cas des plus fréquents, je veux dire le besoin de dormir souvent invincible chez beaucoup de personnes après manger. Que se passe-t-il? Nous savons que la masse intestinale est à tous égards le principe du défaut d'équilibre chez nous. En effet, s'il y a embarras de l'intestin, le sang et par contre les fluides n'auront pas la rapidité voulue dans leur évolution, et il se produira *forcément* une *accumulation* des fluides généraux dans la partie supérieure du corps et particulièrement au cerveau. Là nous trouvons ce que j'ai indiqué. L'orifice de dégagement (l'intestin qui barre la circulation) ne dégage plus le fluide *en raison* de l'attraction, si bien qu'il y a accumulation dans le cerveau qui est le centre magnétique par excellence, et qui attire ce fluide *envers et contre tout* à cause de la masse sanguine dans lequel il baigne en quelque sorte. De là *sommeil*, et sommeil d'autant plus profond que la nourriture et les boissons auront été prises en excès, ou qu'étant prises en quantité ordinaire elles sont mal digérées. Le réveil viendra quand la digestion sera assez bien faite pour que les fluides traversent l'intestin; et le cerveau, dégagé par ce fait, permet ce réveil.

Je crois ces démonstrations suffisantes pour ne laisser aucun doute dans l'esprit de mon lecteur, et je m'arrête pour m'occuper du *sommeil artificiel* ou *magnétique*.

Grâce aux connaissances que nous avons du sommeil naturel, grâce à ce que nous savons des résultats de l'activité intellectuelle déplaçant des ondes magnétiques en raison de la force et de la durée de cette activité, nous ne dirons pas avec M. Alfred Maury (de l'Institut): Le sommeil *prétendu magnétique*, car il nous est facile de démontrer que le sommeil artificiel est aussi bien *magnétique* que le sommeil naturel. En effet, une fois que l'on a établi *un rapport parfait* avec un sujet (et le moyen le plus sûr pour atteindre ce but, c'est de prendre les mains de façon que les deux pouces soient juxtaposés, parce que de cette façon il y a contact presque immédiat des deux artères principales et par conséquent des réseaux nerveux importants, ce qui lie les courants magnétiques des deux personnes, et à un tel point que peu de temps après ce contact, à mesure que le rapport s'établit, on sentira les pouls de part et d'autre battre à l'unisson); une fois le rapport établi, disons-nous, la volonté de l'opérateur déplacera des ondes magnétiques devenues assez puissantes avec un peu de temps, pour qu'il y ait *surcharge* fluidique sur l'opéré de telle sorte que le *sommeil* en est la conséquence *forcée*. Notons que pour atteindre ce but, il faut qu'il y ait *consentement* de la part du sujet; car s'il fait agir sa volonté, s'*il ne veut pas*, il brise les courants qui le pénètrent, *et il ne dormira pas*. De plus, tout le monde n'est pas susceptible du sommeil artificiel, ou du moins cela se pourrait si chaque individu rencontrait quelqu'un qui est plus fort *de volonté* que lui. Tandis que cela est rare; et c'est pour cela que sur un grand nombre d'expériences, on en trouve quelques-unes seulement dont les résultats sont complets. — Je dis *complets*; car en vertu des lois que j'ai fait connaître, *chacun de nous subira les influences magnétiques des personnes avec qui on est en rapport*; mais à un degré qui varie selon la constitution et la *sensibilité nerveuse*.

VI

LA VIE DANS LE SOMMEIL

Relativement au point de vue organique, j'ai peu de choses à dire sur ce sujet. Le sommeil est non-seulement le *réparateur* par excellence des fonctions de la vie végétative; mais c'est pendant le sommeil de la vie intra-utérine que l'embryon devient fœtus, c'est durant ce sommeil que le corps *se fait* et se développe. Là, point d'activité intellectuelle qui brise les courants destinés à la construction de notre être; et cela nous démontre une fois de plus la puissance de la force vitale.

Plus tard, le sommeil ne conserve que son rôle de réparateur. Il est constaté que durant cet état, les fonctions organiques se ralentissent, ce qui nous prouve une fois encore que les courants magnétiques étant plus faibles à cause des dépenses résultant de l'activité intellectuelle, la force vitale *languit*, n'ayant plus la même puissance dans ces courants, vu la diminution du magnétisme, et la surcharge survenue par les fluides généraux en certains points de l'organisme vient encore diminuer l'empire de cette force. D'autre part, la station couchée qui donne le relâchement à tous les tissus, la chaleur du lit en aidant à la dilatation des organes, aident au rétablissement de l'équilibre et *des forces* par conséquent, ce qui permet au sommeil de réparer mieux encore les désordres intérieurs.

Voilà pour *la vie matérielle.*

Mais pendant que le corps repose et reprend ses forces, l'âme par sa nature spirituelle ne peut rester inactive. Aussi veille-t-elle sans cesse, cherchant à briser les liens qui l'enchaînent, afin, comme le dit Burdach, de s'élever jusqu'à ses sources divines. De là, les *rêves*, les *songes*, les *cauchemars* et le *somnambulisme, ou l'extase.*

Burdach et tous les physiologistes se sont contentés d'examiner l'action des *sens internes* sur l'imagination pendant le sommeil. Les matérialistes surtout, nous le savons, n'ont reconnu d'autre cause aux phénomènes intellectuels dans cet état. Il est évident que chez *les grosses natures*, chez les gens qui vivent plus par le corps que par l'esprit, les sens internes auront autant de puissance durant le sommeil que l'individu en aura cédé aux sens externes durant les veilles.

L'étude de cette catégorie ne nous offrant aucun intérêt, nous passerons outre pour ne nous occuper que des natures plus élevées, et nous commencerons par *le rêve.*

J'ai vu bien des personnes me dire qu'elles ne rêvent jamais, et c'est une erreur, car tout le monde rêve *sans exception;* seulement, le souvenir ne reste pas, voilà tout. Burdach fait observer à ce propos que nous nous souvenons des rêves du matin parce que nous sommes proches du réveil; tandis que ceux du soir nous laissent peu de souvenir. Il faut remarquer en outre, ajoute-t-il, que c'est dans les premiers instants du sommeil, alors que l'organisme est complètement *dominé*, que se déclarent les crises de somnambulisme naturel, ou d'extase. Je prie le lecteur de prendre bonne note de cette observation, et il comprendra comment le somnambulisme *artificiel* peut se produire, puisque là aussi l'organisme est complètement *dominé* par l'opérateur.

Le genre des rêves est complexe comme notre nature, c'est-à-dire qu'ils tiennent des influences des sens internes, des sens externes, des répercussions de la digestion, des boissons, des souvenirs, des préoccupations qui nous ont absorbés dans la journée, en un mot de tout ce qui frappe *l'imagination;* mais bien souvent les rêves viennent d'influences extérieures, telles que les pensées de nos proches, ou de l'action des intelligences *surnaturelles*, qui, elles aussi, agissent sur l'imagination.

Un mot à ce propos, car on parle tous les jours de l'imagination, et l'on ne sait guère ce qu'elle est. L'imagination est avant tout une faculté de l'âme au moyen de laquelle il lui est possible de graver *une image* au cerveau. De même les objets extérieurs et les influences spirituelles externes créeront à leur tour des images dans ce même cerveau qui les présente à l'âme. Ceci explique pourquoi l'idée, née de l'âme, est représentée par une *forme* qui est *une image*, et comment les signes ou les objets extérieurs viennent à leur tour donner *une idée* à l'âme au moyen de *l'image*. Donc, l'imagination a des deux côtés le cerveau pour réflecteur, et c'est ce qui m'a fait dire que les rêves seront occasionnés par tout ce qui fait naître une image dans cet organe.

Ceci étant expliqué, continuons notre sujet.

Ainsi donc l'âme, durant le sommeil, étant enfermée dans le corps comme dans une prison aux murs épais, ne communiquant avec le monde extérieur que par les sens, c'est aussi par les sens qu'elle recevra les sensations extérieures. En conséquence, comme dans le sommeil il y a rupture d'harmonie entre les sens et l'âme ; comme il y a d'autre part une action des sens internes excités par la digestion, les boissons ou quelque état morbide des organes, il est évident que dans cet état elle recevra le plus souvent des *images* fausses et bizarres.

Elle ressemble dans cette situation à un prisonnier auquel on ferait voir un tableau par une ouverture de sa prison. Si le tableau est vrai, il verra vrai, car il le voit ce qu'il est ; il le verra faux s'il est faux. Néanmoins, le jugement intervient le plus souvent, et avec de l'attention et du raisonnement on cherche à reconstituer la vérité. Il en est ainsi de l'âme qui se débat dans des rêves et qui s'efforce à rétablir ce qui lui paraît désharmonique. De là, les rêves pénibles, *les cauchemars*, qui sont également dans certains cas le fait d'actions spirituelles externes.

Si le sommeil est calme, si le cerveau reçoit des impressions sensuelles douces et empreintes encore d'une certaine harmonie, alors l'esprit tend de plus en plus à briser son enveloppe charnelle et parvient quelquefois à s'élancer dans les cieux pour y savourer, selon l'expression de Burdach, *le bonheur de vivre*. Quelquefois, l'âme parvient à s'affranchir assez du joug de la chaîne pour aller où ses idées et ses sympathies l'attirent. Restant liée au corps seulement par son enveloppe fluidique, elle voyage et vagabonde à son aise. C'est ainsi que nous nous voyons courant dans une prairie, cheminant dans des lieux éloignés, conversant avec des amis, etc. Dans ces cas, il arrive que nous avons des rêves *justes*, c'est-à-dire selon la réalité, parce que nous avons *vu* ou *touché* réellement EN ESPRIT cette réalité dont quelquefois nous conservons le souvenir.

Balzac fait ressortir cette faculté de l'âme dans Louis Lambert quand il raconte la visite du héros de son roman avec son ami, au château de Rosambeau.

« Quand nous fûmes arrivés sur la colline, dit-il, où nous pouvions contempler et le château assis à mi-côte et la vallée tortueuse où brille la rivière, etc. Mais, j'ai vu cela cette nuit en rêve, s'écrie Lambert, je reconnais le bouquet d'arbres où nous étions assis, le château, et bien plus je puis en décrire la distribution intérieure.

« Cet événement lança l'esprit de Lambert, continue Balzac, dans la recherche du phénomène, et Louis me dit : *Si le paysage n'est pas venu vers moi*, ce qui serait absurde à penser, *je suis donc venu vers lui*. Si j'étais ici pendant que je dormais dans mon alcôve, cela ne constitue-t-il pas une séparation complète de mon corps et de mon être intérieur ?... N'atteste-t-il pas dans celui-ci je ne sais quelle faculté locomotrice, sur des effets qui valent à eux de la locomotion ? »

Oui, Balzac, ce grand philosophe, avait bien interprété ce phénomène. Oui, notre âme quitte souvent son enveloppe durant le sommeil pour aller même converser avec les esprits supra-naturels par lesquels elle est appelée. Elle rapporte de ces sortes de pérégrinations des idées si grandes, qui nous étaient si peu familières, qu'à notre réveil (comme nous n'avons pas le souvenir de ce voyage céleste), nous nous demandons où nous avons trouvé de telles idées.

Cette faculté de l'âme explique les faits de somnambulisme artificiel; car dans cet état l'âme du somnambule voyage comme dans le cas dont je viens de parler.

D'autres fois, ai-je dit, nos rêves sont la conséquence *d'une communication d'images ou de pensées* venue de nos proches. Là, il faut une petite explication : Il est une expérience des plus curieuses et des plus fréquentes chère aux magnétiseurs quand ils donnent des séances publiques, c'est *la transmission de pensée.* Le baron Dupotet professe que le fluide magnétique *est intelligent.* Ce protée aux mille formes qui échappe à toute analyse, nous dit le grand prêtre de l'école parisienne, a donc pu dans ce cas être analysé, puisque l'on *affirme* qu'il est intelligent? S'il est intelligent, il est un esprit; alors il n'y a plus de fluide, ai-je objecté lors de nos conférences. Mais comme ce fluide existe et que nous en avons démontré la présence dans le corps humain, comme nous avons prouvé qu'il sert d'intermédiaire entre l'esprit et la matière, nous concevons au contraire qu'il est *le porte-pensée.* Il s'imprégne de la pensée comme l'air s'imprégne des parfums des bois et des champs, ou des miasmes pestilentiels des marais; puis il la porte au cerveau du sujet où il grave *l'image* de la pensée dont il est *chargé*. Alors le sujet lit cette pensée ainsi gravée, et l'illusion est si grande qu'il croit en être *l'auteur*. Alors il obéit à l'idée, ou il voit l'image qui a été imprimée dans son cerveau. En un mot, grâce à *la liaison* magnétique qui existe entre l'opérateur et l'opéré, on peut dire que le premier *pense* dans le cerveau du second. Je n'ai pas à développer davantage ce qui a trait à ce phénomène, nous le comprenons grâce aux connaissances acquises jusqu'alors.

Or, les *rapports* magnétiques qui nous unissent avec nos proches, permettent que leur pensée arrive jusqu'à nous *surtout* pendant le sommeil, parce que notre volonté laisse le plus souvent en repos le cerveau. De là ces rêves qui nous instruisent, dans bien des circonstances, des agissements ou des sentiments de ceux avec qui nous sommes en relation.

C'est en vertu de la même loi que les intelligences supra-naturelles, anges ou démons, âmes des trépassés, viennent aussi nous communiquer des images ou des pensées. Cela leur est bien plus facile durant le sommeil par la raison que j'ai indiquée plus haut. Aussi voyons-nous presque toujours que c'est *pendant le sommeil* que les communications de ces esprits se produisent en nous.

Les songes et *les visions* sont la conséquence d'une action plus profonde exercée sur notre cerveau par ces êtres surnaturels ; et si nous examinons l'histoire sainte ou l'histoire en général, nous constaterons que la plupart des grandes révélations, soit qu'elles intéressent l'individu, la société ou de nations, ont été faites pendant le sommeil ; et cela, toujours pour la cause que j'ai deux fois indiquée. L'âme, plus dégagée des liens corporels durant cet état, comme dans le cas de Gabriel Lambert, est par ce fait encore bien plus apte à entrer en rapport avec les Esprits célestes. C'est la preuve de cet enseignement dont l'évidence éclate sous nos yeux constamment : si tu veux que ton esprit grandisse, *anéantis le caractère*, et l'esprit s'élèvera en raison de cet anéantissement corporel. De là pour les saints la mortification, les jeûnes, et par-dessus tout *la chasteté*.

Je m'aperçois que pour l'opportunité de mon sujet, j'ai parlé des *êtres surnaturels* avant d'en avoir démontré l'existence. Patience, ami lecteur, je ne manquerai pas de le faire tout à l'heure en temps et lieu.

Le somnambulisme, ce phénomène réputé *bizarre*, *inexplicable* par M. le professeur Longet et tant d'autres physiologistes, cette crise étonnante si drôlement définie par le savant professeur Charcot, sera clairement démontrée en nous étayant sur les connaissances psycho-magnétiques que nous possédons.

Souvenons-nous de l'observation de Burdach qui nous enseigne que le somnambulisme éclate alors que l'organisme est complètement *dominé* par le sommeil, et nous comprendrons ce que j'ai à dire. Seulement, je ne puis arriver à ma démonstration qu'en suivant la route opposée à celle que j'ai prise pour nos recherches sur la physiologie du sommeil. Là, j'ai dû décrire d'abord les causes du sommeil *naturel* afin de faire ressortir qu'elles sont les mêmes dans le sommeil artificiel; tandis que pour établir les lois du somnambulisme naturel, je trouverai mes preuves dans la crise *artificielle*.

Dans l'un et l'autre cas, le somnambulisme se manifeste quand le sommeil est profond, c'est-à-dire, alors que l'organisme est *tout entier* sous l'empire de la vie végétative. Quiconque a produit *artificiellement* le somnambulisme, sait combien il est profond le sommeil qui précède *la crise*; car on pincera, on piquera le sujet, on le brûlera, il ne sentira RIEN! Et c'est un instant après la constatation de cet état physiologique, que se manifeste LE RÉVEIL DE L'AME qui, semblable à la tortue, emporte sa carapace sur son dos. Elle emporte cette carapace *endormie* physiologiquement, mais devenue *quand même* la fidèle servante de cette âme qui n'est plus *seule* alors comme puissance active sur le corps, car la force *motrice* qu'elle possédait *simplement* à l'état de veille est doublée en un instant par la force spéciale qu'elle reçoit de *l'Esprit* sous l'empire duquel elle se trouve, si bien qu'avec cet aide l'âme parvient à briser puis à assouplir ses liens matériels.

Tel est le secret du somnambulisme, qu'il soit naturel ou artificiel; et voilà pourquoi le matérialisme n'arrivera jamais à le définir.

Tant que la crise dure, l'âme ne se sert plus du cerveau comme d'un miroir qui réfléchit *ses images*, ainsi qu'elle le faisait à l'état de veille, ou même dans le sommeil ordinaire. Libre, au contraire, de toutes ses facultés *spirituelles*, liée seulement au corps par ses attaches fluidiques qui lui fournissent la possibilité de faire agir le corps à son gré, elle *voit*, elle *sent*, elle *goûte*, elle *pense*, elle *agit* par ses *seules* facultés délivrées des entraves corporelles. De là, LA LUCIDITÉ ; car le corps, par son opacité et ses résistances, était auparavant l'entrave mise au parfait exercice des attributs spirituels de cette âme maintenant en état de somnambulisme.

Après cette définition, je dois une explication afin qu'on ne m'accuse pas de tomber dans la faute que j'ai reprochée aux matérialistes, à savoir qu'ils affirment sans rien démontrer.

Je dirai d'abord que nul ne s'imaginera ce que m'a coûté la connaissance de ces actions spirituelles;

car avant de *monter* jusque-là, j'ai fait comme beaucoup d'autres, j'ai voulu trouver par-dessus tout dans la manifestation qui nous occupe des faits simplement physiologiques, et il a fallu, pour me faire sortir de cette voie erronée, L'ÉVIDENCE.

Lancé, *malgré moi*, par la Providence dans la voie de souffrances que j'ai dû parcourir depuis le jour où j'ai consacré ma vie à l'étude de tout ce que l'on a si mal nommé *le magnétisme*, j'ai reçu de cette même Providence *l'instrument* nécessaire à mes recherches.

Cet instrument a été la jeune fille qui, dès le principe, m'a donné, comme preuve de ses facultés merveilleuses, *la santé* que de nombreux médecins étaient impuissants à me rendre alors que ma vingtième année venait à peine de sonner ! Devenue plus tard ma courageuse et toute dévouée compagne, j'ai pu la considérer comme l'ange de la lumière que Dieu dans sa miséricorde avait fait descendre du ciel pour éclairer la ténébreuse médecine ! Ah ! oui... L'ANGE, un ange qui a consenti à quitter la brillante demeure céleste où devait déjà rayonner sa gloire, pour venir *ici-bas* s'incarner et boire à son tour L'EAU DU TORRENT, comme Jésus notre Sauveur !

Durant sa vie que trois expressions résument : *charité*, *abnégation*, *dévouement*, elle a été abreuvée du calice amer de la douleur, comme le Christ !... Ainsi se trouve affirmée cette parole de

Dieu qui est applicable aux enfantements spirituels : *Tu enfanteras dans la douleur*!... Enfin, cette douleur étant arrivée à son apogée, elle a détruit ce corps si frêle et si délicat qu'il semblait formé de gaz coagulés destinés à permettre *le rayonnement* de cet Esprit égaré un instant sur notre terre ?... Et il est remonté dans les cieux avant d'avoir récolté ici-bas le prix dû à tant de labeurs et de persévérance, comme si Dieu avait jugé indigne d'elle la couronne de gloire tressée par des mains humaines, appréciant que sa gloire divine était seule assez belle pour le front de cette MARTYRE DE LA SCIENCE.

A ce moment, nos travaux étaient terminés, je n'avais plus de recherches à faire, je pouvais voler de mes propres ailes, c'était le 16 janvier de cette année!... Me voilà donc, l'âme pénétrée d'un deuil profond, continuant *seul* à remplir la mission que j'ai reçue, montant péniblement mon calvaire en courbant le front devant les décrets de la volonté divine, heureux si, *jusqu'à la fin*, j'ai pu la comprendre et la satisfaire !

L'instrument de mes expériences une fois connu, voyons comment il est résulté de mes observations la définition que j'ai donnée du somnambulisme, comme étant le fait de *l'évidence.*

Quand l'on détermine le somnambulisme *artificiel* chez un sujet, ai-je expliqué, il est un moment où le sommeil est si profond qu'il ressemble à *la mort*, car il n'y a plus ni sensibilité ni mouvement. Bien plus, à cet instant, le patient exhale un soupir suprême, qui semble emporter avec lui l'âme à Dieu !

En même temps, les yeux sont convulsés en haut et en arrière, si bien que *de nouveaux rayons lumineux* les pénètrent, bien que les paupières soient closes. Enfin, peu à peu, une vie nouvelle se manifeste, et le somnambule *parle*, se *meut* et *agit*.

Interrogée sur la physiologie de cette crise admirable, puisqu'elle est la plus belle des manifestations animiques de notre nature, madame me répondit : « Lorsque je rends mon dernier soupir (elle pouvait employer cette expression, puisque la respiration cessait pendant au moins *une minute*), l'ange commis à ma garde vient prendre mon esprit pour l'aider à s'élever jusqu'aux cieux. S'il n'était ce secours céleste, mon corps resterait inanimé, car mon âme par sa *seule puissance* ne saurait le faire mouvoir dans cet état de sommeil profond ; tandis que, aidée de cette nouvelle *puissance* spirituelle qui triple et quadruple la force de *locomotion* qui est spéciale à l'âme humaine, *bien qu'attachée seulement au corps par des liens fluidiques*, mon âme qui s'est élevée dans l'espace, acquiert ainsi *la force* nécessaire à la locomotion de ce corps devenu presque inerte par le profond sommeil où il est plongé. Alors, mon âme agissant seule et dépouillée de l'aide des sens, acquiert la plus haute tension *de toutes ses facultés* qui sont encore activées par *l'assistance* de l'Esprit qui m'a prêté secours. »

Pourquoi, l'ai-je interrogée un jour, les somnambules n'ont-ils pas à leur réveil *le souvenir* de ce qu'ils ont vu pendant le sommeil ?

« Je cite textuellement sa réponse : « Je m'étonne que toi, qui as étudié la philosophie, tu me fasses une telle question, puisque je t'ai dit que dans le somnambulisme mon âme est tellement dégagée de la matière, que je ne me sers plus des sens corporels. Sache donc que c'est *l'âme qui voit*, *qui pense*, *qui sent*, *qui goûte*, etc., et que les sens ne sont que les véhicules des impressions externes qui toutes se rapportent *à l'âme* seule *pensante*, *sensitive* et *agissante !*

« Or, durant la crise, l'âme reçoit les impressions *directement* par l'intermédiaire du fluide magnétique destiné à la mettre en rapport avec la matière. En sorte que par ce simple *intermédiaire*, les sensations lui sont transmises, et par ce même intermédiaire, je puis commander à l'action !

« Dans cet état, je ne me sers pas du cerveau ; et comme je n'ai rien gravé dans sa substance, telle est la raison de l'absence *du souvenir*, puisque à mon réveil naturel je ne vois rien d'inscrit dans le cerveau. »

Le lecteur appréciera mieux la beauté de ces définitions qui prouvent *l'assistance spirituelle* dont il a été fait mention, si je lui confesse que Mme Dunand était la fille d'un simple cultivateur de nos pays, qu'elle n'avait reçu aucune instruction, et qu'il m'a été *impossible* de l'instruire pendant nos vingt-quatre ans de mariage, d'autres choses que ce qui avait trait à la médecine. Or, où puisait-elle de si étonnants moyens de dissertation ? D'où lui pouvait venir *l'instruction* sublime qu'elle me donnait une fois en somnambulisme, si ce n'est d'un *Être* surnaturel qui lui dictait ses réponses ?

D'autre part, si Mme Dunand avait été *une exception*, cela pourrait être controuvé, tandis qu'elle restait dans la loi commune, observée et constatée par tant de médecins qui, comme moi, ont *étudié* ces merveilleux phénomènes au lieu *d'en rire* et de *les nier* comme l'ont fait nos prétendus savants. Je ne citerai pas les exemples ici ; que l'on prenne connaissance des ouvrages qui ont été écrits sur ces sujets ; et les preuves à l'appui de ce que je viens de signaler seront écrasantes ! Dans le chapitre suivant, je me réserve de revenir à cette question, afin d'y apporter de nouveaux appuis.

Partant du somnambulisme artificiel dont je viens de décrire *les causes* et *les phases*, nous comprendrons le somnambulisme *naturel*, qui a les mêmes causes et qui suit les mêmes phases. La seule différence qui les distingue, c'est que dans le somnambulisme naturel, le sommeil est l'œuvre de *l'Esprit* qui appelle l'âme du sujet dans les espaces après avoir endormi la matière, tandis que dans le somnambulisme artificiel, c'est un homme qui commence, et l'Esprit termine; mais la crise est la même *en tous points*.

Pour le réveil, il est identique aussi bien. En effet, après ses pérégrinations pendant le somnambulisme naturel, l'âme du crisiaque rentre dans son corps pour s'y installer en son état normal. Peu à peu, les causes du réveil que nous a décrites Burdach, agissent sur l'organisme, et le somnambule se lève, vaque à ses occupations, *ne se souvenant* pas de ce qui s'est passé; car *lui aussi* ne s'est pas servi de son cerveau pendant l'état qui nous occupe.

Quant au somnambulisme artificiel, le réveil est le fait du dégagement fluidique opéré par *l'auteur* de la crise. Si le somnambule a voyagé, il revient dans son corps, s'y installe, puis il *consent* à se réveiller. Dans l'un et l'autre cas, le réveil est dû au dégagement de la masse fluidique accumulée ou par la nature, ou par l'opérateur. Enfin, à mesure que le réveil arrive dans ce dernier cas, les yeux qui étaient convulsés en haut s'abaissent peu à peu, deviennent plus ou moins fixes, jusqu'à ce que *la lumière* terrestre ait repris son cours dans cet être éclairé quelques instants auparavant par la lumière céleste.

Nous savons combien sont rares les phénomènes

du somnambulisme *naturel*, et je dois en dire la raison. Elle est tout entière dans les deux éléments qui concourent à sa manifestation, à savoir : *Une prédisposition organique correspondant à des rapports avec un Esprit céleste.* Relativement au somnambulisme artificiel, C'EST ENCORE LA MÊME CHOSE.

On ne peut nier *ces prédispositions* naturelles que l'on a désignées encore par le mot *aptitudes*, et il est aisé de constater que chacun de nous apporte en naissant ses aptitudes qui sont en rapport avec le rôle que tel ou tel est *destiné* à jouer ici-bas. J'ai lâché le mot *destiné*, et j'entends plus d'un lecteur me dire : *Vous croyez donc à la destinée ?* Certes oui, ami lecteur, j'y crois et pour bonne cause, car ma vie le prouverait si déjà ce n'était une chose reconnue même par la théologie. Lisez saint Thomas d'Aquin, et vous verrez qu'après avoir posé cette question : *Y a-t-il une destinée ?* il répond par l'affirmative.

La destinée explique comment nous sommes *les serviteurs de Dieu*, puisque nous sommes les instruments de ses volontés. Tout le mérite des chrétiens est dans l'accomplissement de cette volonté divine, c'est ce que bien peu de nous auront fait. Voilà pourquoi Jésus nous a dit : *Celui-là seul entrera dans le royaume des cieux, qui aura fait la volonté de mon Père.* Et comme démonstration, notre divin Sauveur s'est fait *le modèle* de la soumission à cette volonté suprême.

Si nous réfléchissons quelque peu aux raisons de cette loi de *soumission*, nous la reconnaîtrons parfaitement *juste*, parfaitement *fondée*, et nous jugerons que *l'ordre* ne régnera dans l'économie d'une administration ou d'un gouvernement quelconque, qu'à la condition de *l'obéissance* parfaite des inférieurs aux supérieurs.

Notons que par *infériorité* ou *supériorité*, je désigne surtout *l'état intellectuel* qui est évident ; car il est impossible de nier que par le travail, l'étude ou l'éducation, certains d'entre nous ont acquis une supériorité qui leur donne *l'autorité* sur ceux qui n'ont rien développé en eux et qui sont ou ignorants, ou incapables, ou trop peu intelligents, et qui ont *besoin* de cette *autorité supérieure* pour être dirigés. De là cette nécessité de *l'obéissance*, de *la soumission* à une volonté supérieure que souvent on n'est pas en état de comprendre.

Or, notre pauvre France ayant adopté comme enseigne de son gouvernement la devise opposée à cette loi hiérarchique sans laquelle nulle société ne peut vivre, ne soyons pas étonnés que chaque jour elle approche du gouffre où elle tombera fatalement parce qu'elle suit une voie *contraire* aux lois universelles de la nature. *La liberté*, *l'égalité*, *la fraternité* sont trois mensonges évidents nés de

L'ESPRIT qui le premier ne voulut plus de l'obéissance et se révolta contre l'autorité *suprême*, j'ai nommé LUCIFER, le père de la Franc-maçonnerie qui propage ses doctrines venimeuses et mortelles !

Oui ! L'OBÉISSANCE, voilà le salut. Le respect à toute supériorité et surtout le respect et l'obéissance à la supériorité sans égale : A DIEU ! La France sera sauvée le jour où elle aura compris cela !...

Revenant à notre sujet nous disons que *le somnambulisme* est toujours le fait d'une certaine *médiumnité*, selon le langage des spirites. Toute médiumnité sera plus ou moins parfaite suivant la nature *organique* ou *spirituelle* du crisiaque. De là, toutes ces variétés dans les exemples fournis aux nombreux observateurs qui ont cherché à se rendre compte de ce qu'ils voyaient. De là, cette variété dans *la lucidité* qui étonne un instant pour faire défaut à un autre moment ; car la lucidité sera paralysée par la disposition individuelle en ce sens que si la matière domine, l'esprit *ne veillera* pas librement ; de même qui si par des fautes, des péchés pour employer le mot, le somnambule a éloigné son Esprit protecteur, il résultera une lucidité relative dépendante de la vision animique simple, ou bien quelque esprit *menteur* viendra lui montrer des tableaux ou lui insuffler des avis qui n'auront pas de vrais résultats.

Ces lois que je résume en quelques mots ont été

la pierre de touche de la majorité de ceux qui ont provoqué le somnambulisme; qu'ils suivent mes avis, qu'ils méditent ces observations, et ils verront que j'ai dit vrai! Seulement, avant d'arriver à ces conclusions, que de tâtonnements il m'a fallu, que de recherches, que de travaux!... Puissé-je, par ces avis, éviter à d'autres les peines que ces connaissances m'ont coûtées!

Bien que la *médiumnité* existe *relativement* dans tous les cas de somnambulisme soit naturel, soit artificiel, il est certains somnambules qui n'ont pas l'âme assez élevée, assez pure pour *voir* leurs esprits familiers. On a vu dans ces cas avec surprise que s'ils parlent d'eux, ils emploient *la troisième personne*, parce que l'on ne savait pas l'assistance dont je parle. Aussi, tel sujet occupé de sa santé personnelle, disait: Elle souffre à tel endroit, il faudra qu'elle fasse telle chose, vous le lui direz à son réveil, etc. Là, c'est l'Esprit invisible qui parlait par la bouche de la somnambule.

A ce propos, je citerai des faits concluants dont j'ai été témoin, que chacun pourra contrôler s'il veut étudier et faire ce que j'ai fait, c'est-à-dire *fréquenter le monde des spirites*, dont je suis l'ennemi soit dit en passant. Mais quand il s'agit de savoir, il faut aller partout; car on ne peut trop observer, parce que c'est de la comparaison des faits que naît la *vraie science*. Or, témoin des *faits spiri-*

tuels dès mon jeune âge, m'étant voué à l'étude de *l'esprit*, de ses *forces*, de ses *manifestations*, je ne pouvais fuir les occasions qui me donnaient des éléments d'instruction. Et soit dit en passant, ami lecteur, veuillez comprendre que cette science des Esprits n'est pas moins importante que les sciences physiques ; car l'homme n'est pas seulement en contact avec les éléments de la nature qui sont destinés à impressionner son corps, à entretenir la vie végétative que nous connaissons ; mais il est aussi en rapport avec le monde spirituel qui est aussi essentiel à la vie de l'âme que le monde matériel l'est pour le corps. Le corps tire sa vie de la chaleur, de l'électricité et du magnétisme, s'il a besoin de nourriture ; il en est de même de l'âme qui, elle, va puiser sa nourriture à la source d'où elle est sortie, et qui ne vivrait pas plus que le corps sans cette nourriture spirituelle qu'elle reçoit du règne supérieur au nôtre. C'est très beau dans notre siècle des lumières d'être arrivé à de si grandes connaissances des forces de la matière ; mais il restait une lacune à combler, c'est la notion des forces spirituelles qui sont aussi *naturelles* que les autres. Puissé-je les faire un peu comprendre !

Or, dans les cas dont je parlais et que je disais être concluants relativement à la nature médianimique du somnambulisme, voici ce que j'ai vu, soient deux faits seulement pour exemple : Dans le premier, au moment où le sujet arrive à l'état de somnambulisme, son âme s'éloigne du corps en vertu de l'action de l'Esprit familier que j'ai indiquée, et malgré cet éloignement elle reste liée à son corps par ses attaches que j'ai désignées ; et aussitôt un Esprit *évoqué* ou venu *spontanément* s'empare du corps du sujet pour se servir de ses organes afin de communiquer avec l'assistance. J'ai vu chez ce sujet *cinq esprits* se manifester successivement en moins d'une demi-heure ; et l'attitude, la voix, les gestes de ce corps *possédé* prenaient le caractère de l'Esprit qui se voulait manifester. L'évidence était telle que l'idée de supercherie ne pouvait me venir ; du reste après tout ce que j'avais vu déjà de l'action du monde spirituel, je restais un juge calme et sévère.

Dans le deuxième cas, le somnambulisme fut produit *directement* par l'Esprit, sans le concours du magnétiseur. Quiconque s'est occupé de ces phénomènes sait que cela n'est pas rare ; du reste les somnambules qui s'endorment *seules* sont assez fréquentes ; seulement elles ne se sont pas endormies *seules* comme on le dit, mais en vertu de l'assistance d'un esprit familier qui remplace ainsi le simple magnétiseur. Une fois dans le sommeil, le sujet dont je parle ici, présente les mêmes phénomènes *de possession* à plusieurs reprises et avec plusieurs caractères. En cette circonstance, les somnambules ne *voient* pas les Esprits, cela se comprend puisque ceux-ci ont tout bonnement pris un organisme comme le bernard-l'ermite prend un coquillage qui n'est pas le sien.

Il est des somnambules qui *voient* les Esprits, qui conversent avec eux; elles sont peu nombreuses, mais elles existent, et Mme Dunand était de cette catégorie.

La première fois que cette faculté s'est manifestée chez elle, c'était à Lyon, quelques mois après notre mariage. Excepté les membres de ma famille et un ami, personne ne se doutait que j'avais épousé une *voyante*, personne à l'hopital militaire auquel j'étais attaché comme médecin auxiliaire n'avait l'idée des recherches que je faisais, guidé clandestinement par un microscope d'un nouveau genre, et c'était surtout à cause de cela que je tenais à garder secrets mes moyens d'étude; donc je ne recevais pas de malades étrangers. Un jour cependant l'ami en question vint me supplier de faire examiner par madame la santé d'une amie à lui qui demeurait à Besançon; je ne pus résister à ses instances. La tante de la malade qui était une jeune fille de dix-huit ans, fit le voyage pour nous consulter à Lyon, et selon la coutume elle avait apporté des cheveux de sa nièce.

A peine en état de somnambulisme, madame nous avertit qu'elle n'avait besoin d'aucun objet pour établir le rapport avec la malade : veuillez me dire son nom de famille, son prénom, son âge et le lieu où elle demeure, fit-elle à la parente, je la *demanderai* et *l'on me dit* que je la verrai.

Vous pouvez juger de mon étonnement, ami lecteur, en face d'un fait si nouveau pour moi, si merveilleux!... Munie des renseignements demandés, madame commença sa consultation : Oh! la belle jeune fille, exclama-t-elle, que je l'aime! Comme elle est bonne! Il est trois heures, elle est au piano, tandis que sa voiture l'attend pour la promenade. Si riche et si malade!... fit-elle en soupirant. Fille unique adorée! Oh, il faut qu'on la guérisse, car le deuil serait trop terrible! Alors elle examina minutieusement et longuement l'état maladif, et tout à coup, au milieu d'un torrent de larmes : Rien à faire!... dit-elle, *dans quarante jours, à neuf heures du matin elle sera morte*, SON ANGE VIENT DE ME LE DIRE.

Je la réveillai rapidement pour la sortir de cette fâcheuse impression; mais le soir même je la rendormis afin d'avoir l'explication de ce nouveau mode de communications. Lorsque je fus endormie, me conta-t-elle, mon ange gardien s'est présenté à moi et m'a dit que désormais en ayant les renseignements que j'ai demandés il me conduirait à *l'ange gardien* de la malade, et que par cet Esprit je saurais tout ce qu'il faudrait. J'ai fait ce qu'il m'a dit, j'ai vu l'ange de la jeune fille et c'est lui qui m'a répondu.

J'avais perdu de vue cette consultation quand un jour arriva chez nous une dame en grand deuil, qui se jeta dans nos bras en sanglotant : Tout s'est réalisé comme madame l'a prédit, gémissait-elle, à l'heure, à la minute ! C'était la tante de la jeune Bisontine.

Depuis ce jour, j'employai donc le système qui venait de m'être révélé chaque fois que j'avais besoin d'avis sur mes malades ; enfin, avec l'aide de son ange gardien, madame put désormais s'élever dans les cieux pour aller converser avec les saints, les anges et tous les Grands du ciel auxquels je la priais de demander des conseils pour me guider dans mes travaux !...

Possesseurs de tant de beautés scientifiques, de tant de manifestations merveilleuses, il nous semblait qu'en venant avec ardeur et générosité en porter les bienfaits à la société, il nous semblait que nous devions être bien accueillis, car c'était le soulagement moral et corporel que nous pouvions lui donner ! Au lieu de cela, nous avons eu la persécution, la réprobation ; on nous a traités de charlatans, on nous a conspués comme des malfaiteurs... Si bien que madame en est morte, reportant au ciel les trésors dont elle avait été dépositaire, ces trésors que les humains n'avaient pas acceptés !... Il devait en être ainsi à cause de notre qualité d'enfants de Jésus-Christ : car Lui, il apportait LE SALUT DES HOMMES, et ils l'ont crucifié ! nous ne pouvions donner que des soulagements, on nous a maltraités, crucifiés aussi ! De là pour moi un instant de découragement en face de tant d'ingratitudes ! Ayant l'âme abreuvée d'amertume, ne trouvant rien dans la vie du monde qui pût désormais faire battre mon cœur, je rêvais après le décès de madame d'aller finir mes jours aux pieds des autels de ce Dieu que j'avais tant aimé ! Mais je compris bien vite qu'en agissant ainsi, c'était déserter le poste de combat où j'ai été placé ; et sans m'inquiéter des résultats de ce livre qui est le complément de mes travaux, j'ai senti qu'avant tout j'avais l'obligation de le terminer, et j'ai repris le plus courageusement possible l'œuvre à laquelle ma vie a été consacrée.

Cette digression est venue toute seule au bout de ma plume, comme une larme s'échappant des yeux en présence de si beaux souvenirs, c'est un instant de faiblesse que l'on voudra bien me pardonner ; et je reprends notre sujet.

La vision des Esprits est rare chez les somnambules, ai-je dit, tandis que la faculté des pérégrinations animiques est fréquente chez elles. Cette faculté démontre ce que Balzac soutenait, à savoir qu'il est possible à l'âme de s'échapper de son enveloppe charnelle pour aller vers les endroits ou vers les personnes qui l'intéressent. J'ai dit que dans cet état, l'âme reste unie seulement au corps par ses liens fluidiques; s'ils étaient rompus, la mort en serait la conséquence ; et cela s'est vu.

Un fait remarquable se produit durant que l'âme s'est ainsi éloignée de son organisme, c'est qu'il reste *insensible*. Si on soulève un bras, il retombe inerte ; si on serre un membre même fortement, cela n'excite nulle sensation ; si on parle, si on crie, on tirerait même un coup de pistolet aux oreilles du sujet, *il n'entend rien*. Pourquoi ? Je ferai ici une comparaison qui aidera pour l'intelligence de ce phénomène. Supposons-nous au milieu d'une société où chacun parle. Vous avez lié une conversation intéressante avec un voisin, vous êtes tout entier à votre sujet. Au même instant vous êtes interpellé par un autre voisin ; *mais vous ne l'entendez pas*, il a répété déjà plusieurs fois son apostrophe à votre égard, mais en vain. De guerre lasse il finit par vous saisir au bras pour vous *réveiller à lui*, et de vous dire : Voilà trois ou quatre fois que je vous appelle, vous ne m'avez pas répondu. Pardon, répondez-vous, j'étais occupé avec monsieur, je ne vous ai pas entendu.

Oui, vous étiez occupé, et votre âme avait dirigé *toute l'action des sens* vers le point qui l'intéressait, si bien que vous étiez en quelque sorte *isolé*. Comprenons donc en partant de ce premier degré, ce qui doit exister pour un organisme si l'âme est allée se promener à 10, 20 ou 30 lieues de son corps! Évidemment elle aura *tiré* à elle la direction des sens, et la tension sera telle que notre impression venue d'une autre direction, ne les mettra pas en éveil. — Une fois réintégrée au logis, l'âme du sujet reprend ses relations ordinaires, et il vous conte le résultat de son voyage. Il fait chaud, vous dira-t-il, où je suis allé; ou il fait froid. Il y avait une bonne odeur ou une mauvaise; il y faisait du vent, de la poussière; et le sujet grelotte s'il a eu froid, tousse s'il a avalé de la poussière, se met au frais s'il a eu trop chaud, etc., etc. De là une autre preuve corroborant celles que j'ai déjà données sur le siège de *la sensibilité* qui est bien seulement et réellement L'AME.

Tels sont, en résumé, les principaux phénomènes du somnambulisme *artificiel;* si nous les mettons en regard de ceux qui sont fournis par le somnambulisme *naturel*, il ressort clairement que ces deux crises sont identiques selon que déjà nous l'avons fait observer.

Je ne m'étendrai pas davantage sur ce sujet, ayant beaucoup à dire encore, et redoutant de faire un livre trop gros pour être lu par ceux auxquels je l'ai dédié. Je tiens à donner dans cet ouvrage une idée générale des thèses que nous avons abordées, nous verrons plus tard à les compléter. Je ne parlerai même pas de *l'extase* ni de *la catalepsie*, qui toutes deux ont leur origine dans une puissante action spirituelle ; et je m'empresse de vous conduire, cher lecteur, à l'étude de ces actions spirituelles, étude qui nous sera fournie par un petit voyage que nous allons faire dans le pays du magnétisme à partir de L'IMPOSTEUR MESMER jusqu'au SORCIER DUPOTET.

VOYAGE DANS LE PAYS DES SORCIERS

J'ai cité dans mon avant-propos ces paroles de M. P. Christian : *Le mouvement philosophique du dix-huitième siècle continue au sein des masses*, etc. Or, il est bon que nous sachions un peu quel était ce mouvement philosophique et d'où il venait; car il nous fera comprendre pourquoi et comment il a été *la cause* des succès du ROI DES IMPOSTEURS [1] que je stigmatisais à la fin du chapitre précédent ; de même, cette étude nous expliquera pourquoi le

1. Les personnes qui ont lu mon premier volume s'étonneront sans doute que je ne parle pas de Mesmer de la même façon. Cela est le fait des nouvelles études que j'ai signalées dans mon avant-propos. En 1870 j'avais encore un bandeau sur les yeux, et Dieu seul connaît ce que j'ai dû souffrir pour atteindre à la lumière que j'apporte aujourd'hui.

mensonge a duré si longtemps, c'est-à-dire UN SIÈCLE !

Le moyen âge, cette époque si glorieuse du catholicisme, illustrée par les plus grands saints et les plus éminents théologiens, n'avait malheureusement pas apporté à la science *positive* les mêmes éléments de grandeur. A mesure que par la sainteté et la science théologique l'esprit humain s'élevait en contemplation jusques aux marches du trône de Dieu, il délaissait l'étude et l'observation *des lois de la matière* qui disparaissait en quelque sorte devant le sentiment d'adoration qu'il portait aux pieds de la Majesté infinie, seule capable alors d'embraser les âmes ! Mais, à côté de ces amants de la Divinité, il y avait la pléiade des observateurs des lois de la nature ; et tandis que les premiers fouillaient les cieux, les autres cherchaient dans *l'étude pratique* les lois de la vitalité des corps et celles de leurs mouvements.

Disons que néanmoins la majorité des savants *positifs* étaient de fervents catholiques, croyant aux influences surnaturelles qu'ils firent malheureusement trop souvent intervenir, soit pour expliquer les phénomènes *de la physique*, soit pour définir les causes des combinaisons des corps au moyen des opérations *chimiques*. Ils voyaient *des Esprits* partout en activité ; tantôt c'étaient les Esprits vitaux, tantôt les Esprits animaux qui concouraient à la manifestation *des forces* de la matière en mouvement; et sans l'assistance de ces Esprits, ils croyaient la matière privée de *forces*, *inerte*, parce que l'on se rattachait à l'ancien axiome: *Mens agitat molem*, l'Esprit anime la matière. C'est en vertu de cet axiome que Descartes et Stahl enseignaient que la matière était vivifiée dans toutes ses parties les plus microscopiques (pour employer un mot capable de faire comprendre leur pensée), l'Esprit était la cause de la vie et du mouvement. Ils ne voyaient pas, les malheureux, qu'à force de vouloir être spiritualistes, ils devenaient panthéistes comme Spinosa et Mallebranche.

Or, il arriva que peu à peu la physique d'abord et la chimie plus tard, finirent par démontrer que la matière jouit *de forces spéciales* qui lui sont inhérentes; et l'on prouva que les réactions des corps naissent de ces mêmes forces mises en activité par *leurs combinaisons*, ou par leurs rapports.

La chimie surtout, grâce à ses expériences irréfutables, renversa complètement l'ancienne croyance à l'intervention des forces spirituelles dans la combinaison des corps. C'est PRIESTLEY qui détruisit définitivement l'idée de l'action des Esprits dans les combinaisons chimiques, ce fait était la conséquence forcée de sa découverte de *l'oxygène* en août 1774. En effet, une fois que l'on sut le rôle important de ce gaz dans la création de nouveaux corps, une fois que l'on connut le rôle important qu'il joue dans la vie (ce qui fut établi dès le principe par la souris que Priestley environna d'oxygène dans lequel, selon son expression, *elle se pâmait d'aise*), la science s'engagea avec ardeur dans la voie nouvellement ouverte devant elle. Presque en même temps, LAVOISIER, aidé de la connaissance de l'oxygène, arrivait à décomposer l'eau d'où il dégageait *l'hydrogène*, cet autre gaz constituant ce liquide avec l'oxygène. Si bien qu'avec ces nouveaux éléments, Lavoisier put opérer une véritable révolution en chimie. Cela se comprend, et cependant... lui, cet homme *positif*, qui écrivait : *Toute science physique est formée de trois choses : les faits qui constituent la science, les idées qui les rappellent, les mots qui les expriment. Le mot doit faire naître l'idée, l'idée fait naître le fait*; cet homme positif, dis-je, passa le 8 mai 1794 sous le couteau de la guillotine, élevée par la *libre pensée!* Il avait commencé de grands travaux intéressant au plus haut point l'industrie ; en vain il demanda un délai de quelques jours à ses bourreaux, comme il était *une supériorité*, il ne trouva nulle grâce devant la hache de *l'Égalité. Voilà ce qui nous attend à courte échéance si la partie saine de notre société n'y prend garde !...*

Enfin Berzélius, établissant la loi des *équivalents* (1810), acheva de faire de la chimie la science exacte par excellence; car désormais on pouvait chiffrer toutes les réactions.

Eh bien! ces découvertes scientifiques et positives donnèrent le coup de grâce au spiritualisme. L'homme est ainsi fait qu'il ne sait attribuer *une juste* part à chaque action, si bien qu'il tira cette conclusion: *Puisqu'il m'est démontré que les Esprits ne jouent aucun rôle ni dans les opérations de la physique, ni dans celles de la chimie; puisque cette foi résultait de l'ignorance*, DONC LA FOI EN L'ACTION DES ESPRITS SUR LE RESTE DE LA CRÉATION EST UNE SOTTISE, NÉE DES TEMPS D'IGNORANCE; DONC IL N'Y A QUE DES FORCES MATÉRIELLES DONT IL S'AGIT DE CONNAITRE LES LOIS. Et voilà comment peu à peu le matérialisme s'est imposé, aidé qu'il était déjà par le philosophisme du XVIIIe siècle. Voilà ce qui a fait dire enfin à M. Littré que son nouveau dogme ne reconnaît *ni Dieu, ni anges, ni démons;* que la matière seule se meut et se transforme en vertu *de forces immanentes* qui lui sont propres.

Je me suis permis à ce propos une petite objection dans une de mes conférences, et j'ai fait observer à l'honorable académicien qu'il était chaque jour témoin comme nous autres, simples mortels, des œuvres produites par des *forces intelligentes*. Puis, sans discuter même si l'homme est tout matière, je fis ressortir qu'il est *une force intelligente* en ce sens qu'il *fait mouvoir* la matière, qu'il *la transforme*, et *la dirige* vers la fin pour laquelle il l'a destinée. Tel est le maçon qui, après avoir taillé la pierre, l'élève au faîte de nos maisons; tel le charpentier qui façonne ses bois, les *meut* et les *soulève;* tel le constructeur de navires et de machines qui fabrique chaque pièce et la *porte* à la place qu'elle doit occuper *d'après ses plans;* etc., etc. Et j'ajoutais: Je désirerais que M. Littré eût l'extrême obligeance de me dire comment il expliquerait par son système *des forces immanentes de la matière*, nos constructions, en un mot toutes les œuvres dues à la *conception* de l'intelligence et à ses *forces*, s'il en ignorait l'existence?

Nous élevant par la pensée et le raisonnement du petit au grand, si nous examinons les merveilles que la nature étale sous nos yeux, merveilles qui sont tellement *empreintes* de la science à laquelle elles sont dues, qu'elles sont un mystère même pour M. Littré; je soutenais que partout on est obligé de constater le cachet d'une *conception* et d'une *action* résultant d'une *force intelligente* qui a présidé à la formation de toutes choses; que nous devions convenir enfin que les forces *immanentes* de la matière n'expliquent pas plus la création que la construction d'une simple maison.

A présent, il faut que nous revenions sur nos pas, car je me suis laissé entraîner malgré moi du point de départ de notre étude sur les causes du matérialisme jusqu'à son arrivée; si bien que je n'ai rien dit du philosophisme, cet autre agent des idées positives qui ont préparé la Révolution de 89, et facilité les impostures de Mesmer, puis leur propagation.

Dans les temps anciens, dans l'Inde comme en Grèce, on donnait le nom de *sages* aux hommes qui joignaient à une grande science une aussi grande connaissance des choses de l'esprit. Chose bizarre à noter : il y avait eu sept sages dans l'Inde, la Grèce en reconnaît également sept chez elle; mais plus tard les sages renièrent ce titre qui impliquait une connaissance parfaite de toutes choses, et n'acceptèrent d'autre nom que celui de philosophes, ce qui signifie *amis de la sagesse*. Ils reconnaissaient de cette façon que la sagesse n'étant pas du domaine de l'homme, tout ce qu'il pouvait faire était de la chercher, de s'en faire l'ami. Eh bien, on a trouvé que les rhéteurs de la fin du XVIIIe siècle ne méritaient pas le beau nom de philosophes, parce qu'il était évident qu'ils ne cherchaient pas *vraiment* la sagesse. Ils étaient des *discoureurs* comme on en rencontre tant dans les salons et ailleurs, gens ardents à renverser, mais incapables de rien construire. Voilà ce qui valut à leur groupe, à l'ensemble de leurs écrits, le nom de *philosophisme* qui veut dire *ami du sophisme* et non de la sagesse.

L'influence des sciences exactes que j'ai signalée

comme un des principes de la nouvelle secte, n'a pas été la seule, et l'on se souvient que j'ai fait observer plusieurs fois déjà comment l'excès des doctrines spiritualistes avait engendré son contraire, le matérialisme. Or, il est une question *capitale* en philosophie, à laquelle on ne songe guère dans le monde, et qui exprime à elle seule la plus haute puissance d'une école, quelle qu'elle soit, je veux dire *l'origine des Idées.* Ce fut par ce point surtout que le philosophisme qui restait quelque peu spiritualiste, ouvrait les portes aux matérialistes, en se rattachant peu à peu au côté matériel sur l'origine des idées; c'est ce que je vais expliquer en quelques mots.

Il est certain que cette question a préoccupé les sages dès la plus haute antiquité; mais Platon est le premier qui nous ait transmis un corps de doctrines sur ce sujet, doctrines qui étaient le résultat de ses études chez les anciens philosophes, et surtout de ce qu'il avait appris en Égypte, où il s'était fait initier à la philosophie hermétique. Quiconque aura étudié cette philosophie en verra tous les reflets dans les écrits de Platon. Or, les livres hermétiques n'étant autres que *le dogme* de l'antique magie égyptienne, celle-ci reposant sur le plus haut spiritualisme, puisque le magicien reconnaît qu'il n'est *savant* ou *puissant* que par ses rapports *intimes* avec les esprits auxquels il s'est *voué,* il en résulte que Platon posa des principes spirituels relativement à l'origine, *à la source* de nos idées.

Toutes les idées, enseignait-il, sont en Dieu en qui elles résident. La raison perçoit les idées générales, mais les idées particulières viennent des sens. Enfin, il admettait des idées *innées*, c'est-à-dire celles que l'âme apporte comme des souvenirs d'une vie antérieure.

Cette dernière pensée dénote combien Platon était imbu de la doctrine des Hermès ; car la magie égyptienne enseignait, comme nos spirites le font aujourd'hui, que les âmes non épurées se réincarnent afin de subir ainsi une nouvelle épuration, et ces réincarnations devaient se renouveler jusqu'au moment où l'âme, par ses pénitences, est parvenue à un degré de pureté telle qu'elle peut s'élever dans les cieux. Cela prouve que rien n'est nouveau sous le soleil.

Je dois ici une courte explication aux personnes qui n'ont pas étudié la philosophie : Par idées *générales*, Platon et tous les spiritualistes désignent les idées qui sont relatives aux grandes conceptions ou bien aux grands sentiments de l'âme, telles que l'idée du beau, du noble, du bien, du mal, etc. ; — ou bien les sentiments de grandeur, de générosité, de dévouement, etc. Cet ordre d'idées ou de sentiments, soutiennent les spiritualistes, serait inconnu de l'homme s'il ne les percevait comme des rayons des idées qui sont en Dieu, seul capable de les concevoir. Tandis que les idées *particulières* qui naissent des personnes ou des choses que nous *voyons*, viennent des *images* gravées dans notre cerveau par *la vue* ou par *les sens*. Sans le secours des sens, nous aurions difficilement ces idées particulières qui correspondent par exemple à l'image d'une lampe, d'une table, d'une personne dont nous n'aurions pas *l'idée* si les sens étaient restés muets.

Enfin, Platon soutenait que *les idées seules existent*, tandis que les choses individuelles n'en sont qu'un reflet, une pâle copie. En effet, si nous raisonnons d'après ce que nous sommes à même d'observer, nous constaterons la vérité de cet enseignement; car si nous voulons faire n'importe quel ouvrage, qu'il soit un simple dessin de crochet, une forme de robe, un outil, une machine, *l'idée* est d'abord conçue, enfantée, et l'exécution n'est plus qu'une copie souvent imparfaite de l'idée que nous avons formée dans notre esprit. Or, remontant du petit au grand, nous comprenons que les *idées divines* sont représentées par *des formes* qui ne sont autres qu'une *copie* relative de l'idée déposée par Dieu dans son œuvre; or, comme l'œuvre représente l'idée divine, nous déduisons cette conséquence que *l'idée* dans son *principe* était en Dieu. Ainsi se trouve confirmée la doctrine spiritualiste qui a subi très peu de modifications dans son trajet à travers les âges.

Oui, *toutes les idées* résident en Dieu, et c'est lui qui nous les *donne* ou qui nous les *communique*. Je dis qu'il nous les donne; car je soutiens que l'âme est *dotée* de ses facultés intellectuelles, de ses aptitudes, de son degré d'élévation intellectuelle, *ab ovo*. De plus, comme une âme est *grande* en raison de ses grandes idées, ou de ses grands sentiments, comme cette âme n'est grande que par un don divin, je crois pouvoir prétendre que Dieu a, par ce fait, déposé dans l'âme des idées *innées par conséquent*, mais en quelque sorte à *l'état* de germes que nous devons développer par le travail, l'étude, etc.

La scholastique enseigne que l'âme est dépourvue d'idées au moment de sa création qui est instantanée, et qu'elle reçoit les idées par les sens. S'il en était ainsi, comment expliquerait-elle les *aptitudes?* Comment expliquerait-elle ces aptitudes, ces prédispositions rendant *l'individu* susceptible de faire ce que d'autres ne feront pas? D'autre part, n'est-il pas constant que l'élévation de l'intelligence, de l'esprit est née avec nous? Ne dit-on pas tous les jours : On vient au monde avec de l'esprit ou on s'en passe toute sa vie?

Donc, si l'âme n'avait reçu aucun don en naissant, on ne remarquerait pas ce que je rapporte. Je n'ai pas ici l'intention de faire *un cours* sur l'origine des idées, d'étudier à fond cette question que je dois à peine effleurer; mon but est de faire ressortir ce qui constitue MA RÉVOLUTION EN PHILOSOPHIE, c'est-à-dire l'enseignement d'une origine des idées dont il n'a pas encore été fait mention dans les cours de philosophie, je veux dire *les idées engendrées chez un individu par la pensée d'autrui*, et ce phénomène est prouvé par les expériences de transmissions de pensées dont j'ai entretenu le lecteur.

La révélation de cette nouvelle origine des idées réduit à néant les philosophies ordinaires, celles surtout qui glorifient *la raison humaine*, tandis qu'elle explique les enseignements de l'Église, qui grandit d'autant vis-à-vis de la science par cette révélation.

En effet, quand nous aurons parlé du monde supra-naturel, nous comprendrons comment l'homme reçoit des idées des esprits supérieurs à lui, des bons comme des mauvais; et cette origine d'idées nous convaincra que la seule philosophie est impuissante à nous rendre bons, vu *l'action exercée sur nos pensées, sur nos volontés par les esprits mauvais.*

Nous sentirons alors la nécessité de la religion, qui vient nous apporter un secours efficace, sans lequel nous ne serions pas vainqueurs, puisque l'âme humaine est mille fois plus faible que les esprits qui l'assiègent.

Enfin, avant d'arriver à l'étude des doctrines *sensualistes*, relativement à l'origine des idées, je ferai observer que, en dehors des idées innées, nulle idée n'arrive à l'âme que par la voie des sens, puisqu'ils sont les seuls moyens de communication qu'elle ait avec l'extérieur; en effet, les transmissions de pensées se font par la voie des sens, l'éducation qui résulte de l'action d'une intelligence sur la nôtre (ce qui tient toujours de l'esprit) pénètre par les sens. Tout en un mot ira à l'âme par les sens, et je l'ai déjà expliqué.

La doctrine sensualiste est donc vraie quant à la physiologie, tandis qu'elle s'est égarée au point de vue psychologique jusqu'à tomber dans le matérialisme, c'est ce que nous allons voir.

Aristote, qui cependant était un élève de Platon, rejeta les enseignements de son maître pour entrer dans la voie du *positivisme*. Il fit table rase des principes idéals de Platon, prétendant que l'âme n'a pas d'idées innées, tandis que *par sa raison* elle élucide les idées qui lui sont communiquées par les sens.

Dans les arts, Platon prétendait que *le beau* est la conséquence de *l'idéal* existant dans les cieux, tandis qu'Aristote soutint que le beau réside dans la parfaite imitation de la nature. Rien n'est nouveau sous le soleil, ai-je dit, car nous retrouvons les mêmes opinions chez nos peintres ou chez nos sculpteurs.

En tous cas, Aristote auquel on a donné le mérite d'avoir donné à la philosophie une base plus solide, a été sans s'en douter le père du matérialisme en ce qui concerne l'origine des idées.

Nous ne suivrons pas *ces deux principes* dans leurs luttes à travers les âges, car, malgré les plus savantes discussions, *le fond* est resté le même. Nous dirons seulement comment la doctrine aristotélienne a repris le dessus vers le milieu du XVIIe siècle, préparant l'éclosion du matérialisme qui régnait à la fin du XVIIIe siècle, époque dont nous avons à nous occuper spécialement.

C'est François Bacon (1605), le grand philosophe anglais, qui commença le retour à la doctrine sensualiste dont il était loin sans doute de supposer les conséquences; à savoir que lui, esprit religieux, ne devait pas soupçonner que plus tard on se servirait de *sa méthode* pour arriver à l'athéisme. A ce propos, il écrivait : « Je croirais plutôt toutes les fables de l'Alcoran et du Talmuth, que de croire qu'il n'y a pas un ESPRIT qui a créé et qui gouverne le monde. Aussi Dieu n'a jamais besoin de miracles pour convaincre les athées, parce que ses ouvrages doivent suffire. *Il est vrai qu'un peu de philosophie fait incliner à l'athéisme ; mais un plus grand savoir dans la philosophie ramène l'esprit à la connaissance de Dieu.* »

Malgré cette protestation, sa manière d'envisager les forces de la nature, ce qu'il dit de l'âme sensible et de l'âme animale, le rôle qu'il attribue aux sens, tout conduisait aux idées matérialistes. Enfin, après avoir exposé les doctrines d'Aristote, il soutient avec lui *qu'il n'y a rien dans l'entendement qui n'ait été auparavant dans les sens, et que les idées naissent des sensations.*

En rayant ainsi d'un trait de plume les idées que l'âme va puiser dans le sein de Dieu, bien que Bacon reconnût l'existence de l'âme, il laissait peu de choses à faire aux philosophes futurs pour conclure à la matérialité de notre être, car il suffisait de nier l'âme et de la remplacer par les fonctions du cerveau ; c'est ce qui eut lieu comme nous le verrons.

D'autre part, Bacon voulait que le surnaturel ou la métaphysique n'eût pas désormais le pas dans les études philosophiques et dans celles de la nature (c'est la méthode qu'il a suivie) ; il procédait du connu pour atteindre l'inconnu en métaphysique. Certes, cette méthode a du bon, mais vouloir la séparer complètement de ce que nous recevons des voies surnaturelles, c'est tomber dans l'erreur. Car on ne peut nier combien *la foi* éclaire la science par *l'inspiration*, de même il est évident que l'on arrivera à *la foi* grâce à l'étude, surtout à celle de la nature.

La conséquence de la méthode de Bacon ne fut pas longtemps sans produire ses effets, si bien que HOBBES, élève et secrétaire de notre philosophe anglais, arriva à définir ainsi la philosophie ; *La science des effets par leurs causes et de leurs causes par les effets. La foi peut donner les croyances à l'âme et à Dieu,* MAIS LA SCIENCE REJETTE CETTE VOIE. Voilà comment, à cette époque, on commença ce que nous voyons aujourd'hui : c'est-à-dire Dieu (la science des sciences), banni de la place que Lui seul doit occuper, car sans Lui, sans son secours et son appui, l'homme ne possédera autre chose que *la fausse science*, et c'est ce qui est.

LOCKE, autre philosophe anglais, fit paraître, en 1690, son *Essai sur l'entendement humain.* Tout en admettant avec Bacon que les idées naissent des sens, il les attribue encore aux opérations de l'esprit, de l'âme. C'est par *la réflexion*, disait-il, que l'âme prend connaissance de ses diverses opérations. Quant aux idées innées, il n'en est plus question, pas plus que des origines spirituelles. Bien plus, en faisant naître la pensée *des opérations* de l'âme, Locke matérialisait déjà l'esprit, car il oubliait que l'âme est *pensante* par son essence, qu'elle est *la pensée.*

En même temps que Bacon, Hobbes et Locke préparaient le matérialisme de l'idée, GASSENDI l'affermissait de son mieux par la résurrection des doctrines d'Épicure (1644). Gassendi était Français, né à Avignon, et de plus il avait été ordonné prêtre et reçu docteur en théologie. De tels titres auraient dû être des préservatifs pour lui, il nous semble, et cependant il n'en fut rien! — Je ne veux pas ici faire un résumé des doctrines d'Épicure, cela nous entraînerait trop loin. Il me suffit de dire que l'autorité scientifique de Gassendi, qui prétendait que l'épicurianisme avait été méconnu, mit en vogue le poème par lequel Lucrèce chanta Épicure aux Romains. C'est un ouvrage peu volumineux, qu'il est facile de se procurer, ainsi que l'Anti-Lucrèce, par M. le cardinal de Polignac (1750). Si vous lisez ces deux petits volumes, ami lecteur, ils vous intéresseront, et vous apprécierez, par les objections de M. de Polignac, combien peu sont solides les idées matérialistes.

D'après ce qui précède, on ne sera pas étonné quand je dirai que Gassendi enseignait que les idées viennent des sens, soit médiatement, soit immédiatement. Cela dit, continuons notre examen, et plus nous avancerons, plus nous constaterons le radicalisme dans cet ordre d'opinions.

Parlerai-je de ce fou du nom de *La Mettrie* qui a

tellement matérialisé l'homme qu'il en fait une plante ou une machine? Arrivons de suite à *Helvétius* qui nous fera voir comment on envisageait l'esprit en l'an de grâce 1758.

« On dispute tous les jours sur ce que l'on doit appeler *esprit;* chacun dit son mot ; personne n'attache les mêmes idées à ce mot et tout le monde parle sans s'entendre. Pour pouvoir donner une idée juste et précise de ce mot *esprit* et des différentes acceptions dans lesquelles on le prend, il faut d'abord considérer l'esprit en lui-même.

Ou l'on regarde l'esprit comme *l'effet* de *la faculté de penser* (et l'esprit n'est en ce sens que *l'assemblage* des pensées d'un homme), ou on le considère comme *la faculté même de penser*.

Pour savoir ce que c'est que l'esprit, pris dans cette dernière signification, il faut connaître *quelles sont les causes productrices de nos idées*. Nous avons en nous deux facultés, ou, si j'ose le dire, *deux puissances passives* dont l'existence est généralement et distinctement reconnue. *L'une* est la faculté de recevoir les impressions différentes que font sur nous les objets extérieurs; on la nomme *sensibilité physique*. *L'autre* qui est la faculté de conserver les impressions que ces objets ont faites sur nous, on l'appelle *mémoire;* et la mémoire n'est autre chose *qu'une sensation continue, mais affaiblie*.

L'esprit peut donc être considéré ou comme la faculté productrice de nos pensées ; et l'esprit, en ce sens, n'est que sensibilité et mémoire. Ou l'esprit peut être regardé comme *un effet* de ces mêmes facultés ; et dans cette seconde signification, *l'esprit n'est qu'un assemblage des pensées, et peut se subdiviser dans chaque homme en autant de parties que cet homme a d'idées.* »

Nous voilà donc bien en plein matérialisme, et vous voyez, cher lecteur, qu'il repose sur la façon d'envisager l'origine des idées, ainsi que je l'ai avancé. Pour Helvétius, l'esprit est le fait des sensations, et quand il parle de l'assemblage des idées dont l'esprit est constitué, ne nous semble-t-il pas entendre M. Littré nous dire que l'âme est l'ensemble des facultés considérées dans leur unité ? Nous avons répondu à ce sujet, on doit s'en souvenir ?

En même temps qu'Helvétius décrivait l'esprit, Condillac, s'appuyant sur le système des sensations que nous avons étudié chez Bacon et Locke, arrivait à conclure que les facultés de l'âme et les idées ne sont autres que *la sensation transformée.* Donc plus d'âme là encore. Enfin Cabanis, par son traité des influences du physique sur le moral, dont nous avons fait la critique, achevait de matérialiser la pensée au nom de la science médicale. Mais en dehors de ces philosophes qui étayaient leurs enseignements sur la physiologie, il y avait ceux qui, de par la raison humaine que bientôt on allait déifier, faisaient la guerre à toute idée religieuse. Voltaire avait préparé le terrain par son rire et son sarcasme satanique; Rousseau, Diderot, d'Holbach, d'Alembert, etc., en un mot tous les philosophes de ce temps, s'unirent pour renverser ce qu'ils nommaient : LA SUPERSTITION.

Si nous jetons les yeux sur l'état actuel de notre société, nous y verrons la même disposition d'esprit, et nous constatons combien avait raison M. Christian quand il disait que le mouvement philosophique du XVIIIe siècle continue au sein des masses! — Oui, c'est au sein *des masses*, *dans les nouvelles couches*, que grouillent surtout les produits de ces hommes du siècle dernier, et maintenant comme en 1789, on s'en sert comme ferment de la Révolution actuelle. Tandis que dans les hautes classes de la société, qui représentent la partie saine de notre pays, on se rattache de plus en plus à l'idée religieuse, seule source de l'anoblissement de l'âme et par conséquent de l'homme!

Connaissant l'état des esprits en 1778, époque où notre maître fourbe MESMER fit *invasion* en France, nous comprenons pourquoi il est parvenu à s'emparer peu à peu de l'opinion à Paris, d'où est partie cette *fausse doctrine* du magnétisme animal qui allait devenir l'objet de tant de douleurs, de tant de recherches, de si rudes et si longs travaux pour tous ceux qui, *témoins de faits irréfutables*, en ont voulu connaître LES CAUSES.

Le matérialisme et l'athéisme étaient de mode, on ridiculisait la religion et toute croyance au surnaturel sous prétexte de superstition; comme Mesmer ne voulait que deux choses : remplir ses poches en même temps qu'il exécutait la mission qu'il avait reçue des sociétés secrètes vis-à-vis de la Révolution, il se déclara *matérialiste*, *athée*, *partisan d'Épicure*, ce qui le mit en faveur dans l'opinion publique qu'il flattait ainsi.

Mesmer ne croyait pas le premier mot de ce qu'il enseignait, car il avait assez d'intelligence pour comprendre que sa doctrine ne tenait pas debout; mais ce qu'il voulait avant tout, c'était de cacher ce qu'il était réellement, c'est-à-dire : *rose-croix*, *grand prêtre de la franc-maçonnerie*, *magicien* ou mieux *sorcier*. Aussi les frères et amis de Paris lui fournirent-ils les secours les plus efficaces; à son tour, et pour leur rendre hommage, il pavoisait ses salles de traitement avec les insignes maçonniques.

Balsamo, mieux connu sous le nom de Cagliostro, un autre agent des francs-maçons, qui vint à Paris peu de temps après Mesmer, n'eut pas la même réserve, et voulant briller de tout l'éclat de ses œuvres magiques, il s'avoua franchement ce qu'il était, se déclarant l'agent des templiers, c'est-à-dire des francs-maçons d'Ecosse [1]. Il écrivit aux maçons de Londres une circulaire dans laquelle il disait que le temps était venu de mettre la main à l'œuvre pour reconstruire le temple de l'Éternel. Comme les templiers, Cagliostro s'adonnait aux pratiques de la magie noire, et pratiquait la science funeste des évocations comme le font les spirites. Il devinait le passé, lisait dans le présent, prédisait l'avenir, faisait des cures merveilleuses et prétendait faire de l'or. Il avait introduit dans la franc-maçonnerie un nouveau rite qu'il nommait rite égyptien, et il essayait de ressusciter le culte mystérieux d'Isis. Il avait pour prêtresses des jeunes filles qu'il appelait des colombes et il les exaltait jusqu'à l'extase pour faire rendre des oracles au moyen de l'hydromancie.

Cagliostro était médecin, il joignait à cela beaucoup de finesse et d'aplomb. Il eut un succès fou, on se l'arrachait, son buste était partout avec cette inscription : *Le divin Cagliostro*.

Très versé dans les sciences magiques, son sceau était aussi important que celui de Salomon, et atteste son initiation aux secrets les plus relevés de la science.

Compromis dans l'affaire du collier de la reine, il dut quitter la France et finit par retourner en Italie, sa patrie. Là il fut traduit devant le tribunal du

1. Éliphas Lévy. *Histoire de la magie*, page 427.

saint-office à cause de ses crimes de magie et de sorcellerie, et mourut dans les cachots de l'inquisition.

C'est le sort que méritent tous ses pareils, et encore la pénitence est loin d'être en rapport avec l'énormité des crimes des sorciers.

Quant à Mesmer, une fois appuyé sur le mensonge scientifique derrière lequel il cachait sa qualité de magicien, il put rire tout à son aise des bons tours qu'il jouait au public et aux corps savants auxquels il soumettait ses prétendues doctrines et ses œuvres. Il devait bien rire également de la niaiserie des Français qui n'y voyaient pas plus loin que le bout de leur nez. J'y ai été pris comme les autres, et ce n'est qu'après trente-cinq ans d'étude que la vérité m'est apparue. A l'époque où Mesmer vivait, la société était doublement heureuse de cette prétendue découverte, puisqu'on lui présentait une *science positive* à l'aide de laquelle on confondait le miracle et la superstition. C'était un assez bon régal pour qu'on l'avalât en fermant les yeux... de l'intelligence et de la réflexion.

La doctrine de Mesmer ne tenait pas debout, ai-je énoncé, c'est ce que nous allons examiner :

Monsieur Mesmer (comme le désigne l'honorable Deleuze) enseignait que le magnétisme est le mouvement imprimé au fluide universel, qu'il pénètre tous les corps, qu'il est réfléchi par les glaces, qu'il peut être accumulé et condensé dans certaines parties du corps humain, grâce à la faculté que l'homme a de S'EN RENDRE MAITRE *pour le diriger à son gré.*

Notez ces paroles, ami lecteur, *l'homme a la propriété de se rendre* MAITRE *du fluide universel, et de le diriger à son gré.* Eh bien, vous verrez tout à l'heure que c'est le *dogme magique*, et que *tout le secret en magie* est de pouvoir s'emparer de ce fluide. Une fois armé de cette force, le magicien est semblable à Dieu (c'est la magie qui dit cela).

S'il y a un fluide répandu dans la nature, nous dit le bon Deleuze dans son histoire critique du magnétisme, Monsieur Mesmer *l'assure ; mais il faut convenir qu'il n'en a pas donné les preuves suffisantes* (page 86, tome Ier).

Et j'ajoute, non seulement Mesmer n'a pas donné des preuves suffisantes de l'existence du fluide magnétique chez l'homme, mais il n'en a pas donné *du tout.* Il raconte qu'ayant placé des pièces aimantées sur des membres malades, il s'y manifesta des courants ; mais la même chose a lieu également avec l'électricité ! — Ceci n'est pas une preuve, tant s'en faut ; enfin, si Mesmer et tous ses disciples avaient prouvé l'existence du magnétisme humain, ils auraient répondu aussitôt aux demandes des académiciens qui répétaient sans cesse : *Nous voyons des phénomènes bizarres, surprenants ; mais rien ne nous dit qu'ils sont magnétiques !*

Prouvez-nous l'existence de votre fluide! — Alors nous serons en droit de tirer des conséquences; et c'était juste. Nul n'a répondu à cet appel, de là l'indignation de certains magnétiseurs qui demandaient ironiquement si l'Académie voulait le fluide en poudre ou en bouteille?

Dans l'espoir d'apporter quelque lumière sur ce point, Deleuze prétend que pour prouver le magnétisme il suffit des faits corroborés : 1° par le nombre de témoignages; 2° par le caractère des témoins; 3° par les lumières des témoins; 4° les motifs des témoins; 5° la probabilité que ces témoins n'ont pu être trompés; 6° de l'accord qui se trouve entre divers rapports; 7° de l'accord entre les diverses parties d'un même rapport.

C'était retomber dans les anciens arguments, ce qui fait que depuis Mesmer jusqu'à son glorificateur M. le baron Dupotet, aucun magnétiste n'a été capable d'établir l'existence du magnétisme humain que par les effets de *la puissance spéciale* à tel ou tel individu. *C'est un protée aux mille formes*, enseigne M. Dupotet, *qui échappe à toute investigation;* mais si je renverse un homme à terre par une volonté, si je catalepsie instantanément un sujet, on est bien forcé de reconnaître ma *puissance magnétique.*

Certes non!... Monsieur le baron, vous ne démontrez ainsi qu'une seule chose, c'est que vous disposez d'une force qui vous est *personnelle* et qui doit être *analysée*. Telle est l'objection que je vous ai faite dans une de mes conférences; si bien qu'en étudiant les causes de votre force, je suis arrivé à démontrer que vous n'êtes autre qu'un *sorcier*, un *magicien* comme votre grand maître Mesmer. Et c'est depuis cette révélation de ma part que vous vous êtes décidé à faire connaître davantage votre *magie dévoilée* que vous gardiez en réserve jusqu'alors pour ceux que vous jugiez dignes d'initiation.

D'après ce qui précède, nous voyons donc que le premier point des enseignements mesmériens n'a pas été démontré, *établi*. Passons au deuxième point; c'est-à-dire la définition donnée par Mesmer de l'action magnétique des hommes les uns sur les autres, et afin qu'on ne m'accuse pas de parti pris, je vais laisser la parole à Deleuze, un des fervents apôtres du magnétisme : « La théorie de M. Mesmer est obscure; *elle me semble contraire aux principes reçus en physique*, et je la crois sujette à beaucoup d'objections. Je consens qu'un fluide universel soit la cause des plus grands phénomènes de la nature, je consens qu'on assimile ce fluide à la lumière; mais, en admettant cette *supposition*, *on ne conçoit pas mieux comment* L'HOMME A LE POUVOIR *de diriger ce fluide et d'agir à de grandes distances?* Quel rapport peut-il y avoir entre l'influence réciproque des astres *et l'influence de l'homme sur son semblable?* M. Mesmer établit des pôles dans le corps humain : soit; mais il dit qu'on peut changer ces pôles à volonté : alors, comment reconnaît-on ces pôles? S'ils ne sont pas *fixes*, n'est-ce pas comme s'il n'y en avait point? » (Page 101, Histoire critique du magnétisme.)

Total : tout ce que Mesmer a soutenu à cet égard, n'a pas *le sens commun*, et le plus simple raisonnement, on le voit, réduit à néant ses fameuses propositions. Encore une fois, Mesmer savait bien que tout ce qu'il donnait en pâture au public ÉTAIT FAUX, l'essentiel était de l'amuser par *l'apparence* de théories, il lui suffisait de bien cacher ainsi ce qu'il est défendu aux magiciens de révéler *sous peine de mort : Le secret de sa puissance.* Cette puissance faisait tout accepter, et Deleuze, malgré ses raisonnements, en arrive à dire : « Que sa théorie soit erronée ou non, *n'importe* : les moyens réussissent.»

Ailleurs : « Les élèves de M. Mesmer ne furent pas convaincus par sa thèse, ils le furent *seulement* par les faits. » (Pages 50 et 51.)

Eh bien, puisque les élèves de M. Mesmer reconnaissaient eux-mêmes que l'action magnétique n'était pas démontrée et par son auteur, que non seulement elle n'était pas démontrée, mais que la doctrine mesmérienne *était contraire aux lois de la physique*, pourquoi voulaient-ils imposer à l'Académie et à toutes les Commissions qui ont été nommées l'ordre de constater que *les faits* dont ils avaient été témoins ne devaient pas mettre en doute les effets du magnétisme? Dans ce cas il eût fallu que l'Académie découvrît les lois que Mesmer ne donnait pas? Comme cela leur était impossible, tous ces malheureux examinateurs du magnétisme étaient réduits à constater des faits inexpliquables pour eux comme pour les disciples de Mesmer. De là cette confusion dans leurs rapports qui tous s'entrechoquaient. Aussi, ne suivrons-nous pas toutes ces Commissions dans leurs interminables vérifications, cela a été dit et redit ; et d'après ce que nous venons de voir, nous comprenons que, de guerre lasse, les corps savants aient abandonné la question, laissant les magnétiseurs barboter à leur aise dans le magnétisme.

Mais si Mesmer ne craignait pas de donner une théorie, il n'en était pas de même de *son sécret* qu'il ne voulait livrer que contre argent sonnant! — Et comme les élèves ne s'empressaient pas de répondre à son appel, il menaça de quitter la France et de porter ailleurs *sa découverte.* Les merveilles qu'il avait opérées intriguaient tellement, il avait ainsi séduit si bien une foule de grands seigneurs, le roi et la reine eux-mêmes instruits des guérisons miraculeuses qu'il avait opérées se préoccupaient d'une découverte qui semblait intéresser l'humanité et regrettaient que la France n'eût pas la gloire d'avoir soutenu ce nouveau bienfaiteur de la société, si bien que dans l'impulsion de ces sentiments, on se cotisa de toutes parts et en quelques jours on apportait aux pieds de Mesmer les TROIS CENT MILLE FRANCS qu'il demandait, avec lesquels il a pu aller vivre *honnêtement* de ses rentes, en Suisse, où, nous dit le baron Dupotet, il lui est élevé un modeste tombeau, en attendant *qu'on lui élève un temple!*... Peste! M. le baron, vous n'y allez pas de main morte!... En effet, vous espérez élever un temple à Mesmer quand, par le triomphe de la magie, vous aurez renversé les églises catholiques, et rétabli le culte des *Faux Dieux!*... Mais vous comptez sans le VRAI DIEU qui garde les portes de son église jusqu'à la consommation des siècles, et qui peut triompher sur Satan alors que celui-ci croira mettre la main sur sa proie! Patience, monsieur le grand prêtre de Baal, patience!...

Or donc, une fois que M. Mesmer eut empoché ses trois cent mille francs, il se décida à *initier* quelques élèves à tel ou tel degré qu'il lui plut, et tout fiers de leurs œuvres ils se firent les propagateurs du magnétisme. Seulement, aucun de ces élèves n'atteignait le degré de puissance du maître, et cela aurait dû faire réfléchir ; mais l'engouement était tel, Mesmer *ensorcelait* si bien, que l'on faisait taire la réflexion, témoin les paroles de Deleuze que j'ai rapportées. — Deleuze cependant remarquait la puissance du maître, et lui reprochait de trop attribuer au magnétisme, *parce que tout le monde ne pouvait obtenir les effets qu'il produisait.*

Disons à la louange de l'époque qu'il s'est trouvé cependant un certain nombre d'esprits judicieux qui ont flétri toutes les manœuvres de Mesmer; mais pour démasquer ce fourbe, il fallait d'autres armes que celles dont on disposait alors. Certaines personnes comprenaient que *sa grande puissance* (comme l'a constaté Bailly parlant de *l'enfer aux convulsions*) et dont Mesmer *semblait être le dépositaire*, devait avoir une *autre source* que celle du prétendu fluide. Il arriva que l'on compara les miracles de Mesmer à ceux des magiciens du moyen âge, ou bien aux œuvres de certains sorciers ses contemporains, tels que *Gassner* (en Allemagne), *Greatrakes* (en Irlande), *Le Toucheur* (à Paris), etc.; mais comme Mesmer prétendait agir *au nom de la science*, on jugeait que les autres étaient des trompeurs, heureux de s'élever en s'attribuant une puissance surnaturelle et merveilleuse, tandis que l'humble Mesmer fournissait de ces faits des explications *simples* et *naturelles*. C'est ainsi que Deleuze nous dit qu'au tombeau de Pâris, le magnétisme agissait de même qu'au baquet; qu'à cette époque on a cru au merveilleux *parce qu'on était dans la plus profonde ignorance de la physique et de la physiologie* (pag. [illegible]). Vraiment, monsieur Deleuze, voilà qui ne s'accorde plus avec ce que j'ai rapporté tout à l'heure, c'est même tout le contraire!... Oh! esprit humain, que tu es peu de chose une fois que la lumière divine t'a quitté!

Il a fallu que la *fascination* exercée par Mesmer et par *l'Esprit* dont il était le représentant fût bien grande pour que l'on n'eût pas l'idée de se demander comment il se fait qu'il n'y a que *certaines* personnes, *par-ci par-là*, capables de produire sur leurs semblables les effets nommés magnétiques, et surtout ceux que l'on attribue au magnétisme *transcendant*. On se serait dit alors: *Si le magnétisme est l'action* QUE LES CORPS *exercent à distance les uns sur les autres*, d'après ce qu'enseignaient Mesmer et M. Dupotet, tous les hommes doués de la même constitution doivent produire les mêmes effets, *ce qui est inévitable si l'axiome précédent est vrai*. Bien plus, les effets magnétiques devront avoir un degré de puissance qui sera en raison de la richesse du fer contenu dans le sang; car nous savons à présent qu'un corps est d'autant plus magnétique qu'il contient plus de fer.

Or, c'est le contraire qui a lieu, et tous les jours on est à même de constater que les hommes de moyenne taille et de très moyenne corpulence, comme M. le baron Dupotet par exemple, feront des prodiges, tandis que le premier colosse venu ne sera pas capable seulement de faire tressaillir le même sujet que l'autre aura foudroyé.

Comment cela se fait-il? Ah! oui, vous me dites que *la volonté* de l'un a été plus puissante que celle de l'autre, c'est possible; mais sachons bien que la puissance *naturelle* de la volonté humaine, *quelle qu'elle soit*, est trop faible pour communiquer l'action au corps d'une autre personne; car la puissance dévolue à l'âme humaine ne dépasse pas celle de la locomotion *individuelle*.

D'autre part, du moment qu'il y a eu action *de la volonté*, on ne peut plus dire que le magnétisme est *l'action que* LES CORPS exercent les uns sur les autres, car l'action des corps disparaît à cet instant pour faire place à une *action spirituelle*, puisque la volonté est une faculté de l'âme. Donc, la définition donnée par les maîtres en magnétisme est une fausseté destinée à cacher *les causes* de leur force magique.

Enfin, puisque la volonté humaine n'a pas *la force* nécessaire pour imprimer le *mouvement* dans le corps d'autrui (ce dont chacun peut se convaincre par l'observation journalière dans nos rapports), il faut *nécessairement* que les individus qui produisent les effets du magnétisme *transcendant* aient *une force qui s'ajoute à la leur.*

C'est ce que je vais démontrer; mais auparavant il est bon que je fasse ressortir de quelle nature sont les rapports magnétiques *d'un corps* humain avec un autre.

Je ne dis pas comme ces messieurs du magnétisme : *qu'il est l'influence* que les corps exercent; mais je répète ce que j'ai expliqué : qu'il est le fluide destiné *à communiquer* aux corps leur *influence* réciproque. Pour ce qui est relatif *au corps* de l'homme, tout se passe d'après les *lois matérielles* de *l'équilibre* et rien de plus, si *deux corps* sont en présence. Je n'en donnerai qu'un exemple très concluant.

On a observé de tous temps que si deux personnes ont l'habitude de coucher ensemble, si l'une de ces deux personnes est pleine de vie et que l'autre personne soit âgée ou malade, surtout si c'est un enfant qui couche avec un vieillard, on a observé, dis-je, que celui qui se porte bien voit peu à peu péricliter sa santé tandis que l'autre est soulagé. Pourquoi cela? — C'est que, en vertu des lois du magnétisme comme de l'électricité, si deux corps sont en contact, l'excès de fluide dont l'un est chargé se reporte sur l'autre jusqu'à parfait équilibre. — C'est ce qui aura lieu si on met en communication deux plaques de fer dont l'une est chargée de fluide magnétique tandis que l'autre ne l'est pas, une fois la communication établie entre elles, le fluide s'équilibrise, *voilà tout.*

Il résulte donc de cet examen la preuve *évidente*

que toute action magnétique *corporelle* se réduit à l'établissement d'un équilibre entre les deux corps, et *rien de plus*, ajouterai-je encore. Donc toute action magnétique ayant un autre caractère que celui-ci, *n'est pas corporelle*, DONC ELLE EST SPIRITUELLE.

Voyons maintenant comment il se fait que chez *certains individus*, la volonté humaine parvient à acquérir une puissance telle qu'elle arrive à commander au corps de son prochain. *Les faits* vont nous l'apprendre, et je n'ai qu'à raconter ce que J'AI VU.

Au moment où les corps savants consentaient pour les dernières fois à s'occuper de cette question du magnétisme (de 1825 à 1826), tous les esprits avaient acquis une tension telle que *partout* on discutait pour ou contre. Les élèves en médecine, plus que bien d'autres, comptaient parmi eux des partisans du mesmérisme et des adversaires.

Parmi ces derniers se trouvait un jeune Jurassien prêt à passer sa thèse, il se nommait Emmanuel Thouverey, était originaire de Lons-le-Saunier; membre d'une des plus importantes familles du pays, il était fils du bâtonnier de l'ordre des avocats de notre ville. Or, il arriva qu'un jour une de ces discussions sur le magnétisme eut lieu entre plusieurs de ses amis réunis avec lui à leur pension commune; et comme la conversation paraissait devoir s'envenimer, Thouverey essaya de faire rire

14

ses amis en exécutant des passes grotesques sur la lingère de l'hôtel qui travaillait près d'eux. Dormez, lui commandait-il en même temps, dormez, Louise, et nous allons voir les merveilles du magnétisme !.. Ce qui fut dit fut fait, et non seulement la jeune fille arriva au somnambulisme, mais la crise se compliqua de catalepsie.

Je laisse à juger de la perplexité de ce magnétiseur sans le savoir, qui d'autre part était impuissant à porter remède à la situation qu'il avait faite ! si bien que sa victime dut vivre désormais dans un état de somnambulisme constant, et c'est ainsi que je l'ai connue ; car le docteur Thouverey étant la bonté et la loyauté même, épousa cette ouvrière, pensant que l'ayant mise dans une condition qui l'empêchait de gagner sa vie, il ne pouvait l'abandonner. Que se passa-t-il entre eux comme phénomènes magnétiques ? Le docteur seul l'a su !... Toujours est-il qu'il me répétait souvent : Mon cher Tony, ne touchez jamais au magnétisme !... Une fois qu'on est pris dans cet engrenage on n'en peut plus sortir !... Du jour où cette maudite folie m'a saisi, ma vie a été un long martyre !...

Et moi je dis à ceux qui me lisent : Ne touchez jamais au magnétisme, du jour où le destin m'a forcé de m'occuper de cela, ma vie a été un long martyre ! *Parce que derrière ce que Mesmer et ses disciples ont nommé* LE MAGNÉTISME *se cachent* DES DÉMONS *qu'il faut vaincre!...* ET CE N'EST PAS COMMODE!...

J'ai dit que le docteur Thouverey seul savait ce qui s'était passé à la suite de l'événement que je viens de rapporter, je restais sur la réserve, car il m'a tout expliqué. Qu'il nous suffise de savoir qu'il fut doué d'une telle puissance, *qu'il guérissait les maladies les plus graves*, A LA PAROLE!...

Vous comprenez, cher lecteur, que si le docteur m'a tout expliqué, c'est qu'après avoir reçu son diplôme, il était venu s'établir dans son pays qui est le mien; et là il avait retrouvé mon père avec lequel s'étaient établies, dès leur jeune âge, des relations d'intime amitié.

Le docteur Thouverey était un savant, un cœur d'or, et un homme de la meilleure compagnie. Si quelqu'un de nous était malade, que ce fût la nuit ou le jour, il accourait de Courlans où il était maire, jusqu'à Lons-le-Saunier, pour venir aussitôt à notre appel, faisant à pieds ses trois kilomètres par tous les temps : soit neige, vent ou pluie, ardent qu'il était de nous apporter le secours amical de sa science et de son pouvoir merveilleux. Dire que j'aimais ce digne ami autant qu'un père est superflu ; de son côté, il me rendait avec usure (je puis le dire) l'affection qu'il avait fait naître en moi. Il n'avait pas d'enfant, il m'aimait comme sien ; et c'est pourquoi je fus *le seul* confident auquel il s'ouvrit; à part moi, personne dans notre ville n'a rien su de sa vie mystique.

Mais si on ne connaissait rien *des causes* de sa puissance, chacun avait à raconter les miracles qu'il opérait. J'en vais citer un ou deux dont les témoins sont encore existants :

La femme d'un des juges du tribunal de notre ville, Mme Ch..., était paralysée depuis plusieurs années, et tous les traitements avaient échoué. Le docteur Thouverey, invité à un déjeuner d'amis à la campagne de M. Ch... où celui-ci avait réuni ses anciens compagnons d'étude devenus les premiers avocats du pays, MM. R. et C. ; le docteur dis-je, fut interpellé par ces bons camarades qui l'aimaient beaucoup : Tu devrais bien faire un de tes miracles en faveur de la femme de notre ami, firent-ils, et lui rendre l'usage de ses membres. Si madame le veut, répondit-il, c'est facile. Puis s'approchant de la malade étendue sur un long fauteuil placé à la porte de la salle à manger, donnant sur le jardin : Allons, madame, levez-vous et marchez !... La dame hésitait : Veuillez, insista-t-il, me donner la main, je vais vous conduire à table; et cela se fit si bien que la malade fut guérie.

Une autre fois, il passait devant la maison du vigneron d'un de ses amis. Le vigneron se trouvait sur sa porte ; et comme notre bon docteur était l'affabilité en personne, il avait toujours une parole amicale prête pour ceux qu'il connaissait, à quelque condition qu'ils appartinssent. Bonjour, C..., fit-il, comment ça va-t-il? Merci, répondit l'autre, je vais bien; mais ma femme est hydropique et les médecins doivent lui faire la ponction. — Ce n'est que cela, exclama le docteur en souriant, mesurez la circonférence de son ventre ; et ce soir, quand je reviendrai du pays où je me rends, vous me donnerez des nouvelles de votre malade. Le soir, le vigneron et sa femme attendaient hors de leur demeure le passage de mon ami, et lorsqu'ils l'aperçurent : Ah! docteur, merci!... merci!... Depuis que vous avez *parlé*, ma femme n'a fait qu'uriner, si bien que la voilà guérie!

Pendant un de ces hivers comme il y en avait autrefois dans le Jura, mon père s'était égaré dans les neiges de nos hautes montagnes. Quand il revint à la maison ce fut pour se mettre au lit, gravement malade. L'un de ses genoux, entre autres, avait triplé de volume. Le docteur voulant rire se mit à effrayer ma mère : Il faut pratiquer des ouvertures dans ce genou, dit-il, afin de faire écouler l'eau qui s'y trouve; et il étalait sa trousse pour y prendre un bistouri. Ma mère se désolait. Allons, allons, ne vous tourmentez pas, l'amie, je vais faire un tour à ma façon. Cherchez un drap, ployez-le en quatre, enveloppez le genou. Là... c'est fait. Rabattez les couvertures par dessus. C'est cela!... Puis il posa sa main sur le lit à la place où le membre était malade. Après huit ou dix minutes : Voyons, comment ça va à présent?... Le lit était inondé et mon père guéri!!...

Un des hauts employés de la recette générale avait été mordu par sa petite chienne, et le vétérinaire qui l'avait soignée, M. Nicolin, venait de mourir hydrophobe. Le propriétaire de la chienne (dont le nom n'est plus présent à ma mémoire) sentait les atteintes de la rage, vite il part à Courlans, et revient guéri parce que le docteur lui avait imposé les mains.

De tous les côtés, en un mot, se renouvelaient des faits semblables, que de nombreux témoins racontent encore dans Lons-le-Saunier et ses environs.

Mais, outre sa puissance curative, mon ami jouissait de *la vue intuitive*, et bien souvent il me disait : Je voudrais bien être délivré de cette faculté-là; car c'est bien écœurant de voir les vilaines pensées chez tant de gens qui vous parlent d'une façon tandis qu'ils jugent autrement! Cette *vision intuitive* était si grande chez lui, qu'il a prédit les événements qui s'accomplissent. Ainsi, lors des premiers attentats contre la vie de Louis-Philippe, il prophétisa qu'il y en aurait beaucoup d'autres, mais sans résultat. Il ira mourir de sa bonne mort à l'étranger, annonçait-il; et après lui, les Français nommeront leurs gouvernements. Ce n'est pas à nous *seuls* qu'il dévoilait cet avenir; il l'a dit et répété dans les bureaux de la Préfecture où il allait pour ses affaires communales, et ceux à qui il parlait ainsi sont encore là, chefs de division ou secrétaire du Préfet.

Telle est la nature *des faits* dont j'ai été témoin dès mon jeune âge; mais à mesure que je grandissais, à mesure que j'étudiais les sciences, il naissait en moi le désir de connaître les sources de ces admirables facultés, et je n'étais pas le seul à m'inquiéter ainsi; car partout on discutait les œuvres du docteur Thouverey. Pour le clergé, c'était une puissance donnée par l'esprit du mal, puisque, disait-il, le docteur est anti-catholique. Pour les savants, c'était du magnétisme. Mon ami laissait dire et ne répondait à personne. Seulement je me souviens que j'entrais dans de grandes colères quand j'entendais dire que mon bon docteur, si bon, si dévoué, si simple malgré toute sa science, était commandé par un génie du mal!... Pour moi comme pour la plupart, il me semblait que l'esprit du mal doit produire le mal, et c'est le contraire qui avait lieu!... Je ne comprenais pas ce qui m'a tant coûté à apprendre... c'est que *l'Esprit du mal* étant l'esprit *d'erreur* et *de mensonge*, se manifeste de ces deux manières par les doctrines de ceux qu'il inspire, et qu'il lui est, malgré ces conditions, permis de produire des miracles de guérisons!... Cela est un de ses grands moyens de séduction; voilà pourquoi saint Paul engage tous les chrétiens à demander *le don de discernement des esprits!*

Le docteur Thouverey avait quitté Courlans où il venait de perdre la femme qui fut le principe de sa pénible carrière; et il s'était fixé à Lons-le-Saunier, rue des Salines, dans une maison en face de la nôtre.

De ce jours nos relations devinrent plus intimes; et comme j'avais atteint ma dix-septième année, que j'étais dans l'âge où le raisonnement s'empare activement de l'esprit parce que l'on a besoin *d'une foi* pour étayer ses actes, je devins plus pressant dans mes interrogations *sur les causes de sa puissance;* mais un long temps se passa sans que mon ami consentit à satisfaire mon désir.

Enfin un jour, nous déjeunions ensemble chez lui, je renouvelai ma question. Il sembla plongé pendant quelques instants dans une profonde réflexion, puis il se leva sans me répondre, alla prendre dans son secrétaire un papier placé dans un tiroir secret et me dit : Mon cher Tony, ce que je vais t'apprendre doit rester entre toi et moi, et personne dans ta famille, ni dans le pays, ne devra le savoir, tu me le promets! Je le promis, et j'ai tenu ma promesse.

Ce papier, continua-t-il, est une révélation que j'ai eue peu de temps après mon mariage et c'est de là que date *ma grande puissance*. Un soir, au moment de me coucher, je vis apparaître un personnage colossal qui entra dans ma chambre bien que portes et fenêtres fussent closes, et il m'enjoignit de prendre une plume et du papier afin d'écrire ce qu'il allait dicter. J'ai obéi machinalement au milieu d'une stupeur indescriptible, et voici ce que j'ai écrit, je vais te le lire.

Le docteur m'en fit lecture en effet, il y avait au moins trois pages d'écriture. Tout ce dont je me souviens, c'est que l'esprit qui apparaissait à mon ami lui apprenait qu'il était choisi pour accomplir un apostolat, qu'il y allait avoir une nouvelle prédication de l'Évangile afin de sauver les nations, qu'il était un nouvel apôtre de Jésus-Christ, et qu'il était choisi pour le renversement de la papauté qui devait disparaître prochainement. La papauté, d'après l'esprit qui dictait la révélation, était la bête à sept têtes et dix cornes signalée par saint Jean dans son Apocalypse comme figure de l'Antechrist. Les sept têtes sont les sept collines sur lesquelles Rome est bâtie, les dix cornes sont les dix commandements de l'Église; etc... Bref, on annonçait au docteur qu'il serait martyrisé à Rome en 1875 après l'accomplissement de sa mission, et qu'il ressusciterait le troisième jour comme notre Sauveur. Je serai avec toi, terminait l'esprit, dès à présent; et tu guériras à la parole et par l'imposition des mains. Tu conserveras la puissance que je te donne à une condition : *C'est que jamais tu ne te soumettras à la bénédiction d'un prêtre catholique.*

Si par la pensée, cher lecteur, vous vous reportez à l'année 1845 ou 1846, époque où je connus la source de la puissance de mon ami, vous jugerez de mon étonnement; car à ce moment dans notre Jura on ne savait guère ce qu'étaient les manifestations spirituelles, auxquelles on ne croyait même plus, ainsi que cela est partout encore aujourd'hui. Bien que je ne comprisse *rien* à tout ce que je venais d'apprendre, je ne mettais pas en doute la véracité du récit que j'ai résumé, parce que je connaissais trop bien mon docteur pour douter de sa parole. Je ne pus que le féliciter d'avoir à remplir une si haute mission, et cette connaissance augmenta encore mon affection et mon respect pour cet homme si extraordinaire. Je ne me préoccupai pas autrement de ces choses merveilleuses; car déjà ma carrière avait été décidée en famille, je devais succéder à mon père et prendre bientôt la direction de ses ateliers de fonderie de cuivre et de cloches. Donc, tout se résumait pour moi dans la pensée qu'ainsi j'allais contribuer à donner à mes parents une heureuse vieillesse, et c'est vers ce but qu'ont tendu tous mes efforts.

Un an plus tard, tout au plus, le docteur Thouverey épousait en secondes noces une dame veuve dont il était le médecin, et qui habitait notre ville. Il dut céder aux instances de sa fiancée pour recevoir le mariage religieux qu'il refusa de toutes ses forces. J'ai été témoin de ses luttes et de ses désespoirs en cette circonstance : Madame, disait-il à sa future, ce que vous admirez en moi c'est mon pouvoir merveilleux et mes grandes facultés intellectuelles, si vous m'obligez à recevoir la bénédiction d'un prêtre catholique, je deviendrai un homme ordinaire, je ne serai plus rien !... et il résistait. Il se décida enfin à la suite des vives sollicitations de la famille de l'avocat R..., famille qui était l'amie dévouée des deux parties, et après une série d'orageuses discussions.

Je cite tous ces détails parce que les acteurs vivent encore ; et que dans l'ordre de choses qui nous occupe, je dois m'entourer de preuves afin qu'on ne m'accuse pas d'imagination.

Bref, ce que le docteur avait annoncé arriva ; après avoir reçu la bénédiction nuptiale, il devint un homme *plus qu'ordinaire ;* et il finit par mourir simplement de la pierre, à Paris, où il se fixa presque aussitôt marié, RUE DES MARTYRS !...

Ah !... oui, bien cher ami, rue des Martyrs !... Il semble par cela que Dieu ait voulu que la rue où vous habitiez portât le nom que vous avez acquis, et qui vous convient ; car vous avez été un des *martyrs* de cet abominable Mesmer que les générations futures ne maudiront jamais assez en raison du mal qu'il a fait !... Vous essayez *innocemment* de son magnétisme, et voilà qu'un des mauvais génies attachés à l'empire infernal de Mesmer s'empare de vous, et vous êtes emporté comme dans un tourbillon, là où vous ne vouliez pas aller!... Mais une chose m'a toujours consolé, lorsque ma pensée me ramène à ces souvenirs de notre sainte amitié, c'est que votre existence si douloureuse, a été permise par le Tout-Puissant *afin de m'éclairer*, moi que le destin allait prendre bientôt pour me lancer aussi dans l'étude de cette terrible question!... Vous avez été choisi pour apporter votre contingent à l'élucidation des fourberies mesmériennes, vous deviez être un martyr de la science, et j'espère que Là-Haut, vous jouissez de la paix due à votre immense charité, et de la gloire due à votre martyre!

Voici comment, ami lecteur, j'ai appris l'existence des *forces spirituelles*, qui sont susceptibles de s'unir à celles de l'homme, afin de produire *le miracle*. Les événements qui ont eu lieu, lors du deuxième mariage de mon ami, m'ont fait comprendre plus tard ce que c'est *qu'un pacte*, et la possibilité du pacte. Enfin, l'action de la bénédiction du prêtre catholique sur l'Esprit avec lequel le pacte avait été établi, m'a démontré ce que mille faits semblables ont confirmé, à savoir, la puissance des exorcismes dont l'Église dispose, grâce à L'ESPRIT-SAINT qui agit par *l'intermédiaire* du prêtre. J'ajouterai que l'Église reconnaît plusieurs espèces de pactes : *Le pacte implicite*, *le pacte par consente-*

ment, et *le pacte signé*. Le pacte implicite est très-fréquent, c'est celui des somnambules, des tireuses de cartes, des spirites, etc., qui pour la plupart sont assistés d'un démon, *sans le savoir*. Dans le deuxième cas, l'assisté sait d'où vient son pouvoir, *et consent simplement*. Dans le troisième, c'est le pacte par excellence. Il y en a plus qu'on ne pense à notre époque où, grâce à la négation de l'esprit, M. Satanas jouit pleinement de sa puissance !... Je reviendrai *à tous* ces sujets et j'y apporterai ce qui les confirmera quand nous étudierons *le spiritisme* et *la magie*. Pour l'instant, je dois continuer à raconter par quels *autres faits* et par quels événements j'ai été conduit aux connaissances que je résume dans ce livre. Je serai le plus bref possible, et cependant quelques détails seront nécessaires. J'en demande pardon au lecteur, d'autant plus que je suis obligé de parler *de moi*.

Le docteur Thouverey, lors de son départ pour Paris, me laissa encore bien souffrant des suites d'un accident de chasse qui me fit perdre l'œil droit. Trois forts éclats de capsule avaient pénétré dans cet organe, et une fièvre cérébrale s'ensuivit; en sorte que pendant trois mois on craignit pour mes jours. Une fois les capsules sorties, la convalescence fut longue ; même de ce jour ma santé périclita de plus en plus.

Je cite ce fait parce qu'il est le principe du changement de direction imprimé à mon avenir; car la maladie m'obligea à rechercher et à étudier les moyens de guérison qui m'étaient présentés, ce qui m'entraîna où je suis!...

A ce propos, je me souviens des paroles du curé de notre paroisse lors de sa visite, sitôt après mon accident : Supportez ce malheur avec résignation, me conseillait-il, en vrai chrétien et présentez vos souffrances au bon Dieu, car c'est lui qui les a permises. Soumettez-vous à sa sainte volonté !.... Allons donc, ripostai-je, vous allez me faire croire que Dieu était dans la capsule de mon fusil !... Il ne peut descendre à des choses si minimes, c'est insulter à sa Grandeur que de prétendre cela !... Or, comme je ne veux pas l'insulter, je n'accuse que ma négligence et moi seul par conséquent. J'avais été blessé à la main plusieurs fois avec les capsules de cette boîte, c'était un avertissement qui devait me la faire changer, dans ce cas j'aurais évité ce qui m'est arrivé !...

Hélas !... Seigneur..., comme je me trompais en jugeant ainsi ! Comme ma pauvre raison était égarée !... Je ne comprenais pas que c'est parce que vous êtes infiniment grand et bon *que rien ne vous échappe*, qu'en raison de cette grandeur et de cette bonté vous veillez sur chacun de nous avec la sollicitude du meilleur des pères, et que souvent vous vous servez des plus petites causes pour produire de grands effets ! Il vous a suffi, en ce qui me concerne, d'employer un éclat de capsule pour me lancer dans la voie que vous m'aviez destinée ! Ah ! si les hommes vous connaissaient, combien ils vous aimeraient, et combien ils seraient heureux ! Ayez pitié de nous, Seigneur. Ayez pitié de nous ! !

Au moment de nos adieux, que mon bon docteur et moi arrosions de nos larmes, il m'avait engagé à ne pas m'inquiéter de ma santé. « La distance, disait-il, ne sépare que nos corps, courage... vous ne serez pas seul pour combattre. Ma puissance a pu être ébranlée, j'espère la reconquérir. »

Ah ! je le désirais ardemment, non pour moi seul, mais à cause de la réalisation de cette destinée qui lui avait été révélée. Quoique jeune encore, j'avais beaucoup étudié, beaucoup pensé ; ma seule distraction était la musique, parce que je ne trouvais qu'ennui et dégoût dans ce que les jeunes gens de mon âge appelaient *le plaisir*. Mon plaisir à moi a toujours été dans les jouissances du cœur et de l'esprit. Or, je voyais, à cette époque, que le mouvement des esprits conduirait la société à un cataclysme affreux par l'abandon toujours croissant des idées religieuses. C'est pourquoi je me mis à invoquer la miséricorde divine en faveur de mon ami, en faveur de la société.

Il est facile de comprendre combien j'étais dominé par les idées de mon docteur, car il ajoutait à ce qu'il m'enseignait l'autorité de ses prodiges. « L'esprit de Dieu, me disait-il, a quitté l'Église romaine à cause de son clergé. Ce clergé a corrompu les peuples par ses scandales, voilà pourquoi une nouvelle prédication de l'Évangile est nécessaire, voilà pourquoi elle se fera ! »

Et moi qui n'avais pas été assez instruit des choses de l'Église catholique, je croyais cela. J'avais plusieurs fois soumis mes objections au curé de notre paroisse, je désirais compléter mon éducation religieuse ; mais ce prêtre était de la vieille école et il me refusait toute explication, me répétant sans cesse : « *Vous devez croire sans réfléchir, votre raison ne peut comprendre les mystères de l'Église, toutes les tentatives que vous ferez de ce côté sont de l'orgueil, et Dieu, pour vous punir, vous fera perdre la foi qu'il vous a donnée. On a vu des personnes curieuses comme vous devenir folles ; c'était une punition divine.* » Personne ne peut s'imaginer par quelles terreurs j'ai passé jusqu'à ce que ma foi fût devenue *solide*. Et cette conquête, je la dois à un ministre protestant qui me fit étudier profondément les Écritures saintes. De là, cette impulsion donnée à mon esprit qui, pendant quinze à seize années, se rattachait aux idées protestantes.

Ce que je viens de mentionner est essentiel à l'élucidation de notre étude ; car on verra comment les Écritures saintes, élevant peu à peu mon âme à

Dieu, que je ne tardai pas à aimer au delà de toute expression, me firent demander pour mon ami et pour moi-même *les faveurs spirituelles* qui sont promises à ceux qui restent fidèles pendant *l'épreuve.*

Ce mouvement de mon âme reçut une nouvelle impulsion dans cette direction par les paroles que mon docteur m'adressa quelque temps après dans une lettre que j'ai conservée précieusement. Cette lettre était une réponse à ma sœur qui venait d'avertir mon ami que j'étais plus malade. Voici ce qu'il me disait : « Parce que je ne suis plus là, vous vous affectez, L'ESPRIT COMMANDE A LA MATIÈRE ET L'ESPRIT EST PARTOUT, il est actuellement huit heures et demie du matin à ma pendule, et vous devez vous en être aperçu. » Au moment où il écrivait, c'est-à-dire la veille de la réception de cette lettre, j'avais averti ma mère que je sentais l'action du docteur, action avec laquelle j'étais tellement familier, que sa pensée m'eût fait tressaillir. Je me trouvai donc un peu soulagé quand sa lettre arriva, ce mieux continua quelques jours ; mais mon état maladif ne fit qu'augmenter malgré les efforts du docteur, au contraire, je sentais que son influence, autrefois si bienfaisante, m'était pernicieuse à présent. *J'en ai expliqué les raisons* : le docteur n'était plus *assisté*, il lui restait la faculté d'ébranler, de secouer, non de rétablir l'équilibre ; et peu à peu il perdit même cette force, devenant, ainsi qu'il l'avait prédit, *un homme ordinaire.*

Telle fut pour moi la *double constatation* des causes des miracles qui ont eu lieu tant que l'assistance du génie du docteur a persisté, tandis qu'il n'eût pas déterminé le plus léger tressaillement chez l'être le plus faible, une fois que sa *puissance* magnétique s'est bornée à l'effet de sa simple volonté ! Il en est ainsi pour chacun de nous.

Pendant près d'un an, je traînai une existence des plus malheureuses, cherchant partout un soulagement à mes souffrances qui allaient toujours croissant. Divers médecins furent appelés ; mais en vain. Je sentais toujours cette influence du docteur devenue désorganisatrice en moi, et je ne pouvais en parler à mes médecins sous peine de me faire taxer de folie ; ma famille eût pensé de même. Je n'avais donc qu'à me taire dans la solitude, à me résigner, à souffrir et à prier que Dieu daigne porter la lumière dans cette anormale situation. Et pendant ce temps je cherchais et j'invoquais *l'Esprit qui commande à la matière* ; et malgré mes prières, malgré ma résignation, tout faisait silence autour de moi ! Il arriva enfin un moment où mes forces trahissaient ma patience et mon courage, je n'étais plus en état de tolérer la souffrance tant elle était grande, et je ne mourais pas !...

Ce même jour, un voisin conseilla à mes parents

désolés de consulter une de ses parentes âgée de quatorze ans qui, malgré son jeune âge, opérait des cures surprenantes, dirigées par l'examen des urines du malade. Je dus céder aux instances de mon père surtout, et je consentis à cette consultation par respect pour sa volonté; car je me disais que l'action des remèdes, c'est-à-dire celle de *la matière* sur *la matière*, serait paralysée ou détruite par l'action de *la volonté* de mon ami.

Mon nouveau médecin arriva accompagnée de son père, qui était cultivateur à Chaussin, près Dôle (Jura). C'était une jeune fille à type angélique : figure ronde, peau de satin, cheveux blond vif, yeux bleus brillants de lumière; avec cela une expression générale de bonté et de grâce. Elle était vêtue d'une robe bleu clair, semée de trèfle bleu plus foncé, la robe venait un peu plus bas que les genoux; en un mot elle avait les vêtements d'un enfant, vêtements complétés d'un chapeau de paille très simple, car on était au mois de juillet.

Sa consultation faite en présence de tous les membres de ma famille fut merveilleuse de lucidité; puis, comme conclusion, elle promit que je guérirais.

« Hélas, dis-je à son père que je trouvai un instant seul, votre enfant est douée de belles facultés et toutes les souffrances qu'elle a désignées, je les endure; mais je ne suis pas dans des conditions *ordinaires* et son talent échouera ici. » Il désira les explications de ce mystère, et quand je les lui eus données : « *Mais c'est du magnétisme tout simplement qu'il faisait votre docteur, je connais ça! J'ai étudié les ouvrages du baron Dupotet, à Lyon, où j'ai fait du magnétisme avec des docteurs. Il n'y a pas d'Esprit là dedans, c'est la forme du corps qui est tout! Si j'étais si grand et si fort que votre docteur j'en ferais autant et mieux, car c'est un imbécile qui n'a pas su diriger son fluide, c'est pourquoi il est arrivé tout ce que vous me racontez, et c'est pourquoi il vous rend malade. Ah! j'ai une tête* MALINE, *voyez-vous, quoique je ne sache ni presque lire, ni presque écrire, quand je veux réfléchir, j'en sais plus que* TOUT LE MONDE, *sous ma simple blouse. Si j'étais un* FORT MAGNÉTISEUR *comme votre docteur, je guérirais aussi à la parole; mais je suis petit et j'ai une petite force magnétique! Ça ne m'empêche pas que ceux qui ont l'air d'avoir deux airs avec moi, je leur fais leur affaire, et tenez : dernièrement le juge de paix de chez nous nous condamnait pour exercice illégal de la médecine. Eh bien! par ma petite force magnétique, je l'ai empêché de parler. Si j'avais été plus fort, je l'aurais rendu muet! Il y a une dame à Lyon qui me faisait des misères, je me suis vengé. Je me suis mis à la magnétiser à distance toutes les nuits à la même heure, si bien qu'elle a commencé à devenir malade. Elle a fait appeler les médecins... Ah! ben oui, je t'en fiche, me disais-je, prends leurs drogues, ils ne m'empêcheront pas de te faire crever. Et c'est ce qui a eu lieu, et les médecins n'y ont rien vu. Voyez-vous, monsieur, les curés connaissent le magnétisme et c'est pourquoi ils en défendent l'usage, parce qu'ils voudraient conserver leur puissance; mais ces tas de calotins n'en ont pas pour longtemps, qu'ils profitent de leur reste, etc.»*

J'étais renversé!... Le langage vulgaire, l'orgueil de cet homme sot et nul, méchant, haineux, vindicatif, ces doctrines *matérialistes* mises en opposition avec les enseignements *spiritualistes* de mon ami. Sa science, sa noblesse d'esprit et de sentiments, son dévouement à la cause de l'humanité, tout cela mis en parallèle avec les idées de ce sot paysan infatué de lui-même, tout me faisait penser que là n'était pas le salut, ni pour ma santé, ni pour mon esprit; aussi n'ai-je rien fait de ce qui m'avait été prescrit.

Quinze jours après, la jeune fille voyant que je n'avais pas répondu selon ce qui était convenu, envoya son père à la maison. Il avait fait ses huit lieues pour venir. Cette fois il fut un peu plus convenable; et plus tard, j'ai su que dans son sommeil, son enfant l'avait vigoureusement admonesté, et qu'elle lui avait dit: Va et fais ce que je t'ordonne; car je vois que je puis guérir ce jeune homme qui sera mon mari dans cinq ans.

Je dus commencer bien à regret le traitement auquel on me soumettait à nouveau, je cédais surtout aux instances de mes parents. Ma résistance était d'autant plus grande que pendant l'interruption de ma nouvelle médication, et sous le coup des dissertations magnétiques du père de Mlle Mélanie, j'avais écrit au docteur ce qui venait de se passer, et je lui avais rapporté les opinions d'icelui. Voici ce que mon ami me répondit (j'ai conservé également cette lettre) : « Je plains votre somnambule de vivre ainsi dans un état anormal qui portera *tôt ou tard* atteinte à sa santé. » (Hélas, bien bon ami... Vous n'aviez que trop raison;... et maintenant je la pleure !...) « Vivant dans une sphère magnétique, elle ne *voit* et n'*admet* des faits *occultes* que par l'intermédiaire du magnétisme. Si elle veut étudier cette question elle verra qu'il existe une science en dehors du magnétisme, dont celui-ci n'est que l'a, b, c, d.

Le fluide magnétique n'est pas le fluide vital, il n'est que la conséquence de la vie. J'en conclus que le magnétisme ne peut *rendre la vie*, IL N'EUT PAS ARRACHÉ LAZARE AU TOMBEAU. *Vivifier*, *animer* est tout différent que *mobiliser*, *se servir de ce qui est*. Il y a trois degrés de leviers en mécanique, premier, deuxième, troisième ; il en est de même dans les forces de l'esprit, attraper le troisième où il n'y a plus de magnétisme et où il existe cependant, là est la difficulté que j'ai vaincue. »

Ce langage empreint de la science grande et belle me faisait juger que mon ami seul avait raison, et le souvenir de ses cures corroborait cette opinion. Mais un fait existait malheureusement : son impuissance *actuelle* pour me guérir !... Que devais-je faire ?... A cette question ma raison me répondait : *étudie*, *prie* et *attends*. Néanmoins, il m'était bien cruel de descendre des hauteurs où mon bon docteur m'avait élevé ; et je m'attristais et me demandais s'il serait bien vrai qu'au lieu de recevoir *la vie* directement de l'esprit, je serais obligé de la puiser dans la matière, c'est-à-dire dans les réactions des médicaments sur le corps !... Je ne disposais que de ce moyen, il fallait bien s'y résigner !... Néanmoins, après trois jours d'essai de ma médication, emporté par mes réflexions, le cœur brisé par les oppositions en face desquelles mon esprit se trouvait, j'abandonnai tout remède !... Il s'ensuivit une nouvelle lacune dans le traitement ; mais Mlle Mélanie, voyant mes résistances, conclut qu'il n'y avait qu'un moyen pour les vaincre, c'était de venir avec son père présider elle-même à la direction de son œuvre : elle le fit.

Malgré une soumission relative à ce qui m'était prescrit, le mieux vint progressivement ; mais mon esprit restait toujours errant dans le dédale où les événements l'avaient lancé. Pendant les trois mois que dura mon traitement, j'avais eu plusieurs fois l'occasion d'interroger la jeune fille pendant son sommeil, voici à quoi se réduisent mes renseignements : « Votre docteur a fait fausse route, c'est tout ce que je puis vous dire. Il ne faut plus penser à lui et surtout ne plus l'aimer et son influence disparaîtra. Je ne puis voir *à présent* sa vie mystique, n'y pensez plus vous-même. Tout n'est pas matière dans le magnétisme, puisque je vois mon saint ange à mes côtés quand je dors et il est toujours là durant mes veilles. Vous savez combien je suis pieuse, et combien j'aime la sainte Vierge, je vous en conjure, ne pensez plus à votre ami, ne songez qu'à vous soigner pour ôter le poison qui est dans votre sang. » (Elle avait vu chez moi un empoisonnement par les vapeurs de cuivre.)

Quant à son père, c'est le premier sorcier que j'aie connu. Cet homme ne pensait qu'à faire le mal, il était le désespoir de sa fille en attendant qu'il en devînt le bourreau, ce qui s'est fait plus tard. « Mon père me désole, me disait-elle souvent, il a connu de mauvaises gens à Lyon qui lui ont indiqué des livres de sorcellerie, je les ai brûlés plusieurs fois, mais il en rachète d'autres aussitôt. Sitôt que quelqu'un le blesse ou le contrarie, vite il cherche quel sort il va leur jeter ; et le malheur, c'est que ça réussit !... Je prie beaucoup pour lui ; mais rien ne le change, il est trop méchant. »

Les rapports qui s'étaient établis entre Mlle Mélanie et moi durant ma cure avaient fait naître en nous un mutuel amour. Comme il était démontré que ma santé s'opposait à la carrière que j'avais choisie, je résolus d'étudier la médecine afin d'épouser cette jeune fille, car outre nos sentiments respectifs qui me dictaient cette résolution, j'entrevoyais la possibilité de débrouiller ces questions du magnétisme et de l'esprit dans lesquelles la fatalité m'avait poussé, et j'entrevoyais comme conséquence de cette conquête un grand bien pour la société. Je sacrifiai donc *tout* pour atteindre ce but.

Je dis que je sacrifiai tout, et cela peut sembler illogique. On jugera autrement si j'avertis que j'eus les plus vives résistances à vaincre chez mes parents et dans toute ma famille. On admirait les facultés de Mlle Mélanie et on l'aimait; mais on raisonnait en gens prévoyants, et on m'objectait : Cette jeune fille peut mourir une fois ton épouse, et cela avant que tu aies réalisé les recherches dont tu parles. De plus, tu bâtis ton avenir médical sur ses facultés, et si elles te font défaut, il ne te restera rien si ce n'est la dépense énorme que tu vas faire pour tes études et pour ton établissement qui sera plus ou moins difficile selon que tu réussiras dans ce nouveau genre de médecine. Tandis que si tu veux entrer dans le commerce à Lyon, tes oncles pourraient t'associer, tu trouveras de riches partis, et tu seras heureux, exempt des travaux que tu veux embrasser. Je dois ajouter enfin que ces idées de riches partis n'étaient pas des chimères, car il s'en présentait dans notre pays, et on m'en a offert plusieurs à Lyon, où j'ai commencé mes études.

Ma foi en Dieu était telle que si l'on eût mis devant moi tous les trésors de la terre, on ne m'eût pas empêché de réaliser le plan que j'avais conçu : Dieu a voulu ce qui s'est fait, me disais-je, il a conduit les événements comme par la main; donc il veut ce qu'il m'inspire et je dois lui obéir. Armé de cette foi je marchai ferme en avant, et c'est cette même foi qui m'a soutenu dans mes luttes, c'est elle qui me soutient encore.

Mais c'est assez parler de moi; si j'ai laissé courir ma plume sur ce sujet, c'est que je pensais qu'il était bon de me faire connaître quelque peu, afin que le lecteur juge les prémices de l'ouvrage que je lui présente aujourd'hui, c'est-à-dire : *comment j'ai connu les forces spirituelles, de quelle façon j'ai été mis en présence du magnétisme, et d'où est venue ma carrière médicale.*

Mes véritables études sur le magnétisme et l'esprit n'ont commencé qu'à mon mariage ; malgré toutes les recherches que j'avais faites, en l'attendant, chez toute la gent magnétique. Somnambules et magnétiseurs n'avaient rien su m'apprendre autre chose, si ce n'est qu'ils magnétisaient parce que c'est une faculté inhérente *au corps humain.*

Quant à moi, fervent chrétien et nourri des Écritures saintes et de la parole de vie des saints évangiles, je ne voulais croire qu'à *l'Esprit*; et je me disais toujours que le docteur seul avait raison. Je ne trouvais nulle part dans les livres Saints rien qui eût trait *au magnétisme*, tandis que partout il est question de *l'Esprit de Dieu* ou des démons. Je me rattachais surtout aux paroles de l'épître de saint Paul aux Corinthiens, chap. XII, qui est relatif aux divers dons de l'Esprit-Saint. En conséquence, je m'efforçais de mériter par mes efforts dans le bien et par ma soumission à la volonté divine au milieu de mes épreuves, la faveur des dons promis aux fidèles. Je l'avouerai, le don des miracles était l'objet de mes prières, de mes aspirations; mais Dieu me l'a sans cesse refusé!... Sans doute, il a jugé que je ne le méritais pas; et d'autre part, il est un don trop dangereux pour l'homme, en ce sens, qu'on risque de devenir orgueilleux à la vue des œuvres que l'on opère; tandis que Dieu opère *Lui seul* les miracles si on le prie avec ferveur, ce qui fait que *le médecin panse et c'est Dieu qui guérit.*

Avant de parler de mes travaux et des conclusions que j'en ai tirées, il est bon que nous jetions un coup d'œil rapide sur ce qui se passait en dehors *de moi*, relativement à la question du magnétisme, soit pendant que j'étais dans le Jura, soit plus tard.

« Dès le principe, nous dit Deleuze dans son premier volume de l'Histoire critique du magnétisme, il s'est formé trois écoles relativement à la doctrine de *Monsieur* Mesmer : celle de Mesmer, celle de M. de Puységur, et celle des spiritualistes. Ces trois écoles diffèrent pour les théories et pour les procédés. On peut les comparer aux trois principales écoles de philosophie : 1° celle de Mesmer est le matérialisme d'Épicure ; 2° celle de Puységur est uniquement établie *sur l'observation.* » (Cela correspond, on le voit, à la philosophie d'Aristote, reprise par Bacon et ses successeurs.) Enfin, celle des spiritualistes qui a eu beaucoup de partisans à Lyon, en Prusse et en Allemagne, rappelle la philosophie platonicienne. Ces derniers croient que les phénomènes sont produits *par l'âme*, et que l'action physique est presque inutile.

M. de Puységur, tout en admettant que l'âme intervient par la puissance de la volonté, reconnaît une action physique *que l'expérience seule fait connaître.* Cette doctrine rejette toute idée de participation de la part des êtres surnaturels.

Nous lisons à ce propos, page 260, que dans le dix-septième siècle les controverses occupaient tous les esprits, mais que la philosophie du siècle suivant en a fait sentir le vide, qu'en cela elle a rendu un service essentiel pour faire découvrir les vérités indépendantes de celles qui sont connues par l'observation des objets extérieurs. Si on l'a fait pour les systèmes religieux anciens et pour les modernes, c'est que ceux-ci reposent sur des idées empruntées au christianisme, et que M. de Voltaire, qui a exercé une grande influence sur l'esprit de son siècle, *a versé le ridicule sur les discussions relatives aux dogmes de la religion chrétienne.*

Deleuze était de l'école Puységurienne ; aussi le christianisme lui apparaissait-il comme une sottise que le magnétisme allait achever d'anéantir. Ainsi ont pensé tous ses successeurs qui sont devenus par ce fait les apôtres de l'ANTE-CHRIST. Deleuze et Puységur ont été les maîtres de M. Dupotet qui les a dépassés dans cette voie comme nous le verrons dans un instant.

Deleuze étudie longuement les idées métaphysiques des spiritualistes ; il admet, jusqu'à un certain point, que l'âme étant immortelle et survivant au corps, il s'ensuit qu'elle peut *sentir* et *penser* sans le secours du corps. Puisque l'âme existe après la mort, il peut exister d'autres substances de même nature qu'elle, ce qui laisserait admettre qu'il y a des esprits qui ne sont pas liés à des corps. Il ajoute : « En supposant Dieu esprit pur, on doit penser *qu'il ne s'est pas borné* à créer des esprits liés pour un temps à un corps, on peut même présumer qu'il a mis dans la création du monde spirituel la même gradation, la même variété que dans celle du monde matériel, et qu'il y a plusieurs classes d'êtres, *tous infiniment au-dessous de Lui*, mais cependant *intermédiaires* entre Lui et l'homme. »

Deleuze continue : « L'existence des esprits, une fois admise, doit-on croire qu'ils puissent entrer en communication avec les hommes? *Je réponds que je n'en sais rien.* » Puis il discute le pour et le contre et dit : « Il est *des opérations magiques* au moyen desquelles certaines personnes prétendent avoir communiqué avec les esprits dont elles disent avoir rendu témoins des gens qui ne croyaient pas.

« Pour savoir à quoi s'en tenir, il faudrait discuter la vérité des relations qui ont été données, etc.

« Autre question : Si cette communication peut exister est-elle ou non dépendante de la volonté de l'homme?

« Cette question, comme la précédente, répond Deleuze, ne peut être décidée que par l'examen des faits ; rien *à priori* ne conduit à admettre l'affirmative. »

« Les êtres avec lesquels ont peut entrer en communication sont-ils *bons* ou *méchants, véridiques* ou *menteurs?* Si on admet ce principe, il s'ensuivrait qu'il y aurait *une magie criminelle* qui consiste avec la communication des esprits méchants, et *une magie pure et sainte* qui consiste dans la communication avec les bons. » Sous ce point de vue, Deleuze ne prétend décider aucune de ces questions, tout en avouant que les objections faites contre ces opinions lui ont paru extrêmement faibles; car toutes annoncent l'ignorance de la théorie.

Nous ne suivrons pas davantage Deleuze dans ces sujets, sa conclusion l'a laissé *magnétiseur expérimentateur;* mais nous devons, avant d'aller plus loin, répondre à la question qu'il posait : Les êtres avec lesquels on peut entrer en communication, sont-ils *bons* ou *méchants*, *véridiques* ou *menteurs?* Nous trouverons notre réponse en nous posant une autre question :

QU'EST-CE QUE LE MAL?

Dans l'Inde où la magie est née, les mages représentaient *le bien* et *le mal* par *deux Génies* qu'ils croyaient être les *principes essentiels* des choses : *Ormuzd* était le génie du bien; *Ahrimann*, celui du mal.

Les Egyptiens qui avaient adopté la philosophie des mages, et pénétré dans leurs connaissances des sciences occultes ou *magie*, enseignaient aussi ces *deux principes* des choses; mais ils les désignaient par les noms *d'Isis*, pour le génie du bien, *d'Osiris*, pour celui du mal.

Le second Zoroastre, si célèbre en Perse, enseigne, au contraire, l'existence *d'un seul principe* des choses : DIEU, souveraine perfection, souverain beau, souverain bien, souverain juste, auquel les deux génies Ormuzd et Ahrimann, étaient soumis.

Au milieu de ces conjectures, l'Esprit divin éclaira

Moïse sur la véritable *origine* et sur la véritable *nature* du mal. C'est à Moïse, c'est aux Écritures saintes que l'on est obligé de se rallier quand on a bien étudié cette question.

Manès, nommé aussi Manichée, qui fonda, au IIIe siècle de l'ère chrétienne, l'école philosophique des manichéens, école que saint Augustin a si bien combattue, après avoir été presque un de ses partisans, Manès, dis-je, revint aux doctrines des mages sur la nature du bien et du mal. Il se prétendait en outre *le Paraclet* ou l'Esprit consolateur promis par notre divin Sauveur! A saint Athanase a été réservée la glorieuse mission de renverser ce fourbe orgueilleux, qu'il ne tarda pas de convaincre d'imposture; et celui qui se présentait comme étant *l'Esprit-Saint*, mourut écorché vivant, à l'aide de roseaux aiguisés, parce qu'il n'avait pas guéri miraculeusement le fils du roi de Perse, Beheram, selon qu'il l'avait promis.

Plus tard, d'autres philosophes nièrent l'existence du mal, en tant que *vivant*.

L'athéisme niant Dieu, nie également *le mal*. Mais ce qui est plus grave, c'est que de nos jours la plupart des philosophes spiritualistes refusent d'admettre *une puissance* du mal. Dieu étant la toute-puissance, raisonnent-ils, le mal *individualisé*, *personnifié* ne peut et ne doit exister.

J'ai longtemps pensé ainsi; mais *les événements*,

ces grands instituteurs de l'homme, l'étude plus approfondie et *les faits* dont j'ai été le témoin, m'ont bien obligé à reconnaître l'existence des génies infernaux ou *démons* dont le prince est SATAN. Avec plus d'études encore, je compris que si Dieu permet aux démons de persécuter les hommes, *c'est pour notre plus grand bien;* car c'est en vertu de nos combats contre le mal et des victoires que nous aurons remportées, que nous *mériterons* la gloire céleste qui est notre *fin dernière.*

Bien des personnes seront tentées de rire à ces aveux, je les plains et je prie Dieu de les éclairer; aussi répéterai-je ce que M. le comte de Mirville a dit en commençant son remarquable ouvrage : LES ESPRITS. « *La plus grande ruse de Satan, de l'esprit du mal,* C'EST DE SE FAIRE NIER; *car l'homme ne se méfie plus de ses perfides manœuvres, de ses cruelles influences, alors il se laisse prendre toutes les fois dans les pièges qui lui sont tendus.* »

En effet, si l'homme qui traverse une forêt pendant la nuit est averti qu'il y a des voleurs, il s'armera pour se défendre, et sortira sain et sauf du danger. Tandis que s'il est sans méfiance, s'il n'est pas armé et qu'il soit attaqué à l'improviste, il sera infailliblement dévalisé, tué peut-être.

Enfin, nier Satan, c'est détruire le christianisme; et M. de Voltaire le jugeant ainsi a dit un des premiers : *Pas de Satan, pas de Christ.* Voilà pourquoi les ennemis de l'Église s'efforcent d'anéantir la foi aux génies du mal, voilà pourquoi ils proclament que l'idée du diable n'est plus capable d'épouvanter même les enfants.

Examinons qui de nous est dans le vrai. J'ai dit que Moïse et les Écritures saintes, Isaïe entre autres, nous ont appris la véritable origine du mal, en nous révélant *la chute de Lucifer et de ses anges.*

Cette chute a-t-elle eu lieu?... Est-elle possible?.. Raisonnons :

La logique nous dit d'abord que *le mal* ne peut être coéternel à Dieu; s'il en est ainsi, le mal est donc la conséquence d'un accident qui a eu lieu dans le temps, accident qui, ayant eu un commencement, doit avoir une fin.

Eh bien, l'accident s'est produit; *il a été la révolte de Lucifer contre la volonté divine.*

Mais, nous demanderons-nous encore, le mal existait-il avant cette révolte?

Évidemment, mais non à l'état de *personnification.* Il était dans le principe *un mode, un état de choses, une manière d'être, une imperfection;* car en dehors de Dieu, qui seul est parfait, les êtres même les plus rapprochés de sa grandeur divine n'avaient qu'une perfection *relative.*

En conséquence, les natures imparfaites, *toutes les créatures en un mot,* ne peuvent rester dans le bien qu'à la condition *expresse* de recevoir la lumière divine, par leur soumission *aux lois* et *à la volonté* du Tout-Puissant.

Or, toute tentative de *désobéissance* aux lois harmoniques et mathématiques qui règlent le monde moral comme les mondes physiques, tout effort vers *la libre pensée*, faisant sortir les êtres de ces lois harmoniques, ce qui les prive de lumière divine, il doit résulter *forcément* d'un tel acte : UNE CHUTE !

La chute des anges a donc été possible, jugeons-nous d'après la logique ; et de ce jour le mal a été *personnifié*. Bien plus, nous comprenons que la personnification du mal est née *d'une volonté* qui était le fait de l'état de *liberté relative*, dans lequel vivaient ces anges. Je dis liberté relative, parce que les anges jouissaient de la liberté de *se soumettre* ou de ne pas *se soumettre* aux lois divines ; c'est là toute la liberté possible pour les créatures supérieures, comme pour nous, puisque pour être heureux, il faut obéir aux lois établies de toute éternité, et existant en Dieu lui-même. Voilà pourquoi je disais que la liberté, comme on l'entend, est un *mensonge* dont Satan est le père, car sa liberté est née *de la révolte* qui a précédé sa chute; sa liberté c'est *la désobéissance !* C'est LA RÉVOLUTION ! Satan est aussi le père de *la libre pensée*, puisqu'il n'a plus voulu penser comme Dieu ; et si nous jetons un coup d'œil sur notre société, nous voyons que c'est Satan qui veut régner en poussant les hommes vers la libre pensée et vers la révolution.

Le mal, disons-nous, est le fait d'une volonté née de l'état de liberté relative des anges. C'est aussi l'opinion de Lamennais : « Le mal, dit-il, ne peut avoir *d'autre origine* que la volonté, à la fois efficace et désharmonique, d'un être à la fois *pensant* et *libre*. Car, où n'est pas la *liberté*, là est la *nécessité*, la *fatalité* des lois éternelles qui ne sauraient résister à elles-mêmes.

La liberté seule explique la personnification du mal, et le mal prouve la liberté. Le mal dans le monde physique ne peut être qu'*une suite, un effet du mal moral.* »

Si nous nous souvenons des raisonnements qui ont fait admettre par Deleuze la possibilité de l'existence des mondes spirituels, nous comprendrons sans peine qu'ils ont dû être créés bien antérieurement à notre *bas monde*. En effet, interrogeant quel est l'ordre qui a pu être suivi par le créateur dans ses créations, la logique nous répond qu'il a dû commencer par les êtres les plus importants, parce qu'ils étaient *plus nécessaires*. Ainsi fait le mécanicien qui commence la construction d'une machine par les pièces les plus essentielles, pour arriver ensuite à celles de moindre importance.

En conséquence, le *Verbe de Dieu* a dû créer en premier lieu *les esprits* nommés *anges*, mot qui signifie *messagers*, afin de les employer ensuite comme auxiliaires dans la direction des choses de détail.

La création des anges a donc précédé celle de l'homme d'un temps incommensurable pour notre pensée.

Si d'autre part nous réfléchissons que Dieu, ne pouvant rester *inactif*, a dû créer de toute éternité des univers, et que les habitants de ces univers sont, d'après le spiritisme et M. Camille Flammarion eux-mêmes, tous supérieurs à nous, nous arrivons à cette conclusion : *Que le mal a dû, en raison de la liberté des créatures antérieures à l'homme, être personnifié dans des êtres spirituels dont l'Église nous a enseigné l'histoire, qu'il existe bien réellement des démons qui, jaloux et envieux du bien des autres créatures, n'ont d'autre désir et d'autre but que de les rendre participantes de leur malheur.*

Ne voyons-nous pas chaque jour autour de nous les méchants agir de même? Ils ne sont heureux que s'ils ont fait du mal à leur prochain. Ils sont envieux et jaloux et ragent s'ils voient le bonheur d'autrui. Ne nous prouvent-ils pas *la personnification* du mal? Et je répète : Oui! les démons existent, et ils ne sont niés que par ceux qui trouvent leur intérêt dans cette négation, ou par ceux qui ont une instruction superficielle.

Quant aux esprits du bien, ils existent également, ils sont ceux qui sont demeurés fidèles à Dieu, et ils restent ses zélés serviteurs toujours empressés à nous secourir, à nous protéger, *même quand nous ne les appelons pas à notre aide.* L'amour du bien dépasse en eux les ardeurs que les démons apportent dans leurs œuvres ténébreuses.

Nous ajouterons que les esprits bons et les mauvais peuvent se communiquer à l'homme, nous en verrons bientôt de nouvelles preuves et nous répondrons à Deleuze : Oui, il existe une magie criminelle née des esprits de mensonge, elle n'a qu'un simple nom : LA MAGIE. Il y a d'autre part une magie sainte, seule vraie, seule infaillible, elle se nomme L'ÉGLISE CATHOLIQUE, APOSTOLIQUE ET ROMAINE.

Nous comprenons qu'il était nécessaire que j'esquisse la question relative à l'existence des démons parce qu'ils jouent le rôle *essentiel* dans ce qui a été baptisé du nom de magnétisme. Cela nous permet de reprendre plus intelligemment notre examen des doctrines magnétiques, résumées dans celle qui fait loi chez *les prétendues* sociétés du magnétisme, je veux dire celle du magicien Dupotet.

En 1837, dans son cours en sept leçons, M. Dupotet professe la matérialité de la force magnétique. Nous lisons, p. 63 : « Lorsqu'on sait que l'on possède *en soi* la faculté magnétique, et que l'on est déterminé à la mettre en jeu, on ne tarde pas à en voir naître les effets. »

On le voit, c'est la doctrine mesmérienne, celle de Puységur et de Deleuze dans toute sa pureté !

Nous retrouvons le même enseignement dans son cours de magnétisme à Besançon, 1840.

Après avoir étalé ses exploits magnétiques à l'Hôtel-Dieu, à la Salpêtrière, à la Charité, il s'étonne qu'après cela on se montre si tiède et si récalcitrant envers le magnétisme ! Puis il répète, p. 55 : *Le magnétisme n'est le privilège de* PERSONNE, *nous le possédons tous ; étant le résultat de notre organisme, la mort seule peut nous en priver.*

Il avait pris le soin, avant cette déclaration, de faire patte de velours en disant, p. 45 : « Messieurs, la pratique du magnétisme nous dispose à la philosophie, *non cette philosophie orgueilleuse qui veut dominer l'opinion* (lisez la religion), mais cette philosophie *douce* et *tranquille* qui rapproche les hommes !

Hypocrisie ! cela n'est pas dans votre caractère, vous qui avez l'esprit *dominateur* par excellence, vous qui vous dites supérieur à tous les hommes, qui me disiez *à moi :* Je m'étonne que les magnétiseurs que j'ai instruits n'aient rien su trouver en dehors de ce que je leur ai révélé ! tandis que MOI *personne ne m'a instruit*, et tout ce que j'ai acquis est DE MOI ! — Nullement, monsieur le magicien, tout ce que vous savez n'est pas *de vous*, mais des démons qui vous ont guidé ; et vous l'avez avoué à la fin de votre livre sur *la philosophie du magnétisme* quand vous dites : *Tout ce que je viens d'écrire m'a été dicté par un esprit.*

Déjà en 1820, en 1826, vous aviez proclamé la matérialité des phénomènes magnétiques; vous protestiez dans vos conférences du passage Dauphine contre *les magnétistes qui avaient fait du tort à la science nouvelle en mêlant trop le merveilleux à leurs récits.* (*Magie dévoilée*, p. 29.)

Pour vous, c'était la science pure et simple que vous présentiez, et vous disiez, p. 32 : « *La science! mais elle est cachée* EN MOI, *puisque je réalise sous vos yeux les prodiges de l'antiquité, et que mes doigts semblent tenir une* BAGUETTE MAGIQUE ; et vous ajoutiez : *Toutes les guérisons miraculeuses n'ont d'autre cause que* LE MAGNÉTISME. »

Vous avez tellement peur que l'on soupçonne *le surnaturel* en vous que vous protestiez contre Deleuze parce qu'il était arrivé à dire que l'homme, composé d'un corps et d'une âme, devait son action magnétique à une triple cause : *Action physique, action de l'âme, action mixte.* Cette assertion, disiez-vous, *est nuisible* en ce que plusieurs magnétiseurs partent de là pour se croire capables de faire des miracles; et si vous parlez de magnétisme animal à ces gens-là, ils sourient de pitié. » (Cours de magnétisme à Besançon, p. 279, 1840.)

Dans ce même cours vous vous récriez contre ceux qui prétendent que le magnétisme doit ramener la superstition (lisez *le surnaturel*), et vous vous empressez de rassurer contre les sorciers en disant, p. 307 : *Les magnétiseurs ne sont pas plus à redouter avec le magnétisme que les médecins avec leurs ordonnances.*

Plus loin, p. 308, nous lisons : Quand on vous parle de certains hommes qui ont la réputation de faire des miracles, vous vous rappellerez la fable des bâtons flottants. *Vous éloignerez tout* le merveilleux et toutes les erreurs attribuées au magnétisme, *parce qu'elles sont le produit de l'imagination et non de la nature.*

Enfin, pour mieux affirmer *la naturalité* du magnétisme, M. Dupotet termine, p. 550 : « Plusieurs magnétiseurs *s'imaginent* avoir des *vertus* plus étendues, des facultés magnétiques plus développées que chez le reste des hommes ; *cette façon de voir ramènerait bientôt parmi vous ces croyances absurdes en un pouvoir occulte, croyances qui ont conduit au bûcher une foule de malheureux humains qui n'avaient d'autre tort que d'avoir reconnu une faculté* QUE NOUS AYONS TOUS. »

Je ne puis trop insister sur la reproduction de ces

doctrines qui matérialisent la force magnétique, elles serviront de leçon à ceux qui ne les ont pas dépassées, surtout quand ils verront que le baron Dupotet *lui-même* a dû faire néant de tout ce bagage.

En 1845, M. Dupotet commença à faire paraître son journal du magnétisme ; et après s'être lamenté selon son habitude sur les rebuffades qu'il recevait des corps savants, il se console en pensant que le magnétisme court le monde déjà, et qu'il fera des magnétiseurs éclairés sur la force *que leur organisation recèle.* (P. 8.)

Page 22, il corrobore son enseignement matérialiste sur la force magnétique : « Il existe *une force physique* qu'on appelle magnétisme. Me prenant moi-même pour une *machine magnétique, et en vertu des propriétés que je possède*, je produis *quand je veux* et devant les incrédules les phénomènes qui suivent. »

Après avoir vainement porté sa force magnétique à Londres et à Saint-Pétersbourg, le noble baron, toujours furieux que la société récuse des faits que lui-même ne connaît pas, déverse son fiel sur les prêtres catholiques (tome II, p. 59). « Et vous prêtres, vous avez effacé les traditions sacrées à force de les corriger. *Aucun de vous* ne peut lire le texte primitif. Jésus avait dit : « Bienheureux ceux qui croient en moi, car ils poseront les mains sur les malades et les malades seront guéris! Si vous croyez en lui, faites donc ce qu'il faisait! Vous avez la force, pourquoi n'agissez-vous pas?... Non, vous ne le pouvez plus. »

Mon Dieu, Monsieur le baron, auraient pu répondre ces bons prêtres, veuillez donc nous montrer les textes où Jésus a expliqué sa force magnétique! Quand a-t-il dit que chacun la possédait? Quand a-t-il professé l'art de magnétiser? Vous ne les trouvez pas, Monsieur le baron?... En effet, Jésus a enseigné qu'il guérissait en vertu de sa parole *créatrice*, étant le Verbe divin, le fils de Dieu. Il a enseigné l'existence des démons qu'il chassait par la vertu de l'Esprit-Saint; mais nulle part dans les saints Évangiles il n'est question *qu'il ait été*, *comme vous*, une *machine magnétique. L'esprit*, toujours *l'esprit*, voilà ce que Jésus prêchait et non le magnétisme!

Il fallait réellement que M. Dupotet eût l'esprit égaré pour écrire de pareilles choses; mais ce n'est pas tout, car je cueille encore ce joli bouquet (tome III, 1846, page 17) : « Nous savons trop à quelles passions obéissent les hommes séparés de la société, pour être confiants; *nous connaissons la moralité des médecins, et celle des Jésuites nous est suspecte.*

Et que vous avaient fait ces malheureux médecins et ces pauvres Jésuites pour les traiter de la sorte, cher baron? Ah! oui, ils avaient discuté des faits qu'ils ne pouvaient accepter tels que vous les présentiez!... Mais ces petits mots sont des gracieusetés eu égard à toutes les insultes que vous adressez aux médecins dans votre préface de l'Étudiant magnétiseur. *Beati pauperes spiritu!*

En 1847, dans le 4e volume de son journal, page 151, le noble magnétiseur se décide enfin à confesser sa croyance à la magie : « Lorsque nous avons parlé de magie, nous en admettions l'existence; convaincu que *sa source était dans le magnétisme,* comme toutes les merveilles du monde ont leurs causes dans des *agents* ou des *forces* qui s'y trouvent; *il n'est donc pas besoin de recourir à des interventions* DIABOLIQUES *ou* DIVINES *pour expliquer les phénomènes.* »

Hélas! cher baron, voilà ce que je m'efforce à faire comprendre ici ; à savoir, que Mesmer dissimulait la magie derrière le magnétiseur que seulement il présentait; il n'est donc pas étonnant que vous retrouviez la magie derrière le magnétiseur en remontant à la source!

Seulement, honoré baron, vous faites ici patte de velours pour mieux attraper les souris qui étaient autour de vous, quand vous avertissez que pour expliquer vos œuvres magiques il n'était besoin de recourir aux interventions diaboliques; car, à cette époque et dès le début de votre carrière, vous connaissiez que l'*Esprit seul* commande à la matière, et *malgré vous* vous l'avouez plus tard.

Continuons notre examen, nous verrons qu'il ne manque pas d'intérêt. Dans ce même journal, page 181, l'honorable M. Dupotet se pose plus carrément encore : « Sans nous inquiéter en rien des opinions diverses relatives à notre travail, nous dirons ici clairement, sans ambiguité : « NOUS CROYONS A LA MAGIE », et pour appuyer notre croyance et la justifier, nous donnerons la série d'expériences curieuses, etc. »

Parmi ces expériences curieuses, je n'en cite qu'une seule, c'est *le miroir magique.* Ce miroir consiste en un cercle plus ou moins étendu, tracé sur le parquet avec du charbon. On badigeonne avec le charbon *tout* l'intérieur de ce cercle, et le magicien commence *ses évocations* : « Nous voulons que *les esprits animaux*, conjure-t-il, soient fixés dans cet espace et y demeurent enfermés, qu'ils y appellent *les esprits ambiants* et *semblables*, etc. »

La conséquence de ce sortilège est de culbuter, de catalepsier, ou de mettre en extase les individus qui s'approchent de ce miroir magique. Ces expériences ont été faites en public, et *les faits* ont corroboré les promesses du sorcier. Une dame âgée, la mère d'une de mes clientes, qui a été témoin du fait en question, me disait : « *Votre Dupotet n'est autre qu'un Cagliostro !* » Elle ne pensait pas si bien dire! car notre magicien savait pertinemment que les esprits qu'il invoquait n'étaient nullement des esprits animaux, mais de *vrais esprits* de sa connaissance. Nous le prouverons bientôt.

Page 188 nous lisons : « Les prêtres d'Isis connaissaient donc l'existence du *principe magnétique*, et s'en servaient pour opérer leurs prodiges. »

Mais certainement !.. gracieux baron, et vous saviez bien qu'au lieu de nommer cet agent *magnétisme*, les sorciers de Pharaon le désignaient par le vocable : *Lumière astrale!* Vous étiez déjà trop versé dans la connaissance des arts magiques à ce moment pour faire l'étonné ! Mais le Père de la magie était celui du mensonge, vous lui resterez fidèle en vrai serviteur que vous êtes.

Je ne vous suivrai pas davantage dans votre journal du magnétisme. Puisque vous avez avoué votre vrai titre de magicien, nous allons consulter votre livre sur *la Magie dévoilée* que vous n'avez pas du tout dévoilée. C'est toujours le système de l'esprit qui vous a guidé, c'est-à-dire, donner à une chose un faux nom, un faux titre, afin de mieux duper ceux qui s'y frottent. Témoin le magicien Mesmer et ses œuvres !...

Je vais faire, le plus brièvement possible, l'analyse de l'ouvrage en question ; mon livre, que je désirais *tout petit*, va finir par être trop volumineux, et j'y perdrai. Patience donc, ami lecteur, et veuillez me pardonner. J'ai fait tous mes efforts pour être bref; mais il y a tant à dire sur tous les sujets que j'ai abordés, qu'il m'eût fallu plusieurs volumes!... Alors je n'aurais pas été lu par les personnes auxquelles je destine cet écrit.

La préface commence par une évocation à la force magique, page 2 : « Bruit sans voix et sans parole, écho singulier et mystérieux, force puissante, *invincible*, universelle. D'où viens-tu? *Source du bien et du mal*, d'où viens-tu? »

Permettez, cher baron, comment cette force est-elle *la source* du bien et du mal? Je ne comprends pas bien cela, je vous en fais mes excuses! mais il me semble à moi qu'une source étant *un principe*, il est difficile au principe des choses d'être bon et mauvais *tout à la fois*. Je puis me tromper, c'est pourquoi je vais vous lire plus loin afin d'éclairer ma pauvre petite intelligence.

Page 3 : « De toi, empruntant son pouvoir, l'homme peut se dire LE ROI DE LA NATURE; n'est-il point son rival, puisqu'il peut *créer* et se faire *obéir?...* »

Voilà, gracieux baron, qui n'est pas à l'avantage du magicien, car cela rappelle les espérances que notre mère Ève a conçues lorsque votre ami, M. Satan, lui offrait le fruit de l'arbre de la science du bien et du mal. Ne lui a-t-il pas promis qu'elle serait comme Dieu, qu'elle pourrait créer?... D'autre part, le magicien devenant le roi de la nature, je me demande ce que va devenir le bon Dieu ; il n'aura certes plus qu'à se croiser les bras, ou bien à se soumettre à ce nouveau Roi de la nature, ce qui est aussi le rêve de M. Satan. Cette petite phrase est peu de chose, du reste, vis-à-vis des promesses qui sont faites au magicien, promesses que je rapporterai plus loin.

Page 3 : « Force magique, te voilà découverte!... En vain l'antiquité voulut te dérober à tous les yeux! Saisie par les penseurs, tu seras le fondement *d'une philosophie nouvelle,* qui s'appuiera sur les faits mystérieux contestés par la science actuelle! »

Mon Dieu oui!... mon bon baron, nous savons que votre rêve, votre but et celui de la secte dont vous êtes le pontife, travaille à renverser le catholicisme pour le remplacer par votre philosophie nouvelle : *Le magisme.* On crie contre le cléricalisme ; mais si vous deviez jamais régner, le peuple auquel vous promettez la liberté, verrait bientôt ce que serait votre cléricalisme *à vous.* Votre civilisation serait celle de l'Égypte, sous les Pharaons. Armés de votre puissance diabolique, vos prêtres tortureraient les consciences et les cœurs (ce que vous avouez tout à l'heure); si bien que la franc-maçonnerie, qui n'est autre que le magisme, et qui est l'inverse de la fraternité, puisque tous les partisans doivent obéir sous peine de mort, ferait sentir toute son autocratie!... Les peuples gémiront ; mais ce sera trop tard ! Que Dieu sauve la France de vos griffes mensongères !...

Vous chercherez sans doute à protester de votre innocence sur ces faits; mais je me souviens, j'ai gardé le toast porté par votre *alter ego*, M. Robillard, président *honoraire* de la société de magnétisme de Paris, lors du banquet de Mesmer, en mai 1872. On était venu me prendre après ma conférence; et j'ai dû assister au dessert de ce banquet maudit. Alors, M. Robillard, levant son verre, nous interpella : Messieurs, buvons à la religion scientifique universelle, au triomphe du magnétisme !... Or, votre religion scientifique, *c'est la magie;* et je le prouverai davantage par les écrits de votre confrère en magie : *Eliphas Lévi.*

Page 5. « Magie ! magie ! viens étonner et confondre tant d'esprits forts, gens pleins d'orgueil et de vanité. *Agir sur une âme, faire mouvoir le corps d'autrui, l'agiter comme fait l'aquilon du faible roseau, pénétrer dans un cerveau humain et en faire jaillir la pensée cachée, déterminer un tel mouvement dans les organes les plus profonds que tout ce qui s'y est accumulé d'images, apparaisse à la vue de l'esprit, rendre sensible ce travail, le montrer*, N'EST PLUS QU'UN JEU POUR NOUS ! *Nous devons mettre en fusion le métal humain et le pétrir à notre guise !...* »

Peuples !... voilà les prêtres qui vous attendent,

si vous n'ouvrez les yeux. Et croyez que ce qu'ils disent *ils le font*, j'en sais quelque chose par mes luttes contre eux !... Ils pétriront donc vos consciences à leur gré et vous feront mouvoir selon leurs besoins ou leurs caprices !... Dans mes conférences j'avais établi l'existence *du moi* humain ; et le baron me rencontrant après, me dit : *Le moi* n'existe pas et je le prouverai quand on voudra. Quand je suis en face d'un homme, je regarde *sa boîte* (sa tête), je vois ce qu'il y a dedans, et je me charge d'en faire tout autre chose si cela me plaît !...

Voilà la liberté !... Voilà ce qui est réservé aux peuples, si les magiciens prennent le dessus par la franc-maçonnerie dont bientôt je démontrerai l'origine magique.

M. le baron se fit ensuite une biographie dans laquelle il nous apprend que tout jeune il était le désespoir de ses parents, qui lui prédirent qu'il ne ferait jamais rien de bon !... Que voulez-vous?... les pères et mères sont souvent inspirés de Dieu !... Il avait, dans son adolescence, trouvé des livres de magie qu'il étudiait en cachette ; et il confesse (page 8) combien il avait été frappé par ce passage de Carnitol, *en ses Livres des portes de justice.* « Sachez qu'il y a une substance admirable dans le corps de l'homme appelée *Lux*, laquelle est toute sa force et sa vertu, voire sa racine et son fondement ; et quand il meurt, elle ne s'envole ni s'évanouit pour cela. Ainsi, quand même elle serait réduite en un tas dans le plus grand feu, elle ne serait ni brûlée, ni consommée. Elle ne serait non plus brisée dans une meule de moulin, ni concassée dans un mortier; mais elle est permanente à tout jamais, recevant même la volupté et les délices en l'homme juste après son décès, suivant ce qui est écrit en l'Ecclésiaste; etc... »

M. le baron raconte après cela, qu'ayant entendu parler des merveilles du magnétisme, il supposa qu'il pouvait bien être l'agent décrit par Carnitol. Alors il vint à Paris, où il arriva *juste* l'année de la mort de Mesmer, en 1815. *Quelque chose lui disait* qu'il possédait ce pouvoir occulte; pour la première fois de sa vie, annonce-t-il, je venais d'être *remué par un agent intérieur*, par *un feu* circulant dans mes veines, ayant la puissance de faire battre mon cœur.

Page 12. « Mais voyant mon *chétif individu*, je ne m'abusais point sur ma puissance. » Page 13. « J'étais pourtant *fier de mon petit savoir*, il était bien *à moi*, je ne le devais *à personne*, et *j'entendais une voix intérieure* qui me disait : Marche en avant, la cause que tu défends est celle de la justice et de la vérité. »

Vraiment, monsieur le baron, c'est trop de modestie, trop d'humilité !... Vous ne deviez votre savoir *à personne*, excepté à l'Esprit qui vous avait instruit, à *cette voix intérieure* qui vous poussait en avant! Toutes vos œuvres sont marquées du sceau de l'orgueil, et cela doit être puisque c'est le caractère de votre Génie. Dans votre même ouvrage ne dites-vous pas : Si j'avais su ces choses plus tôt, j'aurais été le *Roi des magnétiseurs*. Vous aimez beaucoup ceux qui vous saluent de ce titre, et je ne vous en félicite pas.

Page 47. « Le magnétisme devenait donc dans mes mains un instrument pouvant acquérir une précision presque rigoureuse; *enfin il eût été impossible à aucun des opérateurs de lutter avec moi!*

Cela se comprend, cher baron, car à ce moment vous en saviez plus long en magie que vous ne le laissiez voir. Vous étiez déjà sorcier aux trois quarts!...

Page 49. « Au moyen âge, *c'était le magnétisme*, cet agent de la nature, qui se révélait dans tous les faits attribués au diable. *C'était lui* qui était *le principe* et *la cause de la sorcellerie.* »

Rien n'est donc changé, honoré baron? car vous venez de nous apprendre que vous avez toujours supposé que le magnétisme vous conduisait à la magie, à la sorcellerie que vous avez conquise ainsi. Mais derrière votre force magique, il y a les Esprits dont vous avouez l'intervention, plus loin; ce qui vous oblige à convenir que les tribunaux destinés à punir les crimes de sorcellerie agissaient avec une parfaite connaissance *des causes*.

Page 49. « Viens, NATURE ! Réchauffe mon esprit, donne-moi la force et le courage ! Inspire-moi, NATURE, laisse-moi saisir ta loi, afin que MA VENGEANCE soit la tienne contre les corps savants. »

Que de jolies choses dans ce paragraphe !... C'est à tomber en extase vraiment !... Seulement je prends la liberté de demander à M. le baron pourquoi il invoque *la Nature?* — Qu'entend-il par cette parole ? Si la nature est l'assemblage des mondes, je ne suppose pas qu'ils répondent à l'appel de votre magique parole ?... Sous ce mot *nature*, votre pensée cache donc un autre nom ? — Vous n'êtes pas assez simple pour vous adresser à une chose privée de pensées ? Il est donc certain qu'intérieurement vous invoquiez *un être vivant.* Pourquoi alors ne l'invoquez-vous pas sous son vrai nom ?...

Et puis, entre nous soit dit confidentiellement, cher baron, vous laissez supposer que vous avez un abominable caractère quand vous priez *la nature* de vous VENGER des corps savants. D'abord c'est laid de se venger, ensuite il est difficile de comprendre les motifs de votre vengeance ; car il faut l'avouer, vous n'avez jamais présenté *la vérité* aux corps savants ; alors ils eussent été vos dupes s'ils s'étaient laissé prendre à vos discours ou à vos exploits. C'est donc parce qu'ils ont vu le bout de l'oreille de l'âne que vous avez une si grande soif de vengeance ?... Vraiment cela n'est pas juste !...

Page 51. (*Avertissement*). « Qui que tu sois, prends garde en lisant cet écrit ! Ne le médite point si ton caractère est indécis, souviens-toi qu'en raison de ce que tu agis sur les êtres au *moyen d'une force cachée*, il doit en résulter une sorte *d'engagement, de consentement* de ton esprit qui SERA LIÉ A LA CHOSE FAITE, et DONT IL NE POURRA SE DÉGAGER FACILEMENT. »

Quand j'ai dit précédemment la possibilité et la fréquence *des pactes* avec le démon, on a peut-être souri ? — Que dira-t-on à présent ? — Est-ce clair ce pacte auquel doit souscrire celui qui veut méditer et posséder les dogmes magiques ? On ne vous cache pas que l'on sera *lié* une fois la chose faite et qu'on ne s'en dégagera pas facilement. On doit se souvenir des paroles du docteur Thouvercy : Ne touchez pas au magnétisme !... Que l'on juge ce qu'il en coûte à présent que le magicien a parlé !!.....

Page 52. « Ce n'est point un fantôme que j'étale aux yeux du lecteur pour l'effrayer, on lui fera croire à des chimères, LA RÉALITÉ EST ICI. »

Page 102. « Je vais vous rendre supérieurs à vos grands docteurs et vous aurez pouvoir sur presque toutes les maladies. *C'est ainsi que Jésus* fut accusé de magie ; car il chassait le diable du corps humain, changeait l'eau en vin, ressuscitait les morts, enfin guérissait une foule d'incurables.

Serait-il donc défendu de chercher la cause de ces

merveilles ? Est-ce une grâce de Dieu accordée à ceux qu'il aime, ou bien est-ce UNE FORCE qui se trouve dans la nature comme l'électricité ? — Je suis enclin à penser *qu'en* NOUS-MÊMES existe cet agent. QUI SAIT SI L'ANTIQUITÉ NE SERA PAS DÉPASSÉE? »

Toujours de l'humilité, bien cher baron !... C'est trop en vérité. Mais un homme supérieur comme vous peut espérer sans orgueil surpasser l'antiquité ; seulement, dans cette antiquité, il s'y trouve notre bon Jésus, que vous venez de nommer pour sa honte !... Cela ne m'étonne pas *moi* qui sais que vous considérez notre divin Sauveur comme un confrère ; mais s'il est tel, pourquoi vous étonner que les Juifs l'aient accusé de magie, puisque c'est l'art magique que vous enseignez à présent, que vous avouez opérer les guérisons à l'aide de votre puissance magique ? Tout cela n'est pas logique !... Et puis, pourquoi interroger comme vous le faites, sur la nature de la force magique, puisque dans un instant vous donnerez le fin mot en enseignant *que les puissances magiques* sont *des Esprits ?* Vous croyez sans doute écrire encore vos premiers ouvrages où vous teniez à cacher ce secret ? Pourquoi continuer vos dissimulations à présent qu'elles ne vont plus être nécessaires ? — C'est une vilaine habitude dont il faudra chercher à vous corriger, honoré baron ; mais comme vous n'en avez pas encore fait l'essai, nous allons retrouver encore vos mêmes procédés.

Page 157 : AGENT MAGIQUE. « Il y a autour de nous, dans l'espace, un agent différent de toutes les forces connues. C'est lui qui fournit les éléments de notre vie, qui la soutient un temps et la reçoit lorsqu'elle se dégage de la matière. *Nos inspirations*, NOTRE INTELLIGENCE, *nos connaissances*, TOUT VIENT DE LA !

Halte-là, ô glorieux baron, et causons un peu !... J'ai démontré en effet que le fluide magnétique est universellement répandu, qu'il est *la matière dans son principe*, qu'il est notre force vitale, qu'il est l'intermédiaire destiné à unir l'esprit au corps, qu'il est le vêtement *essentiel* de l'âme, etc. *Voilà tout ce qu'il peut être* étant *un corps*. Il est vrai que vous avez pris le soin de le déclarer *intelligent;* mais l'esprit *seul* est intelligent, et vous le savez bien. Alors, en prétendant que ce fluide, *cet agent* est *la source* de notre intelligence, que TOUTES NOS FACULTÉS intellectuelles *viennent de lui*, ou vous commettez une erreur grossière, ou vous cherchez encore une fois à cacher ce que vous êtes obligé de dévoiler plus loin, à savoir : que pour nous cet agent n'est qu'une chose imaginaire cachant l'action des esprits QUI SEULS agissent sur les corps ?... Dans ce cas, ce n'est pas *de lui* que vient notre intelligence; mais de l'ESPRIT. Mais vous avez une telle crainte d'être connu dans votre vraie acception, que tant que vous le pouvez, vous déclarez que le *principe* de la force magique n'est autre qu'une force purement matérielle et *naturelle* dont l'emploi est du domaine DE LA SCIENCE et non du surnaturel. Témoin ce qui suit :

Page 162. « *J'ai senti* les atteintes de cette redoutable puissance un jour que j'étais entouré d'un grand nombre de personnes. Je faisais des expériences dirigées par des données nouvelles qui m'étaient *personnelles.* » (Lisez : par des données révélées par ses esprits.) « Cette force, UN AUTRE DIRAIT CE DÉMON, *évoquée par moi* agita tout mon être, il me sembla que le vide se faisait autour de moi, que j'étais entouré d'une vapeur légèrement colorée. *Tous mes sens paraissaient avoir doublé d'activité*, mes pieds se recourbaient dans leurs prisons, mon corps, *entraîné* par une sorte de tourbillon, était, malgré ma volonté, *contraint d'obéir et de fléchir*. D'autres êtres, *pleins de force*, qui s'étaient approchés du centre de mes opérations magiques, (pour parler en sorcier), furent plus rudement atteints. Il fallut les saisir à terre où ils se débattaient près de rendre l'âme. »

Voyons, monsieur le baron, à qui ferez-vous croire que vous adressiez *votre évocation* à une force *purement matérielle?...* Vous pensiez donc que nul ne réfléchirait et que tout le monde accepterait ce que vous dites comme une parole d'évangile? Tandis que l'on peut vous objecter : j'aurai beau faire une évocation à la chaleur, au froid, au vent, à la pluie, etc., tous ces éléments *matériels* se moqueront de l'évocation. D'autre part, étant donnée la connaissance de la propriété magnétique du corps humain, nous savons qu'il n'attirera le fluide qu'en raison du fer contenu dans le sang. Ce fluide ne se dérangera pas de sa route quand même vous l'appelleriez des noms les plus doux et les plus flatteurs!... Ce n'est donc pas *une force matérielle* que vous évoquiez, mais L'ESPRIT DE LA MAGIE. Cette évocation était dictée par le sentiment qui vous a toujours dominé : *l'ardent désir d'être supérieur à tous les hommes*, et cela se nomme *l'orgueil.* Aussi le démon de l'orgueil trouvant une âme qui *se donnait à lui*, s'est-il empressé de venir VOUS POSSÉDER! Voyez d'autre part, cher baron, combien il a mis de douceur dans son œuvre : vous êtes paralysé dans votre volonté, obligé de fléchir et d'obéir; enfin ceux qui vous entouraient et qui ont voulu s'approcher de vous ont été renversés, jetés à terre, près de rendre l'âme! Vraiment c'est édifiant, et cela ne ressemble guère à l'extase des saints. Vous me répondrez que saint Paul a été renversé sur le chemin de Damas? C'est vrai, mais il a été renversé par *la sortie* du démon de l'orgueil que Jésus venait de chasser ; tandis qu'au moment où l'Esprit-Saint est descendu sur les apôtres, ils l'ont reçu au milieu d'une sainte extase qui les embrasait de l'amour de Dieu. Votre possession à vous, monsieur le baron, ne ressemble pas trop à cela !...

Page 162. « *Le lien était fait!* LE PACTE consommé! *Une puissance* OCCULTE *venait de me prêter son secours, s'était soudée à la force qui m'était propre!* »

Douterez-vous encore de la possibilité du pacte, ami lecteur? Ce n'est pas moi qui l'affirme cette fois; et vous constatez que M. le baron, en nous apprenant comment a été signé son pacte, y met un accent convaincu. Puis si nous établissons un parallèle entre ce qui est arrivé à mon bon docteur Thouverey et la façon dont le baron est devenu *puissant*, nous retrouvons presque les mêmes accidents, avec cette différence que dans le premier cas ils ont porté principalement sur la somnambule. Mais les résultats ont été les mêmes: à partir de ce jour mon docteur a possédé la force de guérir miraculeusement. D'autre part, celui-ci n'avait pas fait d'évocation; mais l'esprit avait été *attiré* par sa sympathie pour *le sujet;* ce qui fait que le pacte n'ayant pas été immédiat de la part de mon ami, son génie l'a dû établir plus tard. Enfin, si nous comparons les aveux des deux héros de notre étude, nous n'avons que des félicitations à adresser à ce brave docteur Thouverey parce qu'il a été honnête et franc en avouant *de suite* que sa puissance était spirituelle, *soudé* qu'il était avec cet esprit par les promesses qu'il lui avait faites.

Mais cet aveu qui coûte si cher au noble baron, il est obligé de le faire *quand même*, et nous y voilà enfin arrivés.

Page 172 : PRINCIPES ET SECRETS. « Nous voici arrivés à la partie *secrète* des œuvres de la magie. Jusqu'ici nous avions toujours *refusé* de nous expliquer sur LES PRINCIPES ; nous allons divulguer et montrer à découvert *le mécanisme de toute production magique*. On va voir la FORCE SPIRITUELLE domptant, dominant la force physique, donner lieu aux faits miraculeux. »

Que dites-vous de cela, ami lecteur ? Vous voyez que l'on a MENTI tout le temps en attribuant les miracles à la *force magnétique individuelle*. On nous dit que l'on a toujours refusé de divulguer ces secrets de la puissance magique ; mais qu'on y est forcé quand même ! Aussi, à la fin de la première édition de sa Magie dévoilée, M. le baron ordonne-t-il *sous peine de mort* de ne pas divulguer ces secrets *à qui que ce soit !*... Voilà pourquoi il a tiré un nombre très restreint de ces exemplaires qu'il vendait, et qu'il vend CENT FRANCS ! En sorte que peu de personnes parmi les magnétiseurs sont capables de se procurer cet ouvrage ; si bien que la foule ne connaît rien que les œuvres du baron dans lesquelles il enseigne *la matérialité* de la force magnétique.

Savez-vous pourquoi il agit ainsi ? Je vais vous le

dire : M. le baron est ROSE-CROIX, c'est-à-dire, GRAND-PRÊTRE DE LA FRANC-MAÇONNERIE; par conséquent GRAND-PRÊTRE DE BAAL et MINISTRE DE L'ANTÉCHRIST comme je le prouverai tout à l'heure.

En vrai franc-maçon qu'il est, il n'a qu'un souci: *recruter des adeptes* auxquels il présente le magnétisme comme une chose *naturelle* et tout à fait *inoffensive.* Comme il sait que tôt ou tard des faits surnaturels se révéleront à ces pauvres naïfs, qu'une fois engagés dans cette voie par un *pacte implicite*, ils ne pourront plus se dégager selon qu'il a pris lui-même la peine de le dire, il a tout le temps ainsi d'étudier les caractères des individus, de juger d'après cela les progrès qu'ils ont faits *seuls* dans la voie spirituelle, s'il doit les initier pour en faire des prêtres fidèles à sa cause. De cette façon il recrute son clergé qui lui obéit, et qui agira à l'instant donné comme un seul homme ; *mais clandestinement.*

Vous croyez que j'exagère, ami lecteur, écoutez ceci : Peu de temps après le siège de Paris, je me trouvais chez un de ces magiciens les plus initiés, mais qui se donne le simple titre de magnétiseur. A ce moment j'étudiais tous ces gens-là, et personne encore parmi eux ne soupçonnait les conclusions auxquelles m'avaient conduit mes travaux. Donc, on ne se gênait pas pour parler devant moi des affaires intimes; au contraire, comme on supposait que j'étais de leur bord, on était tout heureux qu'un médecin vienne réconforter leurs rangs. M. Robillard, déjà nommé, vint pendant que je me trouvais là. Dites donc, fit-il à l'individu en question, il faut nous dépêcher à reprendre nos réunions dans nos sociétés de magnétisme, en créer d'autres; car *voilà les curés qui se réveillent*, et nous ne devons pas rester inactifs plus longtemps. Il faut nous grouper solidement, *en piles* compactes et énergiques, si nous voulons les renverser et les vaincre. — L'autre refuse parce que, disait-il, le baron Dupotet avait *trop parlé*. Qu'avait-il besoin de dévoiler les esprits dans le magnétisme? Il a trop écrit, et cela devait rester un secret pour ceux-là seuls qui parvenaient *eux-mêmes* à cette connaissance. Et puis, continuait-il, vous laissez les spirites faire partie de la société de magnétisme, et c'est un tort! — Vous affichez trop de cette façon le rôle que vous reconnaissez aux esprits. Tout cela devait rester secret, exclama-t-il furieux!...

— Pour moi, répliquai-je, je trouve que votre raisonnement n'est pas juste; car du moment que vous professez une chose que vous désirez répandre, vous devez la vérité à tous.

Une discussion s'éleva, et quand elle fut un peu calmée, je me retirai heureux d'emporter la preuve de ce que je soupçonnais.

Oui, ami lecteur, vous pouvez croire ce que j'affirme; et sans vous en douter il s'organise autour de vous des prêtres magiciens qui seront tout prêts à exercer leur ministère au grand jour, si la révolution que la franc-maçonnerie prépare parvient à s'accomplir. En attendant, ces hommes agissent par groupes, soit sur des êtres isolés, soit sur certaines parties de la société. Les expériences qu'ils font en public ne sont rien en comparaison de la force occulte dont ils disposent pour faire le mal en cachette, et à l'abri des lois!...

J'ai dit que pour recruter ses adeptes, M. le baron agit en vrai franc-maçon. Ne savez-vous pas que les maçons présentent aussi leur société comme une chose tout à fait inoffensive? Ne vous disent-ils pas : Venez, venez, mes amis... notre société est une société fraternelle où toutes les religions sont admises. Nous sommes simplement une œuvre de bienfaisance. La religion et la politique ne nous occupent pas, nous sommes doux comme des agneaux! Et puis quand vous y êtes entré, vous voyez que *tout cela est mensonge!* Mais c'est trop tard; car il en est de cette secte comme du magnétisme, une fois qu'on y a donné son adhésion, on ne peut plus en sortir. Les personnes qui voudront connaître un peu le dessous des cartes de la franc-maçonnerie, liront avec intérêt un opuscule : *Révélations d'un rose-croix sur la franc-maçonnerie* (Paris, 18, rue Cassette), et un petit livre de Monseigneur de Ségur, chez Tolra, 112, rue de Rennes, dont le prix est de 35 ou 40 centimes. Vous verrez alors que tout ce que la maçonnerie présente est mensonge, même son nom ! En effet, nous dit Mgr de Ségur, en général les noms expriment les choses, ici c'est tout l'opposé. Les francs-maçons ne sont *ni francs, ni maçons.*

Je m'arrête pour l'instant à ces quelques mots sur la franc-maçonnerie, que nous allons bientôt retrouver DANS LA MAGIE ! — La seule chose que je veux faire ressortir, c'est que *les maçons* font comme les magiciens, c'est-à-dire qu'ils choisissent dans leur troupeau les individus sûrs, qu'ils ont bien observés, et qu'ils ne les initient à leurs mystères que s'ils en sont bien jugés dignes.

Page 175. « Nos sommités du sacerdoce, *titrés ou mitrés*, sont des savants vulgaires ; *ils ne pourraient faire le plus petit miracle.* »

Pardon, très honoré baron ; car au moment où vous écriviez ces lignes, le saint curé d'Ars en faisait tant et de si admirables, que le pays qu'il habitait était trop petit pour contenir tous ceux qui venaient implorer, *non pas sa puissance*, mais celle de sainte Philomène que priait le bon curé. Chez ce digne ministre de Jésus-Christ, tout était humilité. Il ne vous ressemblait pas *à vous*, qui vantez votre science et votre puissance !... Au contraire, s'il arrivait que sainte Philomène opérât une guérison à laquelle on eût pu lui attribuer une participation *en raison de ses mérites*, il grondait doucement sa petite sainte de l'avoir exposé à des éloges. Voilà, monsieur le baron, le caractère des saints miracles; et les vôtres ne l'ont pas, *c'est tout l'opposé*.

D'autre part, si vous étiez moins infatué de vous-même, et que vous ayez parcouru quelques églises dédiées à la Vierge ou à des Saints, que vous ayez visité la chapelle provisoire du Sacré-Cœur, à Montmartre, vous auriez vu ces temples garnis du haut en bas d'ex-voto, témoignant des guérisons miraculeuses.

L'Esprit de Dieu n'agit pas de la même façon que celui auquel vous devez votre puissance, et dans l'Église catholique le prêtre n'est que le représentant *visible* du *Dieu invisible* qui opère *directement* sur les fidèles.

Après avoir enfin avoué que les miracles de la magie sont dus à des forces spirituelles, le noble baron enseigne tout ce qui résulte de cette addition à la force propre de l'homme. Je n'en citerai que quelques fragments.

Page 184 : CRÉATIONS SPIRITUELLES. « Ces créations résultent de *la virtualité* que la volonté humaine a conquise, elles donnent aux objets sur lesquels on a opéré, UNE VERTU NOUVELLE, variant selon *l'intention*. C'est ainsi que l'eau dans laquelle on aura déposé une volonté *créatrice*, deviendra à notre gré du vin, de l'eau-de-vie, un purgatif, ou un poison ; etc. »

Ainsi donc, vous saurez à présent, cher lecteur, que *l'eau magnétisée* ne doit plus porter ce nom. Vous la nommerez : *Eau ensorcelée.*

Page 185. « Parlons de *la captation*, CRIME PUNI PAR LES LOIS ; qu'est-elle ? Un fait occulte de magisme, rien de plus ! »

Hélas, cher baron, malheureusement il n'existe plus à notre époque de tribunaux pour juger et condamner les auteurs de ces crimes, qui sont commis impunément ! Qu'est-ce que la captation ? se diront quelques lecteurs. La captation est le fait, dans ce cas, d'une opération magique au moyen de laquelle le patient a perdu toute sa liberté d'agir ou de penser, pour ne plus agir et penser que sous l'empire de sorcier qui le domine. Un être bon deviendra méchant, voleur, lubrique, incestueux, adultère, homicide, ivrogne, etc.; et la société qui ignore *la force occulte* qui *a obligé* l'individu d'agir fatalement ainsi, condamnera ce coupable sans savoir qu'il n'était plus libre !!... »

Voilà les paroles de M. le baron à ce propos, même page : « IL EST FACILE DE FAIRE NAITRE DES PASSIONS COUPABLES ; *mais tirons le rideau afin que la lumière ne brille point aux yeux de tous les hommes !* »

Et vous appelez cette révélation et vos enseignements UNE LUMIÈRE ?... Mais, monsieur le baron, les forçats qui sont au bagne et qui professent à l'école du crime ne feraient pas mieux ! Je nomme cela non pas une lumière, mais un CRIME, et chacun jugera ainsi. On aura lieu d'être d'autant plus épouvanté de la fatale puissance des sorciers, que vous confessez *qu'il ne vous est rien de si facile* que de faire naître des passions coupables ! ! ... de perdre les âmes !! ... Et je dis : Si on condamne à mort l'assassin qui a tué pour voler quelques solds, à quel supplice doit-on condamner l'homme qui tue une âme, qui corrompt les pensées, fait accomplir le mal contre le gré d'une bonne nature trop faible pour résister à une telle puissance ?... Autrefois, alors que l'Église avait *le droit* de juger vos crimes, les sorciers étaient brûlés vifs, et c'était trop doux pour de tels forfaits.

Page 231. «La magie n'est donc point du domaine de tous, nous ne pouvons être compris que de quelques-uns. »

Oui, monsieur le baron, de vos initiés et non des autres.

En tous cas, si vous étiez un honnête homme, vous devriez retirer du public votre *manuel de l'étudiant magnétiseur* où vous enseignez l'opposé de ce que vous dites ici. Cet ouvrage aurait dû être retiré le jour où vous avez écrit votre *Magie dévoilée* ; parce que du moment où vous avez connu les forces spirituelles, vous ne pouviez plus, *au nom de l'honneur et de la conscience*, laisser croire à tous ceux que vous empoisonnez avec ce livre, QUE LA FORCE MAGNÉTIQUE EST LE LOT DE CHACUN. Vous auriez ainsi fait sans doute bien des victimes de moins !!...

Page 231. « LES ESPRITS. L'existence des êtres non corporels ou esprits que *le raisonnement est forcé d'admettre* se trouve confirmé par Jésus qui nous fait connaître leurs diverses natures et leur action sur l'homme. »

Suivent d'autres citations *sacrilèges* empruntées aux évangélistes. D'autre part M. le baron conclut à l'existence des esprits parce qu'il les a vus entourant les opérés pendant ses œuvres magiques.

Je viens de dire, *des citations sacrilèges*, et je m'explique :

Saint Paul nous enseigne, dans sa première épître aux Corinthiens, ch. XII, verset 3: « C'est pourquoi je déclare qu'aucune personne *qui parle par l'esprit de Dieu*, ne dit que Jésus est anathème, *et que personne ne peut dire* QUE JÉSUS EST LE SEIGNEUR, *si ce n'est par le Saint-Esprit.*

Saint Jean, première épître catholique, chapitre II, verset 22 : « Qui est menteur si ce n'est celui qui nie que Jésus-Christ *soit le Christ ?* CELUI-LA EST UN ANTÉCHRIST, qui nie le Père et le Fils. »

Or, M. le baron proclame-t-il qu'il reconnaît Jésus-Christ comme Christ, Fils de Dieu ?... Nullement, nous avons eu la preuve qu'il considère Jésus comme un simple mortel, un magicien que LUI,

BARON DUPOTET, doit surpasser en œuvres ! Que résulte-t-il de ce fait ? — C'est que les paroles évangéliques dont je viens de faire la citation condamnent M. le baron de toutes façons : 1° Ces paroles démontrent que le noble Baron n'est pas inspiré de l'Esprit-Saint ! DONC IL EST AVEC SATAN. 2° Ces paroles prouvent qu'il est bien réellement UN ANTÉCHRIST puisqu'il a les qualités décrites par saint Jean.

J'avais donc bien le droit de donner à M. le baron Dupotet les qualifications que j'employais il y a un instant, car à présent nous jugeons qu'il est *un ministre de Satan* auquel il doit sa fausse science et sa puissance, un *grand prêtre de Baal, le ministre de l'Antéchrist.* Qu'il me démente s'il le peut !

A la preuve que nous avons citée, je vais ajouter quelque chose ; et je jure devant le Dieu tout-puissant que ce qu'on va lire est la vérité : Il y a deux ans, vers le milieu de l'été, je venais d'entendre une messe au Sacré-Cœur à Montmartre ; et en descendant, je rencontrai M. Dupotet fumant sa pipe sur les boulevards extérieurs, en bas de la rue Lepic. Nous nous abordâmes ; et M. le baron me demanda d'où j'arrivais si matin. « Vous le voyez, lui dis-je, en lui montrant mon livre d'heures, je viens de prier le Sacré Cœur d'éclairer ma faible intelligence. » Mon interlocuteur eut un haussement d'épaules formidable, puis m'apostrophant : « Cette église que l'on bâtit ne sera jamais faite, on ferait bien mieux d'employer cet argent ailleurs, cela ferait du bien, tandis que là il ne sert à rien avec vos S. calotins. — Cependant, monsieur le baron, objectai-je, vous avez quelqu'estime pour Jésus dont vous parlez dans votre *Magie dévoilée.*» Nouveau haussement d'épaules accompagné d'un geste furieux pendant lequel il tendait le poing dans la direction de la future basilique : « Que voulez-vous, fit-il, certes Jésus était un grand homme, ET IL N'Y A QUE ÇA DE BON DANS CETTE BOUTIQUE ! » — Au revoir, fis-je après cet abominable blasphème !

Ainsi, parlant de notre divin Sauveur devant lequel s'incline tout ce qu'il y a de plus grand dans le ciel et sur la terre, le noble baron ne trouva rien de mieux que de le désigner par ces cinq mots : *Il n'y a que ça !!...*

Horreur !... Déjà une autre fois j'avais été on ne peut plus scandalisé à ce propos : A la suite de mes conférences où j'avais invité certain magnétiseur à venir faire des expériences, je dus conférencier chez cet individu pour lui payer son dérangement. J'avais profité de l'occasion pour parler des Esprits et de la Divinité de Notre-Seigneur Jésus-Christ. Quand j'eus fini je fus interpellé par une jeune fille de 17 à 18 ans, à l'air fort intelligent : « Mais, monsieur, fit-elle, vous prétendez que Jésus est fils de Dieu, il n'était qu'un magnétiseur, et le baron Dupotet fait aussi bien les miracles que lui. — Voilà, me dis-je en sortant de cette réunion, ce que M. Dupotet fait des âmes avec ses misérables doctrines !... Il sème la corruption, et perd des cœurs qui eussent été les amants de Dieu si on ne leur avait pas menti !

Cette aventure me décida à faire la dernière conférence que l'on m'ait *accordée* au boulevard des Capucines ; et c'est là que j'arrachai le voile des magiciens pour la première fois. Cela m'a coûté trois ans de combats que Dieu seul connait ; mais la souffrance n'était rien pour moi parce que je savais que je combattais pour renverser LE MENSONGE.

Après cette conférence, le directeur me ferma la porte de son établissement à cause de mes opinions catholiques ; et comme cette salle a été fondée pour nos bons rouges alors que sous l'Empire ils réclamaient *la liberté de parler*, c'est au nom de cette liberté qu'ils m'ont fermé la bouche ! Du reste dans tout ce qui se passe aujourd'hui, ils suivent la même devise : *La liberté pour nous, l'écrasement pour ceux qui ne pensent point avec nous !* Espérons que Dieu viendra en aide aux honnêtes gens, et que le règne de tout ce peuple sera court ! ! ... Revenons encore à maître Dupotet.

Page 234. « Je ne croyais pas au Diable ; mais je le dis sans réserve, mon scepticisme a fini par être vaincu. »

Voyez donc, cher baron, comme la leçon vous a bien profité ! C'est à ravir vraiment.

Page 245. « Je crois à ce monde invisible ; je crois que l'on peut communiquer avec lui et recevoir *un concours* de sa puissance. Pourquoi notre esprit, *par certains charmes,* par DES PRÉCEPTES INCONNUS, ne pourrait-il établir des rapports avec les invisibles ? »

Plus loin, notre sorcier parle *des signes* qui attirent ces esprits et des chiffres magiques. Ceci ne nous intéresse pas assez pour nous y arrêter ; car je suis effrayé de l'importance que prend ce livre, malgré tous mes efforts pour le rendre plus court.

Enfin, notre honoré baron termine par cette conclusion : « JE CROIS A LA MAGIE PAR MES ŒUVRES ET NON PAR CELLES D'AUTRUI. Je ne crois même pas qu'il y ait un autre chemin que celui que j'ai suivi pour arriver à la science profonde ! »

Vous vous trompez, cher baron, car la voie que vous avez suivie vous a conduit *au mensonge;* tandis que ceux qui s'humilient devant Dieu et qui invoquent *l'Esprit saint* seront conduits à la vraie science, à la vérité !

Avant de vous offrir un autre échantillon des apôtres de la magie, ami lecteur, permettez-moi de faire ressortir encore une fois que, *malgré tout le soin que l'on a mis à enseigner* LA MATÉRIALITÉ *des phénomènes magnétiques, à nier les phénomènes spirituels*, les plus intéressés à cette négation ont été obligés *par la force des faits* à confesser ce qu'ils ont si longtemps caché ! — Le baron Dupotet n'est pas le seul qui ait été appelé à la constatation des forces spirituelles, les exemples fourmillent ; mais j'en citerai peu, jugeant que l'analyse minutieuse que je viens de faire relativement à la force magnétique, suffit pour que les preuves du spiritualisme soient établies.

Je dirai d'autre part que M. le baron déclare également la spiritualité du somnambulisme magnétique qui est, dit-il, du domaine de la magie, *ce dont il a douté longtemps.*

Tandis que M. Dupotet cachait l'action des esprits qui se révélaient à lui, les tables se mirent à tourner, à danser, à répondre aux questions, à faire de la religion et de la philosophie. Le Français, *né malin*, fit un amusement de tout cela, il joua des vaudevilles, et s'égaya beaucoup au dépens de ceux qui prétendaient avoir été témoins des faits les plus extraordinaires ; mais les hommes sérieux étudièrent minutieusement la question, et finirent par déclarer que les esprits étaient bien les agents qui animaient les tables et les meubles.

Les personnes désireuses de s'instruire liront avec un vif intérêt l'ouvrage de M. le chevalier Desmousseau, intitulé : *la Magie au XIX*e *siècle.* Tous ces faits y sont analysés et discutés point à point avec une logique serrée à laquelle il ajoute les preuves. M. le comte de Mireville, dans son livre *des Esprits* dont j'ai fait mention déjà, vient corroborer les conclusions de M. le chevalier qui, en outre, a écrit un ouvrage très bien traité : *Mœurs et coutumes des démons*.

Les démons, conclut-il, sont donc bien les acteurs cachés sous les tables, sous ces pianos ou derrière ces buffets qui s'élancent d'un bout d'un appartement à l'autre. A ce propos, je réfléchis que si le savant professeur M. Charcot avait été appelé à constater ces cabrioles des meubles, il eût sans doute jugé autrement que M. Desmousseau. Connaissant son système, nous avons la persuasion qu'il aurait certainement accusé d'hystérie les armoires ou les pianos, ce qui aurait énormément simplifié la question ; aussi regrettons-nous que ce savant et judicieux observateur n'ait pas eu à cette époque voix délibérative au chapitre.

Les tables continuaient encore leurs évolutions quand tous les démons qui étaient alors en activité se saisirent de M. Allan Kardec. Il devint comme cela le pontife d'une religion *nouvelle* qui n'est qu'un assemblage d'emprunts à l'*ancienne* philosophie hermétique baptisée SPIRITISME, nom qui seul est *nouveau*.

Je n'ai pas à m'occuper de toutes les absurdités qui constituent *le Dogme* spirite, car les esprits sont chargés de ce soin. En effet, il n'est pas un homme de bon sens qui lise ce gâchis sans que la pitié lui fasse hausser les épaules. Dans le spiritisme il n'y a de vrai que *l'action des esprits.*

Comme les gens qui ont été entraînés au spiritisme *par les faits* n'avaient pas la moindre foi au surnaturel auparavant, *et toute étude religieuse sérieuse leur étant étrangère*, ils ont admis tout ce que leur débitèrent les démons, soit par voie de *médium écrivain, de médium auditif*, ou par *voie de possession complète.*

Les spirites ne sont pas des gens dangereux, ils sont des égarés, aussi m'occuperai-je peu de leur pauvre folie. Bien que le spiritisme soit une simple branche de la magie, branche nommée : NÉCROMANCIE, il n'est pas comme la magie *un corps qui obéit à une tête.* C'est une sorte de protestantisme où chacun a une foi qui est la conséquence du babil démoniaque dont il a été l'auditeur.

Je dis que le spiritisme n'est autre que la nécromancie, et c'est facile à prouver.

Le mot nécromancie est un composé de deux mots grecs, *necron*, mort, *manteia*, divination, soit : *la divination par l'âme des morts.* Or, tout le spiritisme repose sur l'évocation de l'âme des trépassés, donc il est bien la nécromancie.

Moïse le premier, les rois d'Israël ensuite et enfin

l'Église, ont tous condamné la nécromancie comme étant l'œuvre du démon. La loi divine défend de troubler le repos de l'âme des défunts, et considère cet acte comme un crime. D'autre part, il n'y a que les âmes errantes, par conséquent *coupables* et privées de la lumière divine, qui sont assez rapprochées de l'homme pour être à même de communiquer avec lui. Or, ces âmes ne connaissent pas la vérité puisque la vision divine leur est refusée, donc tout ce qu'elles enseigneront sera *le mensonge.*

D'autre part, les démons suppléent à l'absence de l'âme du défunt en se disant l'esprit de tel ou tel, *ce que l'évocateur ne peut vérifier;* la curiosité de l'évocateur est ainsi punie par *une fausse* révélation.

Dieu a défendu de tout temps de chercher à connaître l'avenir, ce qui est même une tentative inutile, puisque Lui seul le sait. Mais *la faute* réside dans *la curiosité* dictée par un manque *de foi.* Et comme il a parlé par ses Prophètes et ses Saints, qu'il parle tous les jours par son Église, il punit le curieux et l'incrédule en le laissant s'égarer jusqu'au moment où l'excès même de son égarement le renverse *humble et repenti.*

Nous trouvons chez les spirites le même cachet que le démon a imprimé chez les magiciens. Comme eux, les spirites nient la divinité de Notre-Seigneur

Jésus-Christ; et je n'ai pas besoin de répéter que saint Paul nous apprend que *nul ne peut dire* que Jésus est le Christ si ce n'est par *l'Esprit saint*. Ce n'est donc pas l'Esprit de Dieu qui parle aux spirites, et si ce n'est cet Esprit, c'est le mensonge, et le père du mensonge est *Satan*. Les individus les plus illuminés de la secte consentent à accepter que Jésus *était un esprit avancé* qui s'est réincarné; c'est tout ce qu'ils accordent. En conséquence des paroles de saint Jean, que nous avons citées plus haut, le spiritisme nous apparaît comme une des manifestations de l'Antechrist.

Les spirites attendent un Messie qui doit venir d'Amérique; il ne sera autre que la personnification de l'Antechrist. Saint Jean nous dit à ce sujet dans son Apocalypse : *qu'il viendra vers la fin des temps, qu'il séduira une foule innombrable par ses prodiges, et qu'il y aura des faux prophètes.*

Ne semble-t-il pas que nous assistons au prélude de ces événements ?

Cependant, Dieu sait constamment tirer le bien du mal; et s'il a permis ces manifestations diaboliques, il semble qu'il ait voulu donner à notre société matérialiste et sceptique *les preuves palpables de l'existence des êtres spirituels*. D'autre part, l'observation des phénomènes du spiritisme a conduit un certain nombre d'âmes à leur salut, parce qu'avec une étude plus approfondie des choses de la religion, elles sont rentrées dans le giron de notre sainte Mère, l'Église catholique.

Nous allons nous occuper à présent, et le plus brièvement possible, d'un autre sorcier-magicien, mort depuis deux ou trois ans; c'était un ex-prêtre catholique nommé *l'abbé Constant.* Il avait jeté le roc aux orties après avoir enlevé toute jeune une femme fort jolie (dit-on), qui s'est fait plus tard un certain nom dans les lettres et les arts.

Quand il eut été défroqué, l'abbé Constant, devenu peu à peu magicien, changea son nom pour celui d'ELIPHAS LÉVI. Sa science de la théologie lui a permis de rester aussi orthodoxe que possible en ses écrits dans lesquels il répète à satiété qu'il est catholique *avant tout.* Cela n'empêche pas que ses ouvrages sont une fourmilière d'hérésies monstrueuses ; et pour en donner un spécimen je dirai que s'il admet d'une part la divinité du *Verbe fait chair*, il nie la personnification *du mal*, ce qui est essentiel à la cause qu'il défendait.

Apostat comme l'empereur Julien, il a espéré, comme ce dernier, remplacer le catholicisme par la magie, *tel a été le but de sa vie.* Il le déclare nettement dans son premier volume du *Dogme et rituel de la haute magie*, page 99 : « Ce que personne donc n'a pu ou n'a osé faire avant nous, le temps est venu où nous aurons l'audace de l'essayer.

Nous voulons comme Julien REBATIR LE TEMPLE. »

J'ai dit précédemment que la franc-maçonnerie n'est autre que le magisme ; en attendant que j'établisse cette assertion, je ferai remarquer qu'eux aussi veulent *rebâtir le temple*, et j'ajouterai qu'Eliphas Lévy était franc-maçon, *c'est lui-même qui me l'a dit.*

Je n'ai pas besoin de dire que ce magicien savait comme maître Dupotet que les forces spirituelles sont les agents essentiels des œuvres magiques. Il s'entretenait constamment, me disait-il, avec *les Eloïm* qui voltigeaient sans cesse autour de lui. Dans les formules d'évocation qu'il donne en son *Dogme et rituel*, il s'adresse toujours aux Esprits.

Mais comme il est impossible aux sorciers de ne pas mentir, il a soin de dire auparavant, comme M. Dupotet, que le principe de la force magique est dans la science des secrets qui livrent cette force au magicien. Dans la citation que je vais faire à ce sujet, nous reconnaîtrons les paroles de Mesmer enseignant : *que l'homme peut s'emparer de cette force et la diriger à son gré*, ce qui est l'axiome premier de la magie.

Page 153. *Dogme et rituel.* « Cet agent (la lumière astrale) est vivant par deux forces contraires. *Connaître le mouvement de ce soleil terrestre, de manière à pouvoir profiter de ses courants et les diriger*, C'EST AVOIR ACCOMPLI LE GRAND ŒUVRE ET C'EST ÊTRE MAITRE DU MONDE.

« Armé d'une semblable force, VOUS POUVEZ VOUS FAIRE ADORER, LE VULGAIRE VOUS CROIRA DIEU. »

Notre sorcier donne alors le dessin de la figure magique dont il faut comprendre le sens cabalistique si on veut acquérir la force magique sus-désignée.

Page 155. « *Toute la science magique consiste dans la connaissance de ce secret.* Le savoir et oser s'en servir, c'est la toute-puissance humaine; mais la révéler à un profane, c'est la perdre. »

La révéler à un disciple, c'est abdiquer en faveur de ce disciple qui, à partir de ce moment, a droit DE VIE ET DE MORT sur son initiateur, *et le tuera* certainement de peur de mourir lui-même. Ceci n'a rien de commun avec la législation criminelle, la philosophie pratique qui sert de base et de point de départ à nos lois N'ADMETTANT PAS LES FAITS D'ENVOUTEMENT ET D'INFLUENCES OCCULTES. »

Oui !... On ne croit plus en notre siècle de progrès à la possibilité de ces crimes, *les plus grands de tous*, qu'accomplissent les sorciers avec leurs armes spirituelles. Ils peuvent réellement et tout à leur aise, tuer, rendre malades, jeter des sorts sur les biens des individus, les envoûter et les capter, etc., et ils n'ont d'autre juge à redouter que Dieu qu'ils ne redoutent plus puisqu'ils sont devenus *comme des Dieux* (à ce qu'ils pensent).

On a crié contre le moyen âge, et nous avons vu maître Dupotet nous dire encore que le crime de ceux qui ont été condamnés à cette époque, était d'avoir découvert leur propriété magnétique ! Grâce aux révélations de sa Magie dévoilée, grâce à celles d'Eliphas Lévi, il nous est aisé de constater que l'Eglise, *toujours infaillible*, nous prouve une fois encore cette qualité par les répressions qu'elle exerçait contre les sciences de sorcellerie ; et nous sommes en droit de regretter qu'elle ne possède plus une autorité *qui serait de toute nécessité aujourd'hui.*

On doit se souvenir que j'ai démontré, à propos de M. Dupotet, que ce n'est pas *une force matérielle* qui est évoquée au moment où le magicien demande *le pacte.* Nous en avons eu la preuve quand, effaçant tous ses enseignements passés, d'un trait de plume, le noble baron confesse que les forces spirituelles sont seules en activité dans les œuvres magiques. J'oppose la même critique à ce qu'on vient de lire d'Eliphas Lévi ; et chacun jugera que j'ai raison, et que l'histoire de la force magique est un trompe-l'œil, tout simplement.

Pour clore cette petite étude sur la magie et les magiciens, je suppose que c'est avec curiosité et intérêt que l'on lira les promesses qui sont faites à l'homme qui veut se soumettre au Génie de la magie. Elles sont traduites d'un manuscrit hébreu du XVIe siècle, et sont rapportées par Eliphas Lévi.

« Il voit Dieu face à face, sans mourir, et converse familièrement avec les sept génies qui commandent à toute la milice céleste.

Il est au-dessus de toutes les afflictions et de toutes les craintes.

Il règne avec tout le ciel et se fait servir par tout l'enfer.

Il dispose de sa santé et de sa vie *et peut également disposer de celle des autres.*

Il ne peut être ni surpris par l'infortune, ni accablé par les désastres, ni vaincu par ses ennemis.

Il sait la raison du passé, du présent et de l'avenir.

Il a le secret de la résurrection des morts et la clef de l'immortalité.

Il peut trouver la pierre philosophale.

Avoir la médecine universelle.

Connaître les lois du mouvement perpétuel, et peut démontrer la quadrature du cercle.

Changer en or, non seulement tous les métaux, mais aussi la terre elle-même et les immondices mêmes de la terre.

Dompter les animaux les plus féroces et savoir

dire les mots qui engourdissent et charment les serpents.

Posséder l'art oratoire qui donne la science universelle.

Parler savamment sur toutes choses sans préparation et sans étude.

Connaître à la première vue le fond de l'âme des hommes et les mystères du cœur des femmes.

Forcer, quand il lui plaît, la nature à se livrer.

Prévoir tous les événements futurs qui ne dépendent pas d'un libre arbitre supérieur, ou d'une cause insaisissable.

Donner sur-le-champ à tous, les consolations les plus efficaces et les plus salutaires.

Triompher des adversités.

Dompter l'amour et la haine.

Avoir le secret des richesses, en être le maître toujours et jamais l'esclave. Savoir jouir même de la pauvreté, et ne tomber jamais ni dans l'abjection ni dans la misère.

Gouverner les éléments, apaiser les tempêtes, guérir les malades en les touchant et ressusciter les morts.

En un mot, le magicien qui atteint ce haut degré d'instruction est *bien comme un Dieu*, selon la promesse de Satan à Ève : *sicut dii eritis.* »

Si l'on met en parallèle avec ces promesses orgueilleuses, l'humilité de notre Divin Sauveur et sa soumission, son obéissance à la volonté de son Père, le doute n'est plus possible relativement à *la nature satanique* de la magie qui ne veut pas obéir, mais bien substituer l'homme à Dieu même, comme Lucifer le voulait lors de sa révolte contre le Créateur !

On m'objectera que les sciences occultes ont été connues de Salomon et des Mages qui vinrent adorer J.-C. Je répondrai que là ce n'était point la magie comme celle que nous venons d'examiner. Moïse n'était point *magicien*, en fait d'*esprits* il avait l'*Esprit-Saint*, ce qui est différent. Voilà pourquoi il s'empressa de maudire tous les sorciers des autres peuples qu'il nomme les ministres de Baal, parce qu'il savait bien que leur puissance venait des démons qui étaient les *Faux-Dieux* devant lesquels ils se prosternaient.

Etudions un peu cette question : Après la chute de nos premiers parents qui a été la conséquence de leur foi dans les promesses du serpent, promesses qui n'étaient autres, comme nous venons de le voir, que celle qu'il réitère aux magiciens, *l'Esprit du Mal* s'empara de la nature humaine, régna sur terre, voulut se faire rendre les hommages divins, et se faire adorer. C'était bien un FAUX-DIEU, et pour se faire adorer, il fit construire des temples sur tous les vocables, selon qu'il se révélait dans telle ou telle région. Ses cultes ont constitué *toutes les reli-*

gions de l'antiquité, quelles qu'elles soient; et je ferai ressortir ici que l'idolâtrie a été bien mal jugée, car les prières n'étaient point adressées *aux statues* mais bien *aux Génies, aux Esprits* qui se manifestaient dans tel ou tel temple.

Or, les prêtres et les prêtresses de ces temples, témoins et sujets de ces manifestations spirituelles, instruits par leurs voyantes ou par leurs médiums, établirent peu à peu *le dogme magique* à mesure qu'il leur était révélé. Voilà comment il devint leur apanage exclusif; c'est pourquoi il était défendu aux initiés, sous peine des derniers supplices ou de la mort, de révéler *les sources* de leur puissance qui était d'autant plus forte et redoutable, que LE SALUT DU MONDE n'avait point encore été envoyé aux hommes. *Telle a été l'origine de la magie.*

J'ai dit que Satan s'empara de la nature humaine au moment de *la désobéissance* de l'homme à Dieu, et cela est facile à comprendre : Tant que nos premiers parents *obéissaient* aux lois harmoniques dont ils avaient été instruits par Dieu lui-même, ils communiquaient avec les rayons de la lumière divine dont ils étaient pénétrés, qui les *illuminait* à un tel degré qu'ils voyaient les anges et les séraphins avec lesquels ils conversaient.

Faisons une comparaison : De même que Dieu, qui est le soleil des âmes, *éclairait* l'homme tant qu'il était *tourné vers Lui* ; de même le soleil de notre univers *éclaire* la terre tant qu'elle est tournée vers lui. De même que si la terre se *détourne* des rayons solaires elle tombe dans l'obscurité, de même l'homme est tombé dans les ténèbres en se détournant de Dieu par sa soumission à Satan qui est le prince des ténèbres.

Voilà comment après sa chute, les cieux furent fermés à notre premier père ; voilà pourquoi il était nécessaire qu'un Rédempteur vînt rétablir par *l'incarnation de sa divinité dans la nature humaine*, une nouvelle communication de l'homme avec les rayons de la lumière divine. Tel a été le rôle et la mission que le Verbe, dans son amour pour l'humanité déchue et perdue, a bien voulu accepter ! Ah ! bon Jésus, si les hommes vous connaissaient un peu, combien ils vous aimeraient !

Tandis que le magisme se répandait sur toute la terre, le Verbe divin voulut préparer les temps futurs de la rédemption et Moïse fut l'élu de Dieu. *L'Esprit-Saint* commença sa lutte contre *l'Esprit du mal*, à la cour de Pharaon, lors de ce combat mémorable de Moïse contre les magiciens de l'Égypte. — Donc, *Moïse n'était pas un magicien, comme je l'ai observé plus haut*. Il en a été de même des prophètes et des savants que l'on a désignés sous le nom *de mages*. Du reste, voici ce que dit encore à ce propos le sorcier Éliphas Lévi, *Histoire de la magie*, p. 187 : « Le christianisme, attendu par les mages, était la conséquence de leur doctrine secrète; *mais en naissant*, CE BENJAMIN DE L'ANTIQUE ISRAEL DEVAIT DONNER LA MORT A SA MÈRE (la science des mages). « La magie de lumière, la magie du vrai Zoroastre, de Melchisedec, d'Abraham, devait cesser à la venue DU GRAND RÉALISATEUR. Dans un monde de miracles, *les prodiges* ne devaient plus être *qu'un scandale*. Le nom même de mage ne devait plus être pris *qu'en mauvaise part*, et c'est *sous cette malédiction que nous suivrons désormais les manifestations magiques à travers les âges.* »

Éliphas Lévi était sans doute, lorsqu'il a écrit ces phrases, sous le coup d'un repentir qui lui a valu un instant la lumière d'en Haut. Pour moi, je n'ai rien à ajouter à cette condamnation de la magie par un magicien.

Le sang de Jésus avait arrosé et fécondé à nouveau la terre, le salut des hommes était enfin venu! Au lieu des prodiges du démon, les hommes avaient pu admirer les miracles *du vrai Dieu*. Dans ses prédications, dans ses instructions à ses apôtres et à ses disciples, rien n'était *secret, occulte!* Tout se faisait au grand jour comme la Vérité le fait; car le mensonge seul a besoin de se cacher; et enfin le christianisme se répandait à demi noyé dans le sang des martyrs; mais Satan n'avait pas déserté son poste de combat, et depuis ce jour il n'a cessé de lutter afin de priver les humains, autant qu'il lui était possible, de ce salut qui leur avait été apporté si charitablement !

La magie, qui régnait encore en Égypte, dans l'Inde, dans les Gaules par les Druides, à Rome, etc., peu à peu remplacée par le christianisme, fut réduite à devenir *une société secrète.* Les faux dieux ne pouvant avoir leurs temples à découvert, voulurent avoir *le temple de l'occultisme* qu'ils s'efforcèrent de reconstruire afin de faire partir de là leurs traits empoisonnés, destinés à miner sourdement l'Église de Jésus à laquelle ils vouaient une haine mortelle, avec laquelle allait s'engager un combat sans trêve ni repos. Ces sociétés occultes, dont le nom variait avec les lieux ou les temps, ont fini par se réunir sous une seule dénomination : LA FRANC-MAÇONNERIE.

Je laisse encore, pour le mieux démontrer, la parole au franc-maçon Eliphas Lévi, un des grands prêtres de la secte.

Histoire de la magie, page 399. ORIGINES MAGIQUES DE LA FRANC-MAÇONNERIE.

« La grande association *Kabbalistique*, connue en Europe sous le nom de *maçonnerie*, apparaît tout à coup dans le monde au moment où la *protestation* contre l'Église vient de démembrer l'unité chrétienne. Elle s'est organisée *publiquement* pour la première fois en Angleterre à la faveur des institutions radicales et en dépit du despotisme de Cromwell.

« On peut ajouter que les francs-maçons ont eu les Templiers pour modèle, *les rose-croix* pour pères et les joannites pour ancêtres.

« Leur dogme est celui de Zoroastre et d'Hermès, leur règle est l'initiation progressive. »

Page 406. « Nous ne croyons pas en devoir divulguer les mystères, bien que nous ayons reçu notre initiation de Dieu et de nos travaux, nous regardons le secret de la haute maçonnerie comme les nôtres. Parvenu par nos efforts à un grade scientifique *qui nous impose le silence*, nous nous croyons mieux engagé par nos convictions que par nos serments. »

« Les rites de la maçonnerie sont destinés à transmettre le souvenir des légendes de l'initiation, à les conserver parmi les frères ; mais de notre temps un grand nombre de francs-maçons ignorent le sens de leur rite et ont perdu la clef de leurs mystères. Ils sont des anarchistes qui ont repris la règle, l'équerre et le maillet, et ont écrit dessus : Liberté, Egalité, Fraternité, c'est-à-dire liberté pour les convoitises, égalité dans la bassesse, fraternité pour détruire.

« Voilà les hommes que l'Église a *condamnés justement* et qu'elle condamnera toujours. »

Les personnes qui voudront se renseigner mieux sur cette vraie qualité de la maçonnerie, à savoir *le magisme*, liront avec intérêt les deux volumes du maçon Ragon, relatifs à la *franc-maçonnerie occulte*, celle que ne soupçonnent pas les bonnes gens qui entrent dans ce soupirail de l'enfer, croyant faire simplement partie d'une société de bienfaisance.

On a dit de tout temps que Satan est le *singe de Dieu*, et il le prouve une fois encore dans son Église maçonnique où, selon la judicieuse observation de Saint-Genest, il a remplacé la croix de la rédemption par l'équerre, Jésus par Hiram, et la sainte communion par les banquets des frères et amis !

Ayant établi précédemment l'origine de la magie et la source satanique du pouvoir des prêtres magiciens comme le célèbre Dupotet, sachant que la doctrine des Hermès qui étaient les prêtres de Pharaon, était le dogme magique, nous comprenons la haine des francs-maçons contre l'Église du *vrai Dieu* et leur acharnement à la détruire.

Au XIIe siècle, les maçons avaient atteint une puissance inouie sous le nom de *Templiers*[1]. Ce

1. Voici, dans son entier, l'appréciation du magicien Eliphas Lévy, sur les templiers. (Histoire de la magie, p. 273.)

Les templiers, dont l'histoire est si mal connue, furent ces conspirateurs terribles, et il est temps de révéler enfin le secret de leur chute, pour absoudre la mémoire de Clément V et de Philippe le Bel.

En 1118, *neuf chevaliers* croisés en Orient, du nombre desquels étaient Geoffroi de Saint-Omer et Hugues de Payens, se consacrèrent à la religion et prêtèrent serment entre les mains du patriarche de Constantinople, siège toujours secrètement ou publiquement hostile à celui de Rome depuis Phon'est qu'après la destruction de cet ordre que les quelques initiés échappés à la justice, reconstituèrent peu à peu leur abominable société dans le nord de l'Écosse où ils s'étaient réfugiés; et pour en cacher

tius. Le but avoué des templiers était de protéger les chrétiens qui venaient visiter les saints lieux; leur but secret était la reconstruction du temple de Salomon sur le modèle prophétisé par Ézéchiel.

Cette reconstruction, formellement prédite par les mystiques judaïsants des premiers siècles, était devenue le rêve secret des patriarches d'Orient. Le temple de Salomon rebâti et consacré au culte catholique devenait, en effet, la métropole de l'univers. L'Orient l'emportait sur l'Occident, et les patriarches de Constantinople s'emparaient de la papauté.

Les historiens, pour expliquer le nom de *templiers* donné à cet ordre militaire, prétendent que Baudoin II, roi de Jérusalem, leur avait donné une maison située près du temple de Salomon. Mais ils commettent là un énorme anachronisme, puisqu'à cette époque non seulement le temple de Salomon n'existait plus, mais il ne restait pas pierre sur pierre du second temple bâti par Zorobabel sur les ruines du premier, et il eût été difficile d'en indiquer précisément la place.

Il faut en conclure que la maison donnée aux templiers par Baudoin était située non près du temple de Salomon, mais près du terrain sur lequel ces missionnaires secrets et armés du patriarche d'Orient avaient intention de le rebâtir.

Les templiers avaient pris pour leurs modèles, dans la Bible, les maçons guerriers de Zorobabel, qui travaillaient en tenant l'épée d'une main et la truelle de l'autre. C'est pour cela que l'épée et la truelle furent les insignes des templiers, qui plus tard, comme on le verra, se cachèrent sous le nom de *frères maçons*. La truelle des templiers est quadruple et les lames triangulaires en sont disposées en forme de croix, ce qui compose un pantacle kabbalistique connu sous le nom de *croix d'Orient*.

la nature et l'origine, ils se baptisèrent du nom de Francs-Maçons. De l'Écosse, semblable à une pieuvre colossale qui allonge peu à peu ses tentacules homicides sur sa victime, la franc-maçonne-

La pensée secrète d'Hugues de Payens, en fondant son ordre, n'avait pas été précisément de servir l'ambition des patriarches de Constantinople. Il existait à cette époque en Orient une secte de chrétiens johannites, qui se prétendaient seuls initiés aux vrais mystères de la religion du Sauveur. Ils prétendaient connaître l'histoire réelle de Jésus-Christ, et, adoptant en partie les traditions juives et les récits du Talmud, ils prétendaient que les faits racontés dans les Évangiles ne sont que des allégories dont saint Jean donne la clef en disant, « qu'on pourrait remplir le monde des livres qu'on écrirait sur les paroles et les actes de Jésus-Christ ; » paroles qui, suivant eux, ne seraient qu'une ridicule exagération, s'il ne s'agissait, en effet, d'une allégorie et d'une légende qu'on peut varier et prolonger à l'infini.

Pour ce qui est des faits historiques et réels, voici ce que les johannites racontaient :

Une jeune fille de Nazareth, nommée *Mirjam*, fiancée à un jeune homme de sa tribu, nommé *Jochanan*, fut surprise par un certain Pandira, ou Panther, qui abusa d'elle par la force après s'être introduit dans sa chambre sous les habits et sous le nom de son fiancé. Jochanan, connaissant son malheur, la quitta sans la compromettre, puisqu'en effet, elle était innocente, et la jeune fille accoucha d'un fils qui fut nommé Josuah ou Jésus.

Cet enfant fut adopté par un rabbin du nom de Joseph qui l'emmena avec lui en Égypte ; là, il fut initié aux sciences secrètes, et les prêtres d'Osiris, reconnaissant en lui la véritable incarnation d'Horus promise depuis longtemps aux adeptes, le consacrèrent souverain pontife de la religion universelle.

Josuah et Joseph revinrent en Judée où la science et la

rie s'étendit insensiblement sur le monde entier *que bientôt elle tuera si l'on n'y prend garde !...*

La révélation du but poursuivi par les francs-maçons n'est confiée qu'à ceux dont le caractère a été

vertu du jeune homme ne tardèrent pas à exciter l'envie et la haine des prêtres, qui lui reprochèrent un jour publiquement l'illégitimité de sa naissance. Josuah, qui aimait et vénérait sa mère, interrogea son maître et apprit toute l'histoire du crime de Pandira et des malheurs de Mirjam. Son premier mouvement fut de la renier publiquement en lui disant au milieu d'un festin de noces : « Femme, qu'y a-t-il de commun entre vous et moi ? » Mais ensuite pensant qu'une pauvre femme ne doit pas être punie d'avoir souffert ce qu'elle ne pouvait empêcher, il s'écria : « Ma mère n'a point péché, elle n'a point perdu son innocence; elle est vierge, et cependant elle est mère; qu'un double honneur lui soit rendu ! Quant à moi, je n'ai point de père sur la terre. Je suis le fils de Dieu et de l'humanité ! »

Nous ne pousserons pas plus loin cette fiction affligeante pour des cœurs chrétiens ; qu'il nous suffise de dire que les johannites allaient jusqu'à faire saint Jean l'Évangéliste responsable de cette prétendue tradition, et qu'ils attribuaient à cet apôtre la fondation de leur Église secrète.

Les grands pontifes de cette secte prenaient le titre de *Christ* et prétendaient se succéder depuis saint Jean par une transmission de pouvoirs non interrompue. Celui qui se parait, à l'époque de la fondation de l'ordre du temple, de ces privilèges imaginaires, se nommait Théoclet ; il connut Hugues de Payens, il l'initia aux mystères et aux espérances de sa prétendue Église ; il le séduisit par des idées de souverain sacerdoce et de suprême royauté, il le désigna enfin pour son successeur.

Ainsi l'ordre des chevaliers du temple fut entaché dès son origine de schisme et de conspiration contre les rois.

Ces tendances furent enveloppées d'un profond mystère et

bien expérimenté, à ceux que l'on admet au grade très haut de *Juge-philosophe-grand-commandeur-inconnu*. Voici ce que dit à ce propos le F.·. Ragon dans son livre : *l'Orthodoxie maçonnique :* « Les

l'ordre faisait profession extérieure de la plus parfaite orthodoxie. Les chefs seulement savaient où ils voulaient aller ; le reste les suivait sans défiance.

Acquérir de l'influence et des richesses, puis intriguer, et au besoin combattre pour établir le dogme johannite, tels étaient le but et les moyens proposés aux frères initiés. « Voyez, leur disait-on, la papauté et les monarchies rivales se marchander aujourd'hui, s'acheter, se corrompre, et demain peut-être s'entre-détruire. Tout cela sera l'héritage du temple ; le monde nous demandera bientôt des souverains et des pontifes. Nous ferons l'équilibre de l'univers, et nous serons les arbitres des maîtres du monde. »

Les templiers avaient deux doctrines, une cachée et réservée aux maîtres, c'était celle du *johannisme;* l'autre publique, c'était la doctrine *catholique-romaine*. Ils trompaient ainsi les adversaires qu'ils aspiraient à supplanter. Le johannisme des adeptes était la kabbale des gnostiques, dégénérée bientôt en un panthéisme mystique poussé jusqu'à l'idolâtrie de la nature et la haine de tout dogme révélé. Pour mieux réussir et se faire des partisans, ils caressaient les regrets des cultes déchus et les espérances des cultes nouveaux, en promettant à tous la liberté de conscience et une nouvelle orthodoxie qui serait la synthèse de toutes les croyances persécutées. Ils en vinrent ainsi jusqu'à reconnaître le symbolisme panthéistique des grands maîtres en magie noire, et, pour mieux se détacher de l'obéissance à la religion qui d'avance les condamnait, ils rendirent les honneurs divins à l'idole monstrueuse du Baphomet, comme jadis les tribus dissidentes avaient adoré les veaux d'or de Dan et de Béthel.

Des monuments récemment découverts, et des documents précieux qui remontent au XIIIe siècle, prouvent d'une ma-

grades par lesquels vous avez passé, dit le maître de la Loge, ne vous portent-ils pas à faire une juste application de la mort d'Adoniram, à la fin tragique et funeste de Jacques Molay, *juge philosophe*

nière plus que suffisante tout ce que nous venons d'avancer. D'autres preuves encore sont cachées dans les annales et sous les symboles de la maçonnerie occulte.

Frappé de mort dans son principe même, et anarchique parce qu'il était dissident, l'ordre des chevaliers du Temple avait conçu une grande œuvre qu'il était incapable d'exécuter, parce qu'il ne connaissait ni l'humilité ni l'abnégation personnelle. D'ailleurs les templiers étant pour la plupart sans instruction, et capables seulement de bien manier l'épée, n'avaient rien de ce qu'il fallait pour gouverner et enchaîner au besoin cette reine du monde qui s'appelle l'opinion. Hugues de Payens n'avait pas eu la profondeur de vues qui distingua plus tard un militaire fondateur aussi d'une milice formidable aux rois. Les templiers étaient des jésuites malréussis.

Leur mot d'ordre était de devenir riches pour acheter le monde. Ils le devinrent en effet, et en 1312 ils possédaient en Europe seulement plus de neuf mille seigneuries. La richesse fut leur écueil; ils devinrent insolents et laissèrent percer leur dédain pour les institutions religieuses et sociales qu'ils aspiraient à renverser. On connaît le mot de Richard Cœur de Lion à qui un ecclésiastique, auquel il permettait une grande familiarité, ayant dit : « Sire, vous avez trois filles qui vous coûtent cher et dont il vous serait bien avantageux de vous défaire : ce sont l'ambition, l'avarice et la luxure. — Vraiment ! dit le roi : eh bien ! marions-les. Je donne l'ambition aux templiers, l'avarice aux moines et la luxure aux évêques. Je suis sûr d'avance du consentement des parties. »

L'ambition des templiers leur fut fatale; on devinait trop leurs projets et on les prévint. Le pape Clément V et le roi Philippe le Bel donnèrent un signal à l'Europe et les tem-

grand commandeur de l'Ordre? VOTRE CŒUR NE S'EST-IL PAS PRÉPARÉ A LA VENGEANCE ? et ne ressentez-vous pas *l'implacable haine* que nous avons jurée aux trois traîtres sur lesquels nous devons venger la mort de Jacques Molay ? Voilà, mon frère,

pliers, enveloppés pour ainsi dire dans un immense coup de filet, furent pris, désarmés et jetés en prison. Jamais coup d'État ne s'était accompli avec un ensemble plus formidable Le monde entier fut frappé de stupeur, et l'on attendit les révélations étranges d'un procès qui devait avoir tant de retentissement à travers les âges.

Il était impossible de dérouler devant le peuple le plan de la conspiration des templiers; c'eût été initier la multitude aux secrets des maîtres. On eut recours à l'accusation de magie, et il se trouva des dénonciateurs et des témoins. Les templiers, à leur réception, crachaient sur le Christ, reniaient Dieu, donnaient au grand maître des baisers obscènes, adoraient une tête de cuivre aux yeux d'escarboucle, conversaient avec un grand chat noir et s'accouplaient avec des diablesses. Voilà ce qu'on ne craignit pas de porter sérieusement sur leur acte d'accusation. On sait la fin de ce drame et comment Jacques de Molai et ses compagnons périrent dans les flammes; mais avant de mourir, le chef du Temple organisa et institua la *maçonnerie occulte*. Du fond de sa prison, le grand maître créa quatre loges métropolitaines, à Naples pour l'Orient, à Édimbourg pour l'Occident, à Stockholm pour le Nord et à Paris pour le Midi. Le pape et le roi périrent bientôt d'une manière étrange et soudaine. Squin de Florian, le principal dénonciateur de l'ordre, mourut assassiné. En brisant l'épée des templiers, on en avait fait un poignard, et leurs truelles proscrites ne maçonnaient plus que des tombeaux.

Laissons-les maintenant disparaître dans les ténèbres où ils se cachent en y tramant leur vengeance. Quand viendra la grande révolution, nous les verrons reparaître et nous les reconnaîtrons à leurs signes et à leurs œuvres.

LA VRAIE MAÇONNERIE, *telle qu'elle nous a été transmise.*

« En pratique ces trois traîtres sont : D'ABORD LE PAPE, et avec lui *toute l'Église*, *tout le christianisme*, tout *l'ordre religieux*.

« Puis LE ROI, et avec lui toute la société civile et *tous les gouvernements*.

« Enfin la FORCE MILITAIRE, qui a remplacé les anciens ordres religieux militaires voués à la défense de la foi. »

On ne peut pas être plus clair, je crois ; et si le lecteur veut ouvrir les yeux, il verra que ce sont les francs-maçons qui ont détruit la royauté en France, que ce sont eux qui enchaînent la Papauté, que ce sont eux enfin qui nous gouvernent aujourd'hui. Rien n'est moins démocratique que la Franc-maçonnerie, puisque leurs chefs si redoutables ne sont pas élus par le suffrage universel. Tous les adeptes obéissent et doivent obéir aveuglément à des commandements partis de supérieurs *inconnus*, et tout se passe dans l'Ordre avec une discipline militaire. Si la maçonnerie a établi le suffrage universel, c'est qu'elle était sûre de son triomphe par ce moyen. En effet, toutes les Loges reçoivent un mot d'ordre qui est transmis aux frères et amis. Les chefs ont fait le choix d'un candidat dont le dévouement est connu, et qui sera un agent actif et utile s'il est placé à tel poste, *et les frères nomment ce candidat* avec un ensemble parfait. De là, nos députés, nos sénateurs, nos ministres, nos magistrats, etc., etc., en un mot, tout ce qui est *une autorité!*

Aussi, établis au pouvoir comme ils le sont, messieurs de la franc-maçonnerie n'ont qu'un souci : RENVERSER L'ÉGLISE, LES FRÈRES, LES SŒURS, LES RELIGIEUX; et, trompant la bonne foi du peuple, ils le lancent contre le catholicisme par leurs écrits mensongers et surtout par toutes ces ignobles caricatures qui déshonorent nos censeurs! Chaque jour nous approchons du moment où une lutte suprême et terrible va s'engager entre Satan qui a corrompu les nations, et Dieu qui cherche encore à les sauver. Nul cataclysme n'aura atteint un degré d'horreur comme celui qui se prépare; mais il faut le sang de nouveaux martyrs pour faire revivre la Vérité, et nous sommes prêts! Nous n'attendons plus que l'heure où nous serons frappés par les ministres de l'Antechrist, soit par le poignard, soit par le poison, soit par la guillotine!... Nous leur ferons voir comment savent mourir ceux qui donnent leur vie pour LEUR DIEU et LEUR FOI!

VIII

LA SAINTE MAGIE

Ayant écrit les doctrines médicales, physiologiques et psychologiques qui résultent de mes trente-cinq années d'études et d'observations, il me suffit seulement à dire *comment* je suis arrivé à mes conclusions qui resteront envers et contre tout *un corps de doctrine*, parce qu'elles sont la déduction *des faits* et que, partant de cette déduction on arrivera toujours à la même synthèse, c'est-à-dire aux résultats que j'ai obtenus ; or, quand en partant d'un principe on arrive constamment et *fatalement* à un autre principe qui est la conséquence du premier, cela prouve surabondamment qu'il en est ainsi en vertu *d'une loi de la nature*, loi immuable comme les conceptions Divines d'où elle est sortie.

J'ai mentionné que vainement j'avais cherché la solution de l'énigme devant laquelle je me trouvais placé, d'un côté par le spiritualisme exclusif du docteur Thouverey, de l'autre par les phénomènes magnétiques révélés dans les facultés de la jeune fille que la Providence m'envoyait.

J'ai dit que mes recherches pour éclairer ce mystère, n'avaient été fructueuses qu'à partir de mon mariage avec celle qui m'avait rendu la santé ; et nous allons voir comment peu à peu je suis arrivé à la lumière.

Je dois avouer que malgré *les faits magnétiques* dont je devins l'auteur une fois en possession de mon instrument d'étude, je restais toujours attaché aux enseignements du docteur Thouverey.

Ces paroles : *L'Esprit commande à la matière*, et ces autres : *Il existe une force en dehors du magnétisme dont celui-ci n'est que l'a. b. c. Le magnétisme n'eût pas arraché Lazare au tombeau;* etc. Tout en un mot me rattachait à ces larges doctrines, et je me disais que la vision de Mme Dunand n'atteignait pas sans doute à ces sphères élevées où nous devions parvenir à force de prières, à force de souffrances et de patience.

Cependant, à mesure que les faits *purement médicaux* se révélaient à moi par l'expérience, je me consolai de descendre peu à peu des hautes régions de *l'Esprit* pour me confiner dans l'étude *des forces et des réactions de la matière* constituée sous la forme du corps humain. Là était le côté médical qui seul m'était permis alors. Enfin, avec les années d'observations et de réflexions je compris que si un apostolat chrétien était le seul espoir de salut pour notre société (selon ce que l'avait dit le docteur Thouveroy, selon ce que je jugeais moi-même), cet apostolat résultait FORCÉMENT du caractère spécial acquis par le médecin élevé à l'école où je passais, ainsi que de la véritable connaissance de l'homme, ce qui était la conséquence de mes études. Je compris également que Dieu ne peut tenir le miracle en permanence, et qu'il veut *au contraire* que la santé soit la conséquence des lois organiques naturelles mises en activité, en réactions à l'aide d'une médication dirigée sur des principes de vie jusqu'alors ignorés.

A ce moment je fis la découverte des fonctions dépuratives du foie, et je dus me rendre à cette évidence : *que le sang est l'élément essentiel de notre vie, que notre santé dépend* DE LUI SEUL, *que s'il est altéré ou si l'équilibre est rompu dans la circulation*, NOUS SOMMES MALADES.

Après dix années d'observations et d'expériences rigoureuses, il me fut donné d'établir le côté *matériel* de la médecine, c'est ce qui est développé dans mon premier volume.

Restait le côté psychologique.

Les faits spirituels éclataient chaque jour devant moi ainsi que déjà je l'ai mentionné ; mais avant de les coordonner, *avant d'arriver à un principe*, il se passa *dix* ou *quinze* ans.

La première chose devant laquelle je dus m'incliner, ce fut *l'existence d'un fluide intermédiaire entre l'Esprit et la matière.* Ce fluide se révélait de toutes façons, surtout pour les phénomènes *de sensations* éprouvées pendant que madame était en rapport avec un malade.

En effet, il est impossible d'expliquer ces douleurs, ces maladies même qui résultent du contact du sujet avec le malade et qui durent plusieurs jours quelquefois, sans les attribuer *à une communication fluidique* qui est le fait d'un équilibre spécial découlant du contact entre le consulté et le consultant.

Je n'ai pas même besoin de m'étendre sur ce sujet, tellement [l'évidence] est là ! tellement le phénomène est constant et constaté !

D'autre part, et sans aller si loin, nous trouvons la preuve de l'existence d'un fluide nerveux, dans ce fait : si on coupe le filet nerveux, le mouvement n'a plus lieu dans la partie inférieure à la coupure, tandis qu'il s'accomplit toujours dans la partie communiquant avec le cerveau. Or, si l'âme ou l'esprit étaient *les seuls* agents du mouvement, *s'il n'y avait pas de fluide intermédiaire entre l'esprit et la matière*, la rupture du fil télégraphique représenté ici par le filet nerveux, ne nuirait *en rien* au mouvement.

Donc, si le mouvement est arrêté là ou le fil télégraphique est coupé, nous sommes obligés de reconnaître que L'ACTION dépendait d'un fluide qui s'arrête où le fil conducteur est brisé.

Voilà pour le côté matériel, mais tout ce qui est relatif à *l'Esprit* me fut bien plus difficile à conquérir.

D'abord : Fidèle à mon ami le docteur Thouvercy, je ne voulus pas de la bénédiction nuptiale, et je n'acceptai que le mariage civil. Le docteur avait perdu sa puissance en se soumettant au clergé catholique que je condamnais à ce moment ; et comme je cherchais à conquérir cette *puissance* qu'il avait perdue, que je désirais la lui faire recouvrer, je me disais qu'il ne fallait pas commettre *la même faute*. Oh ! Esprit humain, que de raisonnements spécieux te souffle l'Esprit de mensonge pour te séduire !

Mais Dieu qui savait qu'avant tout je cherchais LA VÉRITÉ ET SA GLOIRE m'a pris en pitié ; et il m'a conduit comme par la main pour me sortir des griffes de *l'Ennemi du genre humain*.

J'ai averti que le père de madame a été son bourreau ; la Providence a permis cela pour m'éclairer et me conduire à cette vérité qui était le rêve de ma vie ! Cet homme a été le principe de mon retour au catholicisme, voici comment :

C'était un sorcier, ai-je mentionné déjà, très versé dans les sciences occultes, cachées sous le nom de magnétisme, et qui était nourri des doctrines du baron Dupotet.

Il avait le soin, ai-je dit, de reconnaître qu'il avait *une tête maline*, qu'il était supérieur *à tous*, si bien que s'il lui eût été donné de diriger la France, personne mieux que lui n'aurait été capable de lui apporter la prospérité. Pour résumer sa présomption, je n'ai qu'à rappeler l'estime qu'il avait de lui et qui le faisait s'écrier qu'en dehors de lui, chacun était un imbécile. Imbu de ces nobles pensées, il s'imaginait, malgré son manque d'instruction, qu'aidé des facultés de sa fille, il serait le plus grand homme du siècle.

Que l'on juge d'après ce portrait de quelle rage a été saisi cet orgueilleux, le jour où son enfant lui a déclaré que malgré ses résistances elle voulait être ma femme!! — Privé de *la lumière* qui lui venait par sa fille, il n'était plus rien, ses beaux rêves s'envolaient! La jalousie s'empara de son cœur et semblable à Satan son parrain, il jura que son rêve brisé ne se réaliserait pas en un autre. *Sa fille* disparut devant lui, il ne vit plus que *l'élément* d'un avenir qui lui était enlevé, et qu'il devait briser.

De ce jour, il dut employer contre son enfant toutes ses armes occultes; et il se sentait bien fort contre moi, car dans ces débuts de ma carrière, j'ignorais ces sources de puissance pour l'homme. Aussi, nous fit-il les prédictions les plus sinistres relativement à notre avenir !!

Ne connaissant que *le magnétisme*, ayant mis toute ma confiance en Dieu, je n'eus longtemps d'autres moyens pour parer ses coups que la prière, et des passes destinées à dégager ma malheureuse femme quand elle souffrait des influences de son père.

La force de celui-ci était doublée par les liens du sang, et par ceux que son action magnétique lui avait acquis pendant les années où il était le magnétiseur de son enfant.

Malgré mes efforts, malgré mes luttes, je ne parvenais pas à délivrer ma chère femme de l'horrible persécution de cet homme qui n'a eu autre chose du père, si ce n'est le nom. *J'étais désolé !*

Ma chère enfant, qui avait une grande dévotion à la Vierge, m'engageait à invoquer la protection de Celle qui est la terreur des démons, je refusais *énergiquement.*

Mon éducation religieuse née d'un ministre protestant faisait que je ne voulais pas m'incliner devant la *mère de Dieu.*

J'aimais notre Sauveur comme on aime l'idéal du beau, du grand et du bien ; mais je ne voulais voir autre chose en Marie qu'une femme ordinaire, *brave femme*, disais-je, qui avait beaucoup souffert, que *j'estimais*, mais devant laquelle je ne me prosternerais *jamais*.

Sur ces entrefaites nous fûmes consultés par une dame qui nous raconta ce qui suit : J'étais somnambule, nous dit-elle, *très lucide*. Le docteur qui m'endormait voulut abuser de moi, et je parvenais difficilement à éviter ses obsessions. Il m'endormait à distance, il me faisait venir chez lui ; et là il voulait me posséder. Soumise à ce pouvoir terrible, je ne savais plus que faire, *quand l'idée me vint* de faire une neuvaine à Notre-Dame-des-Victoires. J'entendis une messe, je lui fis brûler un cierge, je communiai, et après une neuvaine je fus délivrée ; SEULEMENT JE N'ÉTAIS PLUS SOMNAMBULE !

Que l'on juge de ce qui se passa dans mon esprit après cette révélation ! — *Les faits étaient là !* — *Comme ils avaient été là pour le docteur Thouverey !*

Sachant que *la lucidité* est le fait d'une puissance spirituelle, je constatais un deuxième cas d'*exorcisme !*... En effet, cette lucidité n'avait-elle pas disparu avec l'Esprit que la Vierge venait de chasser ?! Alors, la Vierge est donc, comme nous l'enseigne l'Église : *La terreur des démons ?!* Elle a donc reçu de Dieu un rôle tout spécial vis-à-vis de l'humanité ?! Dieu, dans ce cas, doit donc exiger des humains qu'ils s'humilient devant cette dépositaire de la puissance divine ?! Elle est donc, comme on nous l'apprend : *La voie des grâces célestes?* etc., etc... En un mot, je m'abîmai en réflexions qui me conduisirent peu à peu à cette conclusion : Si mes prières restent sans écho, c'est que Dieu veut *avant tout* que je fasse ma soumission à la Reine du Ciel, que je lui rende les hommages qui lui sont dus, qu'enfin je devienne un enfant docile.

Malgré tous ces raisonnements, malgré l'évidence des faits, je résistai longtemps sans faire cette soumission, parce que le docteur Thouverey vivait encore; et j'avais une telle foi en lui à cause de ses miracles, que j'espérais *quand même* à sa résurrection morale, à sa mission !

Mais quand sa mort arriva, je dus m'incliner et reconnaître que l'Esprit duquel le docteur avait tenu sa puissance était *un menteur !*... Je n'en fus pas moins atterré; et dans cette situation morale, je me demandais quel était l'Esprit cause de la vie mystique de mon malheureux ami ?! J'avais à ma disposition l'instrument nécessaire pour le savoir; car Mme Dunand, ai-je dit ailleurs, voyageait dans le monde spirituel comme nous le faisons ici-bas. Seulement, comme les révélations ne s'obtiennent que par la prière, je me décidai enfin à invoquer pendant neuf jours le saint nom de Marie !! Je demandai à la Reine du Ciel de daigner m'instruire non seulement de ce fait, mais de ce qui me tenait encore éloigné du catholicisme. Mes cris furent entendus, et voici à peu près l'ensemble de la réponse qui me fut accordée par l'intermédiaire de Madame, durant un sommeil extatique :

« L'Esprit qui a parlé au docteur Thouvercy et qui lui a donné sa puissance miraculeuse, c'était LUTHER ! La vie du docteur est l'emblème de ce qui va être du protestantisme qui doit bientôt mourir en se ralliant à la Sainte Mère commune l'Église catholique, apostolique et romaine.

« Quant aux prêtres catholiques qui sont la cause principale de l'aversion de ton mari pour l'Église de mon Fils, ils sont *malgré tout* les *seuls vrais* représentants du pouvoir divin qui leur a été transmis par les apôtres, et duquel ils sont investis par le sacrement de l'*ordre*. Que ton mari cesse d'être froissé par les scandales du clergé, qu'il comprenne que mon Fils n'ayant trouvé sur terre que des natures *corrompues par le Démon*, il ne pouvait se servir d'anges pour ses ministres ?!... Qu'il réfléchisse bien que l'*homme*, *portant au sacerdoce sa nature viciée et ses passions*, N'EST PAS SANCTIFIÉ PAR SON MINISTÈRE, qu'il doit combattre comme les autres hommes contre le Démon afin de conquérir l'Éternité : *Voilà pour l'homme*. Mais quand l'homme EXERCE le sacerdoce, ce n'est plus un homme mais *un prêtre*, c'est-à-dire le représentant *véritable* de mon Fils *qui est là* pour s'offrir *Lui-même à Dieu*. Le prêtre n'est *rien*, mon Fils est *Tout*, Lui seul est agissant. Enfin, s'il y a des prêtres qui ont terni le sacerdoce, l'Église ne compte-t-elle pas une pléiade de Saints qui l'ont illustrée, et par lesquels s'est manifestée la gloire de Dieu?! Avec le temps, la sainteté se généralisera aussi bien chez les fidèles que chez les prêtres, parce que l'*Esprit chrétien* pénétrera de plus en plus *les corps*, de générations en générations au moment de la conception, en vertu d'une loi que déjà je t'ai enseignée, à savoir : que le fluide magnétique est purifié en raison de la pureté de l'esprit; par conséquent, ce fluide étant l'élément *premier* de la matière, celle-ci reçoit donc l'empreinte de l'esprit purifié du père et de la mère, et il viendra un temps où les hommes *naîtront chrétiens* de corps et d'âme.

« Tu dois observer déjà combien cet Esprit a modifié par cette voie *la nature humaine*, à ce point que les sentiments chrétiens vous semblent naturels, tandis qu'ils n'existaient pas chez l'homme avant l'*Incarnation* et la *Rédemption ;* mais vous ne faites nulle attention à cette transformation de l'humanité, et cependant elle saute aux yeux! Que ton mari étudie mieux les choses du catholicisme, qu'il prie et il sera éclairé »

Comme on le voit d'après ce qui précède, j'étais atteint de la maladie qui pèse sur notre époque : *le cléricalisme* m'effrayait, *j'avais horreur du prêtre!* Hélas! je compris plus tard, quand j'eus mieux étudié et que je fus plus avancé dans les choses de l'Esprit, que cette horreur du prêtre *est le signe essentiel d'une obsession démoniaque.* En effet, le premier soin du démon ne doit-il pas être de détruire le prêtre, puisqu'il est le représentant de Jésus-Christ? Car si le représentant n'est plus là pour enseigner, conférer les sacrements qui sont les armes puissantes que M. Satan redoute par-dessus tout, sa puissance s'accroîtra d'autant. Aussi nourrit-il l'espoir qu'une fois les prêtres anéantis il les remplacera par les siens, c'est-à-dire par les magiciens francs-maçons, comme je l'ai démontré précédemment. Telle est la source de la guerre actuelle contre l'Église, ai-je dit ailleurs aussi.

Au moment où j'ai reçu la révélation que je viens de résumer, je ne connaissais pas les magiciens, et j'étais loin de me douter de leur puissance. J'étais protestant de cœur et d'âme, et comme les protestants je prétendais que l'homme peut communiquer avec Dieu *sans le secours du prêtre* dont il n'est pas besoin. Cependant j'étais arrivé peu à peu à modifier légèrement cette première idée, parce que je m'étais dit que Dieu peut aussi bien guérir les malades *directement,* et que cependant il a établi *un intermédiaire* entre le malade et Lui sous la forme du médecin; qu'il a institué le médecin comme un prêtre d'un autre genre destiné à porter la santé en son nom. Je me souvenais de ces paroles de l'Écriture : *Honora medicum propter necessitatem*, et j'y voyais la confirmation du sacerdoce dont le médecin a été revêtu par la voix de l'Esprit-Saint ! Alors j'arrivai, par la comparaison, à sentir *la nécessité* d'un sacerdoce spirituel, d'un *intermédiaire* entre Dieu et l'homme ; mais, comme on l'a vu, j'étais retenu encore loin de l'Église, parce que je ne comprenais pas ce qui scandalise chacun et malheureusement trop souvent : que dans le prêtre il y a deux êtres, *l'homme* et *le prêtre*. Que l'homme, s'il est à l'autel, devient *le prêtre*, c'est-à-dire le représentant *visible* du Dieu invisible dont il est *le médium* (pour employer un mot bien connu); tandis qu'il n'est plus *qu'un homme* une fois sorti de son ministère, et qu'à ce moment, s'il pèche, c'est l'homme et *non le prêtre*.

Toutes ces réflexions et les enseignements que j'avais reçus d'en Haut me décidèrent à rentrer dans le giron de l'Église, et je voulus fêter ma conversion par notre mariage religieux qui fut célébré à Notre-Dame-des-Victoires, en ce lieu d'où m'était venu *le secours* et *la lumière*. Puis, selon le conseil que j'avais reçu, je me mis à étudier plus profondément toutes les grandes questions dogmatiques du catholicisme, si bien que j'arrivai à cette conclusion : Que les enseignements de l'Église sont si grands, si majestueusement élevés, qu'il faut la vie tout entière de l'homme pour y pénétrer ; qu'en raison de l'élévation et de la profondeur de la science Divine dont l'Église est la dépositaire, elle a été obligée d'imposer *des articles de foi* au vulgaire qui n'a pas les facilités ni la possibilité d'études approfondies ; que loin d'être L'OBSCURANTISME dont l'accusent les ignorants, l'Église catholique peut *seule* répandre *la lumière*, parce que *seule* elle est guidée et éclairée par *l'Esprit de Dieu* qui *seul* est VÉRITÉ !

Mais là n'est pas le moindre fleuron de sa couronne ; l'autre, qui est non moins précieux à mon avis, réside dans LA VIRTUALITÉ des sacrements qui sont le secours *essentiel* et *efficace* sans lequel l'homme restera toujours la proie de l'ESPRIT DU MAL. Voilà pourquoi je proclame que l'Église catholique est la SAINTE MAGIE. C'est ce que je vais démontrer et prouver.

Faisons comprendre d'abord ce que l'on entend par *la virtualité;* c'est le fait d'une action de la volonté qui imprime à un être ou à une chose soit *un mouvement*, soit *une qualité* conçue par la pensée. On peut donc dire que la virtualité résulte de *l'action d'une force*, car nous avons démontré que la volonté est *une force*, puisqu'elle détermine les mouvements de tout ce qui constitue la vie de relation que nous avons étudiée. Or, la volonté, avons-nous expliqué, étant une faculté de l'âme, de l'esprit, il nous a été facile de nous faire l'idée de *l'action des forces spirituelles.*

Mais la volonté humaine n'a pas la seule puissance de déterminer le mouvement, elle nous permet de soulever des fardeaux; et c'est elle qui imprime à nos corps *le cachet* qui est propre à *l'esprit* de chacun de nous. De là les expressions de la physionomie et les allures qui ne sont que la conséquence de *la virtualité* de notre volonté, virtualité qui s'exerce lentement pour exprimer dans le corps *le caractère*, ou vivement dans certaines émotions, dans certaines passions. Quand nous avons étudié les effets des passions sur le corps, nous avons pu juger des désordres occasionnés dans l'organisme par la virtualité de nos émotions morales; nous avons vu que cette action de la volonté va jusqu'à modifier *la nature* des sécrétions, et j'ai surtout appelé l'attention du lecteur sur l'observation rapportée par Bichat, à savoir : que dans certains cas de colère, on avait vu la salive communiquer *la rage*. Or, d'où est né ce venin dans ce cas? Il est le résultat de *la virtualité*, de la volonté surexcitée par la passion, surexcitation qui lui a donné *une force* qu'elle ne possédait pas à l'état normal.

Tels sont *les faits irréfutables* qui nous enseignent de quelle façon l'esprit peut agir sur la matière chez l'homme sous l'empire de sa propre volonté.

La volonté humaine, avons-nous fait observer ailleurs, jouit seulement de la puissance de locomotion nécessaire à l'individu; elle peut communiquer le mouvement aux choses, à son semblable dans une certaine limite, ainsi que ses sentiments, ses pensées; et malgré ce faible degré de *force spirituelle* qui est son lot, elle est capable de produire les effets que je viens de rappeler. Que serait-il donc si une volonté plus puissante que la volonté humaine vient entrer en action? Si une volonté vient se souder à la sienne, comme cela est arrivé au docteur Thouverey, au magicien Dupotet et autres? Nous aurons *le miracle*, ou une action occulte lente qui est toujours le miracle; et dans ces cas, la force spirituelle est si grande, qu'elle agit même sur *notre esprit*, parce qu'il est inférieur.

Il n'est pas plus possible de nier les actions des esprits sur les esprits, que de nier l'action de l'esprit sur la matière. Ne voyons-nous pas tous les jours certains individus doués d'une grande fermeté imposer leurs volontés à des hommes d'un caractère plus faible? Eh bien! ce que nous constatons dans nos rapports sociaux se passe également dans les rapports entre les intelligences incorporelles. Pourquoi voudrait-on admettre que l'espèce humaine fût une exception? Pourquoi surtout s'acharner à prétendre qu'en dehors de l'homme il n'y a pas *des intelligences?* C'est soutenir que la terre seule est habitée. Or, les progrès de l'astronomie nous démontrent le contraire; et j'ajoute que non seulement les planètes sont habitées, mais que *l'espace* est habité également. Si la nature a horreur du vide matériel, elle a aussi bien horreur du vide spirituel. La vie est répandue partout, il n'y a pas la plus petite parcelle de l'espace qui n'ait ses habitants selon le lieu. Jetons les yeux autour de nous, et nous verrons des insectes microscopiques vivre et s'agiter partout; de même les êtres incorporels vivent et s'agitent autour de nous. Nous n'avons plus à démontrer l'existence des esprits, Deleuze s'en est chargé.

Nous savons que dans la vie matérielle des planètes *tout est solidaire* entre elles, puisqu'elles se communiquent constamment leur action réciproque, donc tous les habitants de ces planètes subissent ces mêmes influences. Il en est de même dans l'ordre spirituel: tous les êtres sont solidaires (c'est ce que l'Église a nommé *la communion des saints*), parce que les esprits se communiquent leurs influences réciproques en vertu des lois *d'attraction* et *de répulsion*, ce qui constitue, avons-nous dit, *la sympathie* et *l'antipathie;* et je l'ai expliqué à propos de notre étude sur les passions.

D'autre part, nous avons vu le magicien Dupotet interroger s'il était possible aux Esprit de s'attirer, et il répond par l'affirmative. Il est aussi naturel, écrit-il dans sa Magie dévoilée, aux esprits de s'attirer, qu'il est naturel de voir l'affinité entre les corps

Les attractions spirituelles ne naissent pas *seulement* des sympathies, mais de *l'invocation*, de *l'appel* d'un esprit à un autre. On a désigné sous le nom de *prière* cette invocation du faible vers le fort.

Pour ce cas encore, nous trouvons entre nous l'image de ce qui se passe ailleurs, et nous sommes témoins chaque jour des prières du pauvre au riche, du nécessiteux à l'influent, du coupable à celui qu'il a offensé, etc. — Et par cette prière nous fléchissons souvent des cœurs qui nous repoussaient auparavant.

Je dois ajouter que *l'attraction des esprits* ne naît pas seulement des sympathies exercées sur eux par des êtres vivants, par nous par exemple ou entre les Esprits eux-mêmes; cette attraction s'opère également *au moyen des images*.

J'ai fait observer, quand nous nous sommes occupé de l'origine des idées, que la plupart naissent *des images* que nous voyons, et je crois avoir fait ressortir également que nous représentons beaucoup de nos idées *par des images*. Nous nous sentons attirés vers une belle peinture, vers une belle sculpture, vers telle couleur *même* selon nos caractères. Il en est de même dans l'ordre spirituel qui est, lui aussi, attiré *par les images*.

Voilà pourquoi l'ancienne magie avait ses images et ses statues qui représentaient les Esprits qu'ils évoquaient. C'est en vertu de la même loi que le catholicisme a été conduit par l'Esprit-Saint à embellir ses temples par les images et les statues des saints qu'elle invoque en tel ou tel lieu.

Le protestantisme, qui ne comprend pas cela, condamne cette loi du catholicisme sous prétexte que c'est de l'idolâtrie ; il ne penserait plus de même s'il savait la puissance des images sur les Esprits.

Dans le catholicisme tout est *virtuel*, tandis que dans le protestantisme RIEN N'EST VIRTUEL. Ses sacrements n'ont aucune puissance, car l'Esprit-Saint n'est pas avec les hérétiques. Le protestantisme peut être considéré comme un composé de *sectes philosophiques* ayant l'Évangile comme enseignement, mais pour une Église... JAMAIS. Oh ! que je voudrais que mes frères les protestants comprissent ce que je dis maintenant !... Je dois ma foi à un de leurs pasteurs, je voudrais aider à leur conversion, à leur retour à la véritable Église de ce Jésus qu'ils aiment, et dont ils font chaque jour saigner le cœur ! Oui, mes frères les protestants, vous faites saigner le cœur de Jésus, d'abord en maltraitant sa divine Mère comme je l'ai fait avant de la connaître un peu.

Je ne puis dire de quels regrets j'ai été saisi, entre autres quand j'ai lu dans *la Cité mystique*, ce livre que la sainte et voyante religieuse franciscaine Marie d'Agréda a écrit sous la dictée de la Reine des Cieux et des Anges, le passage suivant que je rapporte à peu près :

« Tome V, page 148 : Les saints évangélistes n'ont pas écrit les autres mystères cachés que notre Rédempteur Jésus-Christ opéra sur la croix ; et les catholiques ne peuvent former, à cet égard, que les prudentes conjectures qu'ils tirent de la certitude infaillible de la foi. Mais entre ceux qui m'ont été découverts en cette histoire et en cette partie de la Passion, il y a une prière que le Sauveur fit au Père éternel avant de prononcer les sept paroles dont les évangélistes font mention. Je l'appelle une prière parce qu'il s'adresse au Père éternel, quoique ce fût plutôt un testament qu'il fit, en qualité de véritable et très sage Père de la grande famille du genre humain, que son Père lui avait recommandée. En effet, la raison naturelle enseigne que le chef d'une famille et possesseur d'un bien quelconque ne serait pas un prudent administrateur, et négligerait les devoirs de sa position, s'il ne déclarait à l'heure de sa mort la manière dont il entend disposer de ses biens et régler les intérêts de sa famille, afin que ses héritiers et ses successeurs sachent ce qui revient à chacun d'eux, sans être obligés de se disputer, et qu'ils entrent ensuite en possession légitime et paisible de leur part d'héritage ; c'est pour cela que les hommes du siècle font leur testament quand ils se portent bien, pour éviter toute inquiétude à leurs derniers moments.

Le Seigneur, attaché à la croix, disposa de ces

biens éternels. Cette connaissance m'a été donnée comme faisant partie de cette histoire, afin de mieux faire ressortir « *la dignité de notre auguste Reine, et que les pécheurs recourent à elle comme la dépositaire des richesses dont son Fils notre Rédempteur veut rendre compte à son Père éternel :* CAR TOUS LES SECOURS DOIVENT ÊTRE TIRÉS DU DÉPOT DE LA TRÈS PURE MARIE, C'EST ELLE QUI DOIT LES DISTRIBUER DE SES MAINS CHARITABLES ET LIBÉRALES. »

Après cet exorde, Marie d'Agréda rapporte en entier le testament du Sauveur, tel qu'il lui a été dicté. Il est trop long pour que je le transcrive totalement, je ne dirai que ce qui concerne Marie.

« Page 152. — Je veux en premier lieu nommer ma très pure Mère qui m'a donné l'être humain, ET LA CONSTITUER MON HÉRITIÈRE UNIQUE ET UNIVERSELLE DE TOUS LES BIENS DE LA NATURE, DE LA GRACE ET DE LA GLOIRE QUI M'APPARTIENNENT AFIN QU'ELLE EN SOIT MAITRESSE AVEC PLEIN POUVOIR ; JE LUI ACCORDE ACTUELLEMENT TOUS CEUX DE LA GRACE, QU'ELLE PEUT RECEVOIR DANS SA CONDITION DE SIMPLE CRÉATURE, ET JE LUI PROMETS CEUX DE LA GLOIRE DANS L'AVENIR. JE VEUX AUSSI QU'ELLE SOIT LA MAITRESSE DES ANGES ET DES HOMMES ; QU'ELLE AIT SUR EUX UN EMPIRE ABSOLU, QUE TOUS LUI OBÉISSENT ET LA SERVENT, QUE LES DÉMONS LA CRAIGNENT ET LUI SOIENT ASSUJETTIS, ETC. JE VEUX ENCORE QU'ELLE SOIT LA

DISPENSATRICE DE TOUS LES BIENS QUE LES CIEUX ET LA TERRE RENFERMENT. CE QU'ELLE ORDONNERA ET DISPOSERA DANS L'ÉGLISE A L'ÉGARD DES HOMMES MES ENFANTS SERA CONFIRMÉ DANS LE CIEL PAR LES TROIS PERSONNES DIVINES ET NOUS ACCORDERONS SELON SA VOLONTÉ TOUT CE QU'ELLE DEMANDERA POUR LES MORTELS, MAINTENANT ET TOUJOURS. »

Si nous raisonnons, nous jugeons que le Verbe divin, en accordant toutes ces prérogatives à sa Mère incomparable, a voulu récompenser ses mérites sans nom et ses souffrances qui, d'après ce qui a été révélé à Marie d'Agréda, ont été égales à celles de son Fils !... Notre Sauveur, en instituant sa Mère bienheureuse comme légataire universelle, en lui léguant la disposition de tous les trésors possédés par l'auguste Trinité, donnait en outre à Celle qui a été la coopératrice de la Rédemption le prix qu'elle avait si vaillamment conquis.

Marie est donc devenue, par sa situation de légataire universelle du Verbe incarné, un nouvel INTERMÉDIAIRE que Dieu a placé entre Lui et les hommes. C'est par cet intermédiaire que désormais tout a dû passer pour venir à l'humanité; voilà pourquoi l'Eglise catholique, qui est constamment guidée par l'Esprit-Saint, a décrété le culte qu'elle rend à Celle qui a été la nouvelle Arche d'alliance, puisqu'elle a porté dans ses flancs la rançon du péché, à Celle qui a été à elle seule *l'Église*, puisque le saint sacrement reposait en Elle comme il repose dans le catholicisme depuis la mort de notre Mère, de la nouvelle Ève !...

Oh !... mes frères les protestants, jugez par ces quelques lignes (si misérablement écrites) jugez de quelles offenses vous vous rendez coupables tous les jours quand vous refusez de vous prosterner devant Celle qui est adorée des Anges !... Réfléchissez et voyez que vous êtes bien les fidèles serviteurs de l'ange révolté ; car vous savez que la révolte de Lucifer est née de cette protestation contre la volonté divine lorsqu'il dit : *Jamais je ne me prosternerai devant cette femme, moi l'ange de lumière !...*

Vous savez bien que c'est parce qu'il croyait voir dans Ève cette incarnation de la Vierge Immaculée annoncée par Dieu, que Satan résolut de faire choir la première femme ! Ne lui avait-il pas été annoncé que la femme lui écraserait la tête ? Dès lors est née cette inimitié entre la femme et lui ; et c'est en raison de cette inimitié qu'il vous inspire à vous protestants, pauvres chrétiens égarés, de ne pas vous incliner plus que lui devant Celle qu'il sait être sa plus redoutable ennemie. En vous inspirant l'horreur du culte de Marie, il sait, cet ennemi du genre humain, qu'il vous prive des secours les plus précieux, et qu'il acquiert ainsi plus d'empire.

Je ne parlerai pas de toutes vos erreurs dogmatiques, car je ne fais pas ici un cours de théologie, (ce dont je serais du reste incapable). Je vous dirai seulement : Priez la Reine du Ciel, humiliez-vous devant elle, demandez-lui d'éclairer vos cœurs, et il vous sera fait comme à tant de vos frères et comme à moi, VOUS SEREZ CONVERTIS !!

Avant cette digression, je faisais ressortir la virtualité de l'Église et je disais que dans le protestantisme RIEN N'EST VIRTUEL, RIEN N'EST VIVANT.

Il semble que ces dissidents aient conscience de ce fait sans s'en douter. Ainsi. ils se contentent de désigner les représentants de leur culte, soit par le nom de *pasteur*, soit par celui de *ministre*, ils n'osent le décorer du titre sacré DE PRÊTRE.

Il y a en effet un abîme entre la valeur du pasteur protestant et celle de prêtre catholique. Le premier est un *conférencier*, un simple discoureur, et s'il donne le pain et le vin sur lequel il a récité les saintes paroles de la Cène, il le donne en *mémoire* de ce banquet divin ; mais ce n'est pas L'EUCHARISTIE; car le pasteur protestant, *le voulût-il*, n'est gratifié d'aucun *pouvoir spirituel* parce qu'il n'est pas un véritable descendant des apôtres et que par ce fait l'Esprit-Saint n'est pas avec lui. Aussi le pasteur protestant n'est pas *un prêtre*.

Tandis que dans le catholicisme les pasteurs sont *des prêtres*, c'est-à-dire des hommes investis du pouvoir spirituel *efficace* et *vivant* que Jésus a donné à ses apôtres pour le transmettre à leurs successeurs. Voilà pourquoi l'Église a institué ses sacrements dont *la virtualité* est infaillible ; car *l'Esprit* de Dieu agit par eux, sur ceux à qui ils sont conférés.

Faisons une comparaison pour mieux faire ressortir l'idée que je soutiens.

Le magicien Dupotet, les magnétiseurs transcendants, le zouave Jacob, les spirites médiums, *sont des prêtres* (de Satan il est vrai), mais ils sont des prêtres, parce que l'Esprit qui les assiste agit *virtuellement par leur intermédiaire.*

Tandis que le célèbre M. Achille Poincelot, par exemple, qui s'est fait le champion du magnétisme dont il ne connaît pas le premier mot, est *un conférencier*; comme un pasteur protestant il discoure, il conférencie ; mais il ne produirait pas d'action virtuelle parce qu'il n'a pas, comme ceux que j'ai désignés, fait de pacte avec un démon qui donne *la virtualité* à ses actes, en un mot qui lui permette de faire quelque petit miracle.

Ce mot de miracle que je viens d'écrire nous conduit à étudier mieux *les sources* de la virtualité de l'Église catholique, et je dis :

Nous nous souvenons dans quelle perplexité j'ai été plongé, dans quelles recherches j'ai été lancé par ces paroles du docteur Thouverey : Il existe une force en dehors du magnétisme dont celui-ci n'est que l'a. b. c. Le magnétisme n'eût pas arraché

Lazare au tombeau. L'Esprit commande à la matière et la vivifie. Magnétiser c'est mobiliser, tandis que conquérir la puissance spirituelle, *c'est vivifier*.

Nous nous souvenons d'autre part que le magicien Dupotet se décidant à ôter le voile qui couvrait le secret de sa puissance magique, nous a enfin avoué *que la force spirituelle, domptant, dominant la force physique, donne lieu aux faits miraculeux*.

Le docteur Thouvercy divisait les forces qu'il avait reconnues, *en trois classes de leviers*, comme en mécanique ; 1er, 2me, 3me genres.

Pour moi, j'admets quelque peu cette classification, et je dis :

L'Esprit de l'homme possède un faible levier spirituel que nous appellerons du 1er genre, c'est-à-dire: *La simple force mobilisatrice*.

Le 2me genre, déjà plus puissant, est celui qui est propre aux esprits célestes d'un ordre élevé ; tels sont les Saints, les Anges, les Archanges, enfin au sommet, la Vierge Immaculée.

A ces Esprits est *dévolue* une telle puissance de volonté, qu'il leur est facile de rétablir dans un corps un équilibre détruit, *d'où les guérisons subites*.

Enfin, le troisième genre de levier, qui n'appartient qu'à Dieu, c'est LA FORCE CRÉATRICE.

Voilà pour les Esprits restés fidèles à leur Créateur, et qui reçoivent la puissance spirituelle dont ils jouissent, *des dons de l'Esprit-Saint*; mais les démons ont également une grande puissance, et en raison de *la force spirituelle* inhérente à leur qualité d'Esprits d'un certain ordre, ils déterminent *le miracle*; néanmoins on ne verra jamais leurs œuvres égaler celle des Saints, témoins les prêtres de Pharaon devant Moïse, et la lutte mémorable de saint Pierre contre Simon le magicien. Le nom de *prodige* convient mieux aux œuvres des Esprits infernaux que celui de miracle.

Malgré cette infériorité dans la force spirituelle des démons, ils ne sont pas moins pour cela des êtres *excessivement* redoutables, doués d'une puissance *cent fois*, *mille fois* supérieure à celle de l'homme, ET SANS CESSE ILS RODENT AUTOUR DE NOUS, CHERCHANT QUI ILS PEUVENT DÉVORER.

Le magicien Dupotet ne nous a-t-il pas averti qu'il n'est *rien de plus facile à lui*, ministre de Satan, que de corrompre nos pensées, de rendre tel individu coupable ? Et s'il le fait, n'est-ce pas en vertu de la force qu'il a acquise quand Satan s'est soudé à lui lors de son pacte? Eh bien, qu'on le sache, et que l'on en soit bien convaincu : *Si les démons se servent quelquefois de leurs suppôts pour faire le mal, le plus souvent ils agissent directement sur nous;* et ils ont tant de ruses à leur service, ils mettent une si grande persévérance dans leur œuvre infernale, qu'il est bien difficile à l'homme, à celui-là même qui se tient sans cesse sur ses gardes, de ne pas être leur victime. Que serait-il donc de nous si Dieu, dans sa miséricorde, n'avait placé le remède à côté du mal? On est malgré soi saisi de terreur à cette pensée !

Dans les premiers temps de mes études sur le magnétisme, alors que je voyais certains magnétiseurs produire des œuvres mauvaises sur ceux qui leur déplaisaient, quand surtout je les entendais dire que le magnétisme est *une science*, je ne pouvais faire moins que de déplorer la découverte d'une telle science, puisque l'ignorant devenait une proie facile pour l'individu versé dans les connaissances de ce magnétisme mille fois maudit!... J'ai dit comment peu à peu j'ai été conduit à connaître le dessous des cartes, et les moyens de parer à ces coups sans égaux, redoutables entre tous, puisqu'ils frappent dans l'ombre et à l'abri des lois; mais quand, lors de mes dernières conférences, j'eus découvert que tout ce prétendu magnétisme se résumait en ce seul mot : MAGIE!... Quand surtout j'eus arraché en public le masque de ces imposteurs du magnétisme, je devins le point de mire de toutes les foudres de ces maudits réunis qui n'avaient qu'un but : *étouffer ma voix révélatrice, me tuer au besoin par leurs armes occultes, et ces misérables lâches ne craignirent pas d'attaquer surtout ma sainte femme, parce qu'ils pensaient que privé d'elle, je perdrais une grande force!...*

Souvenez-vous, ami lecteur, qu'Eliphas Lévy nous apprend que le magicien, une fois en possession de *la force magique*, dispose de la vie, de la santé, de l'esprit même de ceux sur qui il veut frapper. Souvenez-vous que Dupotet enseigne de même, ET JE VOUS AFFIRME QUE CE QU'ILS ENSEIGNENT, ILS LE FONT !

Au milieu des luttes sans nom que j'ai eu à soutenir contre ces suppôts de l'enfer pendant plusieurs années, il me vint l'idée que je ne devais pas condamner absolument la magie sans la mieux étudier; car les magiciens prétendent que le mot magie vient de *majus* (grand), et que la magie est la révélation de tous les grands mystères DE LA NATURE.

En conséquence, j'achetai les ouvrages d'Eliphas Lévy, je lus à la bibliothèque de la rue Richelieu ceux de Dupotet; mais je ne me contentai pas de cela seulement, je fis plusieurs visites à ces deux têtes de la magie afin d'essayer, puisque la magie est, selon eux, la science des grandes lois de la nature, s'il n'était pas possible de rallier la magie au catholicisme au lieu qu'elle en soit l'ennemie.

Mes tentatives furent vaines, on le pense bien, car je me heurtais contre des impossibilités. Je dus me convaincre bientôt que je ne pouvais espérer le mariage du diable avec le bon Dieu.

Pendant ces tentatives je sus que je n'étais pas le premier à qui cette pensée était venue, et que vers le troisième siècle de l'ère chrétienne, à Alexandrie, en Égypte, une secte, qui prit le nom de GNOSTIQUES (*de gnosco, je connais*), et qui comptait dans ses rangs des évêques et d'autres hauts dignitaires de l'Eglise, avait cherché à introduire la magie dans le christianisme, mais qu'elle avait été bien et dûment condamnée par l'Eglise.

Etouffée pour un instant, cette secte reparut au quatrième siècle en Espagne, apportée par un Égyptien du nom de Marc, originaire de Memphis. Les premiers disciples furent une femme noble du nom d'Agapé, puis le rhéteur Helpédius et enfin l'évêque *Priscillien* qui cacha le gnosticisme sous son nom à lui, si bien qu'il devint *le priscillianisme.*

Ainsi débaptisée, la secte se répandit rapidement, et vit se rallier à elle un certain nombre d'évêques espagnols. Enfin, le priscillianisme acquit une telle importance qu'un synode fut déclaré nécessaire. Il se tint à Saragosse en 380, et, vu l'importance de la secte, les évêques espagnols firent appel aux évêques de France.

Je n'ai pas à dire que le priscillianisme fut condamné ; mais l'ancien serpent ne se laisse pas détruire facilement, si bien qu'un deuxième synode eut lieu à Bordeaux où la secte fut également condamnée. Une nouvelle condamnation l'atteignit au concile de Milan vers 388, et c'est contre lui que fut assemblée au VIe siècle le concile de Prague qui détruisit le priscillianisme.

Je n'avais pas besoin de savoir ce que l'Eglise avait jugé pour me prononcer contre la magie une fois que je l'eus mieux étudiée ; car j'avais apprécié qu'elle n'est pas la science des lois de la nature, *qu'elle n'est pas une science*, qu'elle est tout simplement une RELIGION! En effet, nous avons la preuve de ce que j'avance dans l'analyse que j'ai faite des œuvres de sorcier Dupotet. N'avons-nous pas vu *qu'il ment* dans tous ses ouvrages en présentant le magnétisme *comme une science*. N'avons-nous pas vu *qu'il ment* dans la moitié de sa *magie dévoilée* quand il la présente comme *une science*, comme la résultante de la faculté que l'homme possède de s'approprier le fluide universel pour le diriger à son gré?

N'avons-nous pas vu qu'après avoir *menti tout le temps* ce maître sorcier est obligé d'avouer que la magie réside TOUTE ENTIÈRE *dans les forces* spirituelles, et que ces forces évoquées par les magiciens sont LES SEULES CAUSES DE LEURS ŒUVRES MIRACULEUSES.

Nous avons démontré d'autre part la nature satanique des esprits auxquels sont soumis les magiciens. *Je dis soumis*, et le célèbre Dupotet me disait lors d'une de mes visites : *Une fois que la puissance magique s'est soudée à l'homme*, IL NE S'APPARTIENT PLUS. *Il doit être le serviteur de cette force, et ne jamais agir que d'après les avis qu'il reçoit des esprits dont il est le familier.*

Nous avons vu ce même magicien, tout enflé de ses œuvres magiques, accuser les prêtres catholiques de ne plus faire de miracles parce qu'ils n'ont pas *la virtualité* de l'esprit comme lui. On se souvient que je lui ai répondu comment l'Esprit-Saint, qui a été si prodigue de miracles pour établir la foi, comment ce même esprit agit sur les fidèles à l'insu du prêtre et par ses prières.

Je citerai enfin les miracles de Lourdes où la Vierge Immaculée se manifeste plus spécialement ; et d'après ce que nous avons dit *des causes* du miracle, à savoir l'action de l'esprit sur la matière, nous comprenons que rien n'est plus simple, et que le miracle n'est pas une dérogation aux lois de la nature comme le prétendait Jean-Jacques Rousseau.

J'ajouterai enfin que les incrédules, ceux qui nient les miracles de Lourdes, n'ont qu'à lire d'abord l'ouvrage de M. Henry Lasserre qui a été guéri l'un des premiers par l'eau de la source miraculeuse et qui a voulu se faire l'historien de tout ce qui s'est passé à Lourdes en reconnaissance de sa guérison obtenue.

Quant à l'action curative de l'eau de la sainte grotte, connaissant les effets d'une eau magnétisée dans laquelle le magicien a déposé sa force spirituelle pour lui donner telle ou telle vertu, nous comprenons quelle efficacité l'eau de Lourdes doit avoir puisqu'elle a été bénie par l'Esprit le plus élevé après Dieu, par la Reine des cieux !

Cette même *virtualité* de la volonté des Saints, et celle qui résulte des prières du prêtre quand il bénit un objet, nous fait comprendre aussi combien sont précieux pour le chrétien tous ces objets bénits qu'il porte sur lui.

Les phénomènes magiques, ceux du spiritisme, s'ils font tant de mal ont eu du moins l'avantage de faire toucher du doigt ce qui se passe dans l'Eglise, et c'est sans doute pour cette raison que Dieu a permis toutes ces manifestations à notre époque.

Si on a été surpris que j'aie nommé l'Église catholique : LA SAINTE MAGIE, on doit juger combien j'avais raison ; car la magie des magiciens étant une religion satanique dans laquelle les prêtres-sorciers évoquent les esprits infernaux déguisés souvent sous les noms les plus saints, nous voyons en opposition de celle-ci les prêtres de Jésus-Christ, assistés de l'Esprit-Saint et de tous les Saints, invoquer leur secours pour aider à l'homme dans les combats qu'il livre ici-bas à l'ennemi de son salut. Sans ce secours *efficace* et *virtuel*, ai-je dit déjà, l'homme serait incapable de sortir des griffes de ces démons dont le plus faible est cent fois plus fort que l'homme comme esprit, *comme force spirituelle.*

L'Église seule a le pouvoir de chasser l'esprit du mal, parce que celui-ci ne peut résister à l'Esprit-Saint. L'exorcisme ne sera pas possible à un pasteur protestant, et cela prouve ce que j'ai dit du protestantisme. Tandis que dans le cours de cet ouvrage j'ai cité deux cas puissants d'exorcisme, et si l'espace ne me manquait, j'en aurais cité bien d'autres.

Mais les sacrements ne sont pas les seules armes qui mettent en fuite les démons ; que l'on prenne la peine de lire la vie de quelques Saints, et l'on verra comment ils chassaient les malins esprits. Que l'on voit seulement la puissance de saint François d'Assises, de saint Dominique, de saint Martin, le fondateur du christianisme dans les Gaules. Que l'on juge quelle était *la puissance curative* de L'ESPRIT qui les assistait ! Puis, si l'on met en parallèle l'humilité, la modestie et la grandeur de ces saints bénis, avec l'orgueil, l'autocratie, la perversité des magiciens, on verra de quel côté est *la sainte magie.*

Est-ce que jamais ces saints se sont glorifiés comme le sorcier Dupotet, que rien n'est facile comme de corrompre les cœurs ?... Ah ! certes, ils étaient animés des soucis d'une gloire bien plus belle, car ils ne songeaient qu'à bénir, à purifier les cœurs et les corps ! Voilà qui prouve une fois de plus que les magiciens ne sont autres que les prêtres de Satan, et si le lecteur, curieux d'assister aux expériences des disciples de Dupotet, passe une soirée dans un de ces bouges où se font ces exhibitions, il verra qu'une des expériences favorites de ces sorciers de bas étage, est de faire commettre à leur sujet, au moyen de la transmission de pensée, les *sept péchés capitaux*. Voilà certes un cachet indéniable.

L'Église seule, ne me lasserai-je de répéter, a la puissance de l'exorcisme. C'est en vertu de cette qualité que, lors de notre baptême, elle chasse l'esprit immonde auquel nous appartenons en naissant. Les prières du baptême ne sont qu'une longue suite d'exorcismes, puis de bénédictions, au nom de Dieu notre Sauveur et de l'Auguste Trinité !...

Mais elle possède un trésor encore plus ineffable, c'est *la sainte Eucharistie!* c'est-à-dire le corps et le sang du Dieu qui est mort pour nos péchés, et qui est là *véritablement vivant,* toujours prêt à venir à nous pour nous soutenir dans nos peines et dans nos combats !

Il nous semble impossible, à nous autres pauvres mortels, que cette mince hostie, ce petit morceau de pain sans levain, puisse devenir *véritablement* le corps et le sang de notre Sauveur, quand *le prêtre* a prononcé les paroles de la consécration. Cela est bien simple à comprendre cependant, maintenant que nous connaissons les degrés de la force spirituelle.

Le Verbe ou *la parole* est le principe de l'action

chez nous ; car quand nous *voulons* et que l'action a lieu, c'est en vertu d'un verbe, d'une parole que nous avons prononcée mentalement. Notre parole a donc une grande virtualité, puisqu'elle a déterminé *le mouvement*. Mais si notre parole est douée seulement d'une puissance qui détermine la locomotion, nous savons, d'après ce que j'ai expliqué, que la parole de Dieu est CRÉATRICE. Donc, quand Jésus a dit : *ceci est mon corps*, le pain est devenu le corps de Jésus-Christ, en vertu de *la virtualité* de sa divine parole. Ainsi pour le vin; et quand *le prêtre* prononce ces mêmes paroles de la consécration, ce n'est pas lui qui les *dit*, c'est Jésus qui est LA, présent, et qui opère *la transubstantiation*. Voilà pourquoi l'hostie est *véritablement* devenue le corps et le sang du Dieu notre Sauveur, *en vertu de sa parole créatrice*. Voilà ce que le protestantisme n'a pas!... Et toi, magie satanique, as-tu rien de semblable, quoique ton prince soit le singe de Dieu?

A ce propos, je me souviens d'avoir lu un ouvrage de Pigault-Lebrun, ouvrage intitulé *le Citateur*. Dans ce méchant petit livre, l'auteur, analysant les cérémonies des anciens cultes, accuse l'Église de s'être fait *un manteau d'Arlequin* avec les cérémonies antiques. C'est que Pigault ne connaissait pas la magie, il ne savait pas que *le singe de Dieu*, M. Satan, avait eu le soin d'établir un cérémonial basé sur les attractions spirituelles. Les anciens avaient l'eau lustrale ensorcelée par les cérémonies païennes, parce que les magiciens savaient l'effet des conjurations sur ce liquide. Ils avaient les amulettes et même des statues parlantes.

Il ne faut pas que cela nous étonne, puisque j'ai dit ailleurs que Satan est bien puissant. Seulement, quand les chrétiens se furent multipliés à Rome, il arrivait souvent que leur influence empêchait les démons de rendre leurs oracles. L'abbé Rhorbacher, dans son histoire de l'Église catholique, rapporte que les persécutions de Néron ont été commandées par les démons des temples où Néron les interrogeait vainement : c'est telle famille chrétienne qui nous empêche de parler, objectaient-ils ; et aussitôt Néron faisait martyriser ceux que ses oracles lui désignaient comme les auteurs de leur mutisme et de leur impuissance.

Nous voyons, par ce fait, quelle est la puissance de la prière collective contre les œuvres démoniaques ; mais, si l'Église le sait, si elle connaît la force que donne *l'association* dans la prière, *les démons savent aussi qu'ils doivent s'unir afin d'acquérir une influence plus certaine.* Nous nous souvenons que Jésus-Christ, interpellant le démon qui habitait le corps d'un possédé, lui demanda : *Quel est ton nom ? — Je me nomme Légion,* *répondit l'autre.*

Aussi les magiciens, connaissant ces lois, ont-ils formé *une association, une Église.* J'ai rapporté précédemment le conciliabule auquel j'ai assisté après le siège, alors que ces honorables sorciers resserraient leurs rangs *afin de combattre et de renverser, par leurs opérations clandestines et magiques, l'influence du clergé.* Et voilà ce qui se passe : Tous les affiliés à la secte reçoivent l'ordre d'agir ensemble, *à telle heure,* sur la ou les victimes qui leur sont signalées. A l'heure indiquée, chacun d'eux récite *les malédictions, les imprécations* ou *les anathèmes* qui ont été choisis, et pendant une période de temps qui est décrétée, cela continue. Ces maudits sont guidés dans leurs œuvres criminelles par les esprits qui se révèlent à eux, soit par la voix du somnambulisme, soit par voix de médiumnité, soit même par *visions directes.* Le sorcier Dupotet est *médium* auditif et médium voyant, il l'était bien longtemps avant qu'Allan Kardec révélât cette faculté chez l'homme, mais il cachait soigneusement ce moyen de sa puissance. « Je voyais les esprits pendant mes représentations magiques, nous apprend-il dans sa *Magie dévoilée,* je les voyais voltiger autour de mes sujets. » Un jour (m'a-t-il conté, lors d'une de mes visites chez lui), pendant que j'écrivais ma *Magie dévoilée,* je me sentis saisi fortement en arrière, par ma cravate. Je levai la tête forcément et j'aperçus trois individus groupés derrière moi. Tout était clos chez moi, je ne savais comment ces gens étaient là, et mon premier mouvement fut de me défendre. Je donnai un violent coup de poing à celui qui me tenait; mais ma main et mon bras passèrent au travers de son corps. C'était un esprit qui alors posa un doigt sur sa bouche et me dit : *Tu dis dans ton livre des choses qu'il faut taire.* Et après cela, les trois hommes disparurent.

Eliphas Lévi a eu des apparitions identiques et très fréquentes.

Ces phénomènes nous étonneront moins si nous savons que pareille chose est arrivée à Mozart, à propos du *Requiem* qu'un seigneur, tout de noir vêtu, lui avait commandé. L'anecdote est dans l'ouvrage que Stendhal a consacré à Mozart.

En résumé, nous voyons que les démons savent former des associations et ils les établissent, soit par leurs suppôts, comme les magiciens, soit directement. C'est pour lutter contre ces puissances, dont l'Église connaît très bien les agissements, qu'elle a établi *les communautés religieuses* dans lesquelles on prie *jour* et *nuit*, afin de combattre de par le monde les desseins des esprits infernaux. Ces saints hommes ou ces saintes filles, qui ont tout quitté pour se sacrifier à Dieu et au salut des âmes, ont donc une mission des plus précieuses pour l'humanité; mais elle n'est guère comprise par notre société ! Au contraire, nous entendons tous les jours des personnes et même parmi celles qui remplissent un peu leurs devoirs religieux, condamner la vie monacale comme étant inutile !

Le peu que je viens de révéler fera sans doute changer d'avis, surtout si j'ajoute que la prière de ces religieux, de ces religieuses, éloigne de beaucoup de nous les effets de *la justice divine*.

Oui ! de la justice divine, car il faut bien se pénétrer de cette pensée : c'est que si Dieu est bon, il est juste, et qu'il punirait bien plus souvent les hommes si n'était l'appel fait à *sa miséricorde* par les saints qui le prient dans les cloîtres et qui s'imposent des pénitences pour racheter les fautes de ceux qui ont oublié que Dieu est leur père, ainsi que les devoirs filiaux qu'ils ont à remplir vis-à-vis de lui.

Voilà pourquoi, dans les temps de révolution, la première idée que Satan communique aux masses qu'il a soulevées, c'est de détruire les couvents et de tuer les religieux. *Ces saints le gênent trop*. Voilà pourquoi les francs-maçons font tout pour détruire les ordres religieux, car c'est Satan, leur maître, qui les anime.

Étant connue *la virtualité* du catholicisme, *la virtualité* des paroles du *Verbe incarné*, réfléchissons à cette parole de Jésus à ses apôtres : *Euntes docete ;* ALLEZ, INSTRUISEZ LES NATIONS.

Le révérend père Fournou, de l'ordre de l'Immaculée conception, à Lourdes, a fait sur ces paroles un sermon des plus remarquables que j'ai entendu avec un intérêt bien vif, en mars dernier, alors que j'étais allé porter mon deuil aux pieds de notre Mère, la Vierge sans tache.

« Jésus, fit-il remarquer, a donc constitué les apôtres et les prêtres leurs successeurs, *comme les seuls dépositaires de l'enseignement.* Et aucun d'eux n'a failli à la mission qu'il avait reçue; car toutes les sciences ont été conservées, développées par les prêtres. Eux seuls les ont propagées, et il s'étendit sur ce point, *l'histoire en main.* »

Et moi j'ajoute : Oui ! L'enseignement doit appartenir *exclusivement* au clergé, parce qu'il est assisté de *l'Esprit-Saint*, et que, par cette assistance, il enseigne *toujours* la vérité, LA VRAIE SCIENCE ! C'est par cette voie seulement que l'on peut espérer le salut de la France.

Tandis que les francs-maçons, qui se sont emparés des universités de l'État, continueront l'œuvre de corruption que notre chère patrie doit aux universités. Au lieu du Christ enseignant, c'est Satan qui enseigne, et il tient l'instruction par les trois points capitaux : *l'Université, les Facultés de médecine* et *l'Académie.* Mais les franc-maçons, inspirés par *leur maître*, trouvent que leur part n'est pas encore belle ; à nos ministres, il faut plus encore, il leur faut L'ANÉANTISSEMENT DE L'ENSEIGNEMENT DE JÉSUS-CHRIST !

Patience, messieurs, les portes de l'Enfer ne prévaudront pas contre l'Église, et il viendra un temps où tout votre édifice s'écroulera sous le poids des fautes que vous aurez commises. Alors, le Ciel s'éclaircira, et Dieu enverra le salut à l'humanité que vous avez précipitée dans le gouffre où vous-mêmes serez ensevelis sans doute!

J'ai fait ressortir, à propos de l'Église magique de la franc-maçonnerie, qu'elle a ses prêtres : *sous-diacres, diacres, prêtres et pontifes*. C'est donc un clergé, ai-je dit, et des plus cruels! Pour juger ce que peut faire un tel clergé, on n'a qu'à jeter les yeux sur la civilisation égyptienne qui est sortie des mages, sur celle de l'Italie avant le christianisme, sur celle des Gaules pendant le druidisme, qui était la magie. C'est donc *un cléricalisme* nouveau qui surgira de la franc-maçonnerie, si elle devait triompher ; alors la société verrait à quels loups-cerviers elle aurait affaire.

Le cléricalisme catholique ne ressemble guère au précédent ; *La charité, le dévouement, la multiplication des œuvres de bienfaisance, la propagation de la foi, l'apostolat* et *le martyre*, enfin la prière pour tous et les bénédictions du Ciel sans cesse appelées sur notre pauvre humanité.

Avec cela, *la liberté laissée à chacun ;* que veut-on de plus pour reconnaître le bien?

Mettons-nous bien dans l'esprit que : quelle que

soit la religion, qu'elle soit de Dieu ou de Satan, IL FAUT des prêtres, vu la nécessité *d'intermédiaires, de médiums.* Si tant d'hommes ont déserté le catholicisme, c'est parce qu'il n'est pas étudié. La question religieuse, qui est la question capitale de notre vie, est la dernière à laquelle nous songeons. Nous n'avons d'autre souci que d'acquérir *la fortune, les richesses, les honneurs;* et nous arrivons au seuil de l'Éternité avec une âme *nue*, qui n'ose pénétrer dans le brillant séjour qui s'offre à sa vue. Alors il y a des pleurs et des grincements de dents... *mais c'est trop tard.*

Voilà pour l'homme en particulier. Au point de vue social, tout s'écroulera si on enlève *le principe religieux.* Sans lui, nulle société n'est capable de vivre.

Le principe religieux et la vie religieuse qui en découle est en quelque sorte L'AME D'UNE NATION. La nation n'est-elle pas un corps? Eh bien, à tout corps il faut une âme pour lui donner la vie. Otez l'âme, la vie cesse!! *Voilà où en est notre France.* Aussi, n'entendons-nous pas dire tous les jours : *Nous n'avons plus d'hommes!* Ni en littérature, ni dans les arts, ni dans les sciences, nulle part en un mot aucun génie se révèle, et chacun avoue que nous sommes en pleine décadence. Pourquoi cela? Parce que les hommes repoussent le souffle divin qui anime, parce qu'ils veulent se passer de Dieu et de son

Eglise, et comme *l'Esprit* quitte *le corps social*, IL MEURT!!

Bien plus, il découle forcément de ces lois de *l'Esprit* vis-à-vis des corps sociaux le principe suivant : Tout pouvoir *temporel* doit être soumis au pouvoir *spirituel* comme le corps à l'âme. Aussi, tant que les gouvernants ne se seront pas soumis à cette loi, le chaos régnera *partout* tel que nous le voyons. Le Saint-Père le Pape, représentant de Jésus-Christ, doit être LE MONARQUE UNIVERSEL, et les Souverains temporels ses fils *très humbles* et *très soumis*. LA PAIX ET LA PROSPÉRITÉ DU MONDE EST A CE PRIX.

Ah! Seigneur Jésus, ayez pitié de la France, de votre fille aînée et bien-aimée! Sauvez-la et qu'elle redevienne ce pourquoi vous l'avez destinée : LE NOUVEAU PEUPLE D'ISRAEL, LA LUMIÈRE DES NATIONS. Puissent les pages que je viens d'écrire porter un peu de lumière dans les âmes égarées, puissent ces âmes revenir à vous qui êtes *la lumière des lumières, la science des sciences*, LE PRINCIPE DE LA VIE!! Que sont les lignes que j'ai écrites? Un bien triste écho de ce que vous m'avez enseigné!! Daignez, Seigneur, fertiliser mes pauvres paroles et que VOTRE ESPRIT plein de bonté conduise la France dans le droit chemin. Celui qui la mènera à *la gloire* et à *la prospérité!!*

Malgré la brièveté des explications que je viens

de donner sur la *virtualité* de l'Église catholique, virtualité qui découle, avons-nous démontré, de l'action constante du *verbe divin* en son Eglise aussi bien que de celle de son *Esprit-Saint* ou Paraclet, nous comprendrons sans peine combien est grande l'erreur généralement répandue, erreur qui conduit à ne voir dans le christianisme *simple* comme dans le catholicisme, AUTRE CHOSE *que la morale de Jésus-Christ.*

Les ennemis de l'Église objectent à juste titre que *la morale* du Christ se retrouve dans presque toutes les religions. Le sermon sur la montage tant admiré par ces mêmes ennemis de Jésus-Christ, ce sermon qui leur fait dire que l'Église aurait dû s'en tenir là et ne le pas dépasser, qu'ainsi elle aurait conservé la gloire de notre Sauveur, gloire qu'on ne peut lui enlever quand on a lu cette merveilleuse prédication, ce sermon n'est qu'un cours de morale, MAIS IL N'EST PAS LE CHRISTIANISME.

Pour moi, *tout le christianisme* est résumé dans ces paroles de Saint-Paul en son épitre aux Romains, chapitre VII, verset 14 et versets suivants :
« *Car nous savons que la loi est spirituelle ; mais je suis charnel, vendu au péché.*

15. — *Car je n'approuve point ce que je fais parce que je ne fais point ce que je voudrais faire, mais je fais ce que je hais.*

16. — *Or, si je fais ce que je ne voudrais pas*

faire, je reconnais par là que la loi est bonne.

17. — CE N'EST DONC PLUS MOI QUI LE FAIS, MAIS LE PÉCHÉ QUI HABITE EN MOI.

18. — Car je sais que *le bien* n'habite point en moi, c'est-à-dire dans ma chair, *parce que j'ai bien la volonté de faire ce qui est bon, mais je ne trouve pas le moyen de l'accomplir.*

19. — CAR JE NE FAIS PAS LE BIEN QUE JE VOUDRAIS FAIRE; MAIS JE FAIS LE MAL QUE JE NE VOUDRAIS PAS FAIRE.

20. — Que si je fais ce que je ne vondrais pas faire, ce n'est plus moi qui le fais, mais c'est le péché qui habite en moi, etc.

24. — MISÉRABLE QUE JE SUIS! QUI ME DÉLIVRERA DE CE CORPS DE MORT?

25. — *C'est la grâce de Jésus-Christ.*

Je le répète, tout le christianisme est là!... C'est-à-dire : la déclaration de *l'impossibilité* où se trouve l'homme de faire le bien sans le secours *virtuel* de Jésus-Christ par les sacremeets qu'il a institués dans son Église.

LA MORALE N'EST RIEN, puisque malgré les conseils l'homme est incapable d'accomplir le bien sans le secours divin qui chasse de nos corps l'influence démoniaque à laquelle notre nature reste attachée envers et contre tout.

Tous les sages de l'antiquité ont prêché la sagesse, mais les hommes ne l'ont pas pratiquée malgré leurs efforts, car les sages n'avaient nulle PUISSANCE pour communiquer *la grâce*.

Tandis qu'avec *le secours virtuel* qui a été apporté à l'humanité par *l'Incarnation du Verbe* en premier lieu, incarnation qui *a soudé* de nouveau notre *nature* à la *nature* Divine, par les sacrements ensuite, l'homme peut arriver non seulement au bien mais à LA SAINTETÉ, ce qui est bien autre chose!!

Encore une fois, voilà ce que la *morale* seule ne donnera pas. La morale *n'est rien!* La grâce est *tout*, et nous la recevons, comme l'enseigne saint Paul, *par notre foi en Jésus notre Sauveur!*

IX

LA VIE INTELLECTUELLE

Nous nous souvenons qu'au commencement de notre livre nous avons divisé la vie humaine en trois espèces, à savoir : *la vie végétative*, que nous avons étudiée la première ; *la vie de relation*, qui nous a occupés jusqu'alors; car tout ce que nous avons analysé, tant pour ce qui est relatif aux influences de l'âme sur le corps que pour ce qui nous concerne dans *nos rapports* sociaux, est la vie de relation. En effet, les phénomènes psycho-magnétiques eux-mêmes, et tels que nous les connaissons d'après mes travaux, rentrent dans les phénomènes de la vie de relation. Il nous reste donc à dire quelques mots de LA VIE INTELLECTUELLE.

La vie intellectuelle est celle de l'âme, tout le monde le sait ; mais ce que j'ai à faire observer, *c'est que l'âme, comme le corps, ne peut vivre sans* NOURRITURE, *que, semblable au corps, sa vie réside en outre dans* L'ACTIVITÉ, *et que la vie de l'âme cesse avec cette activité comme celle du corps cesse avec les mouvements vitaux.*

Relativement au premier point, je n'ai qu'à rappeler cette expression consacrée par l'usage, quand on parle des choses dignes d'occuper l'esprit. Ne dit-on pas qu'elles sont *la nourriture de l'âme?* Cela est tellement vrai que *l'ennui* arrive si l'âme n'est pas occupée, et si l'ennui se prolonge, elle tombe dans le marasme et *ne vit plus.* L'âme, en sa qualité d'esprit, ne peut rester un instant inactive. Elle se nourrit constamment *de tout* ce qui peut l'intéresser, de tout ce qui l'environne : souvenirs, réflexions, calculs, lectures, conversations, musique, peinture, sciences, etc., etc. Puis viennent les sentiments qui sont, *selon moi*, les éléments premiers de sa vie !

La vie qui vient des choses de l'esprit (pour parler selon le monde) n'est guère qu'une conséquence des nécessités de la position ou une distraction ; tandis que la vie des sentiments, C'EST TOUTE LA VIE ; car si on observe bien, on conviendra que toute l'ambition de l'homme, ce qu'il cherche souvent d'une façon inconsciente, *c'est d'aimer.*

Ce besoin d'aimer est le mobile de tous nos actes, en ce sens que chacun s'évertue à conquérir la chose qu'il aime, et cette conquête sera le but de sa vie, selon chaque nature. Il résulte de cette tendance de notre âme qu'elle s'élèvera si l'objet aimé est élevé, qu'elle s'abaissera s'il est bas. La qualité de l'âme sera en raison directe de la qualité de la nourriture qu'elle aura choisie ou vers laquelle elle aura été attirée.

Que cherche l'homme dans les satisfactions de l'amour? *La perfection* et *la stabilité;* en effet, si la chose ou l'être aimé n'a pas ces deux qualités, il en résultera *forcément* des peines souvent bien grandes, des déchirements du cœur, le jour où l'on reconnaîtra des imperfections qui blessent d'abord et qui éloignent ensuite, le jour où l'on perdra ce que l'on aime ; fortune, honneurs, position, amis, amante, femme, enfants, etc.

Cependant, comme s'il lui restait un vague souvenir de sa première destinée, l'homme sent qu'il est né pour le bonheur, et c'est le bonheur qu'il poursuit sans cesse, espérant toujours l'atteindre, mais en vain ! Si ce n'est quelques joies passagères, on ne rencontre que douleurs sur cette terre qui est devenue *une vallée de larmes* depuis la chute de l'humanité !... Que faire alors? Où chercher cette nourriture de l'âme, ce pain de vie dont elle a une faim si grande ? Et je réponds : *C'est en* DIEU SEUL *que l'homme puisera l'aliment nécessaire à sa vie intellectuelle, parce que* LUI SEUL *possède les qualités que nous demandons à l'objet de notre amour :* LA PERFECTION, LA STABILITÉ.

Si nous nous rappelons, d'autre part, ce que j'ai démontré relativement à *l'origine des idées*, à savoir *qu'elles résident en Dieu qui nous les communique* comme une constante révélation née de sa charité et de sa miséricorde infinies! nous comprendrons LA NÉCESSITÉ où se trouve l'homme de se rattacher continuellement à ce foyer de lumière qui est, je l'ai fait observer déjà, *le soleil de nos âmes*. C'est de ce foyer que notre âme reçoit la nourriture nécessaire à sa vie intellectuelle, comme la terre reçoit la vie du soleil. L'âme éloignée de Dieu n'est plus que ténèbres, elle ne vit plus ! Et je dis : quand l'homme sortit des mains du Créateur, il était : *ordre*, *beauté*, *puissance*, *intelligence angélique*, car les rayons de la lumière divine venaient de déposer en lui les qualités qui faisaient de l'espèce humaine des créatures *un peu inférieures aux anges;* selon la parole du saint roi David : *Minuisti eum paulo minus ab Angelis*, *gloria*, *et honore coronasti eum; et constituisti eum super opera manuum tuarum* (Psaume VIII). « *Vous l'avez établi un peu au-dessous des anges; vous l'avez couronné de gloire et d'honneur*, *et vous l'avez établi le maître sur vos œuvres.* » Aussi, dans cet état de gloire, l'homme, spiritualisé au suprême degré par sa communication *intime* avec son Créateur, voyait Dieu face à face !

Toutes les connaissances sont innées chez les

Anges, car, étant des esprits purs, ils lisent dans la science divine ou mieux cette science s'imprime en eux. Ils la possèdent en raison de leur élévation, en raison de leur rapprochement vers la Divinité, car la science est en raison de la somme des rayons de la lumière Divine.

Or, l'homme qui a été établi *un peu au-dessous des anges*, jouissait donc de la lumière Divine et, par conséquent, de *la vue intuitive*. Il devait donc posséder une somme de science et de perfections presque égale à celle des anges.

Que fallait-il pour qu'il conservât ses magnifiques prérogatives? Que fallait-il pour qu'il continuât ainsi à puiser *gratuitement* à la source même des idées, de toutes les perfections?...

Dieu ne lui avait demandé *qu'amour* et *obéissance à ses lois*. A ces conditions, l'homme recevait toujours cette lumière divine qui n'est autre que LA GRACE, il recevait la science et le bonheur par cette voie!... Mais, sollicité par les conseils perfides de L'ENNEMI, l'homme crut atteindre *par lui-même* à de plus grandes perfections, à une plus haute puissance. Il tenta l'aventure, sortit des lois harmoniques éternelles qui lui avaient été révélées, et tomba dans le chaos, *dans les ténèbres*. De savant qu'il était précédemment, il eut *l'ignorance* en partage, car l'ignorance est fille des ténèbres!...

De même que Dieu condamna l'homme au travail

manuel après sa chute, de même il l'a condamné au travail intellectuel, si bien qu'il est obligé de reconquérir lentement ses prérogatives premières, en passant par la voie de la douleur. Et dès lors, l'humanité a dû acheter *une* à *une*, par le sang et les larmes, *ces idées* qui, dès le principe, coulaient si abondamment sur elle !

Une fois possédé par le démon de *l'orgueil*, qui a précipité l'homme loin de Dieu, ce dernier a cherché bien souvent, *et maintenant plus que jamais*, à se passer de Dieu ! C'est pourquoi il s'entête à demander la science à *la raison* et à *l'observation*, ce qui ne lui donne pour résultat qu'UNE FAUSSE SCIENCE.

Ah ! si les hommes voulaient s'abaisser, s'humilier devant LA TOUTE-PUISSANCE, reconnaître leur néant et accuser leurs fautes, ils recevraient LA VRAIE SCIENCE qui vient de la grâce de Dieu, grâce qui répand dans les âmes sa lumière et leur rend leur première nature angélique. Ainsi éclairée, l'âme *perçoit les idées*, qui ne sont autres que les vérités du monde invisible !...

Toutes les idées viennent de Dieu, je ne puis trop le répéter !... Or, nous avons en Dieu un père sans égal, le père par excellence ; et, malgré l'état de déchéance de l'humanité, il ne l'a pas délaissée, puisqu'il lui a envoyé *son Verbe*, afin de relier à la Divinité cette humanité déchue. Le vrai chrétien sait que le Verbe parle en lui, et c'est sa force ! et malgré que nous soyons dépouillés encore de la vue intuitive qui appartenait à notre première nature, de cette vue qui nous laissait voir les esprits envoyés pour nous éclairer et nous guider, nous savons *qu'ils sont là, à nos côtés*, sous la forme de nos ANGES TUTÉLAIRES, toujours prêts à verser, selon nos prières, les rayons de cette lumière céleste qui apportent LES IDÉES.

Ces rayons célestes, d'essence fluidique, d'une pureté sans égale, *ce magnétisme spiritualisé au suprême degré*, SONT LA VIE DE L'AME *au même titre que les courants magnétiques des planètes sont la vie du corps. Et, de même que la vie corporelle cesse si le magnétisme astral ne circule plus dans notre organisme ; de même* LA VIE INTELLECTUELLE, *la vie de l'âme, cesse si elle ne reçoit plus les effluves divines par ces esprits commis à notre garde !*

Voilà ce qui explique comment *le péché* peut donner la mort à l'âme, parce qu'il la soustrait à l'action vivifiante que je viens de définir, et cela en raison de la gravité du péché. En effet, et pour mieux me faire comprendre, faisons une comparaison : Comparons *les aspirations* de l'âme à l'aiguille d'une pendule qui sera tournée directement sur midi quand elle est fidèle à Dieu. C'est de ce point que seulement elle peut recevoir les rayons vivifiants qui sont sa nourriture. Un léger péché fera pencher légèrement l'aiguille du côté où l'âme a été attirée, si bien qu'elle ne reçoit plus la même somme de lumière. Un péché plus grave éloignera encore plus l'aiguille de ce centre lumineux. Enfin, il peut arriver une telle déviation de l'aiguille, qu'elle arrive en un lieu où la lumière ne pénètre plus. C'est ce que produit la faute grave qui, par ce fait, a été nommée par l'Église : PÉCHÉ MORTEL.

Mais allons plus loin, et sachons que tout péché, s'il nous fait quitter la grâce de Dieu, nous met sous l'influence du démon auquel nous avons consenti. Comme la terre, par exemple, lorsqu'elle a tourné le dos au soleil, reçoit les effluves de la lune. Alors nos âmes, recevant les effluves fluidiques venues de l'esprit des ténèbres, se refroidissent comme la terre sous l'influence d'une mauvaise planète ; et si cet état dure, la mort de l'âme en est la conséquence. C'est dans cet état, alors que nous avons perdu le secours divin, que se manifestent *les obsessions*, voire même *les possessions*, et cela est bien plus fréquent qu'on ne le suppose !!! Que de gens sont tourmentés, inquiets, obsédés par des idées dont ils ne peuvent se délivrer ; que de gens sont atteints de crises et de convulsions que l'on croit être des crises nerveuses, et qui ne sont autres que le fait d'obsessions ou de possessions !... Au moyen âge, les médecins connaissaient cela et y prenaient garde, mais aujourd'hui, le démon a beau jeu, personne ne le dérange. Les prêtres eux-mêmes ont oublié tout cela, et ils font rarement usage des exorcismes!... Ils oublient que Jésus guérissait en chassant les démons, que saint Martin faisait de même, et tant d'autres grands saints! Que se passait-il quand l'esprit immonde était chassé? La lumière divine pénétrait à nouveau dans l'âme de ces malheureux, et avec la vie de l'âme revenait celle du corps!... Aussi, combien de fois me suis-je écrié, avec monseigneur Mabille, qui a fait un si beau mandement sur les Saints : Seigneur, envoyez-nous des Saints! Eux seuls sauveront notre société!

X

ÉPILOGUE

D'après ce que j'ai dit de la Magie, d'après mes appréciations qui la condamnent comme elle le mérite, étant l'Église de Satan, le lecteur doit penser que je condamne *absolument* les phénomènes de somnambulisme qui est, de l'aveu du maître sorcier Dupotet, une des manifestations des œuvres magiques.

Certes oui ! je condamne et je demande à l'Église de condamner *absolument* tous les magnétiseurs, toutes les somnambules, toutes les tireuses de cartes, toutes les somnambules-médiums, enfin tout ce qui se pratique aujourd'hui, PARCE QUE TOUT CELA EST L'ŒUVRE DU DÉMON ET QUE TOUTES CES OFFICINES SONT AUTANT DE FOYERS DE SA PUISSANCE QUI EST RAVIVÉE PAR LES MOYENS FACILES DONT IL DISPOSE POUR SE MANIFESTER.

On ne peut s'imaginer toutes les variétés des manifestations sataniques. Voici un fait que m'a conté M. le vicomte de Roquefeuil, dont j'ai eu l'honneur d'être le commensal pendant mon séjour à Lourdes : Un ventriloque venait donner une représentation dans un cercle du village habité par le vicomte. *L'artiste* allait commencer ses exercices, quand M. de Roquefeuil, qui savait *la cause* de la ventriloquie, se mit à prier avec ferveur Jésus-Christ de chasser ou de faire taire le démon qui logeait dans l'intérieur du ventriloque. Sa prière fut exaucée aussitôt, et le démon se tut. Alors, l'artiste se retira en roulant des yeux pleins de colère qui cherchaient *l'exorciste*, car il savait bien qui parlait dans son ventre.

Il faudrait que Dieu envoyât pour régner en France UN ROI SAUL qui balayât de notre patrie tous ces maudits que tolère le libéralisme si peu libéral, sous lequel nous vivons. Il faudrait que Dieu permît à l'Église de reprendre son autorité vis-à-vis de tous ces criminels que les lois nationales sont impuissantes à châtier, car les sorciers pullulent partout, et si l'on voyage en province, on est étonné du nombre incalculable des gens qui se livrent aux pratiques coupables de la sorcellerie. Le colportage infiltre dans les coins les plus reculés de nos campagnes toutes sortes de livres de basse magie, et ceux qui les achètent savent très bien tout le mal qu'ils feront, ainsi armés, aux personnes contre lesquelles elles ont de l'animosité.

Dieu, ai-je dit ailleurs, a permis l'extension de ces phénomènes diaboliques, afin de rendre *évidentes* les influences de l'esprit, ses forces et ses manifestations. A notre époque, où la science ne veut croire qu'à ce qu'elle touche, il était bon que les faits spirituels fussent *tangibles* et *visibles.*

Je me suis fait l'apôtre du somnambulisme dans mon premier volume, parce que je jugeais *de tous* par ce que *je possédais.* C'était une grave erreur!... Mme Dunand a été le type du vrai somnambulisme, c'est-à-dire de celui qui naît sous l'influence des saints anges invoqués dans le catholicisme.

Satan, avons-nous fait observer, est le singe de Dieu, et l'histoire du monde nous fait voir qu'en toutes choses il a pris les devants. Cela devait être, puisque l'humanité a été sous son joug par la chute de l'homme.

Mme Dunand jouissait en outre de la vue intuitive à l'état de veille et sans intervention humaine; et très souvent elle entrait en vision par l'action seule de ses Saints Anges gardiens.

Lorsque Dieu l'a rappelée à lui, je fus bien surpris de ce qui me frappait. Tout nous faisait présager le triomphe, après vingt-cinq années de luttes, et nous étions heureux à la pensée que quelques jours de paix nous étaient réservés après nos longues années de combat! Au lieu de cela, le deuil et la solitude me sont échus en partage! Pourquoi? Que voulez-vous donc, Seigneur? me suis-je écrié.

Un instant j'espérai que j'étais appelé à me consacrer au culte de ce Dieu pour lequel j'avais vécu; mais les événements me firent comprendre la volonté de Dieu que j'interrogeais dans mes prières, et je vis que je devais rester à mon poste de médecin.

Mais la lucidité de ma voyante n'était plus là pour me guider, il me manquait un secours bien précieux! Alors j'ai réfléchi et je me suis dit :

La vue intuitive est le fait d'une assistance spirituelle; or, l'esprit peut assister l'homme par bien d'autres voies! *L'inspiration* est la plus commune, celle que nos Saints Anges emploient tous les jours. Ayons donc recours à *l'inspiration* et prions. C'EST CE QUE J'AI FAIT, aussi ai-je obtenu les lumières que je désirais. Il ne faut pas croire que le manque *absolu* de voyantes m'a forcé à la réflexion que je viens de rapporter; car, sitôt après le décès de Mme Dunand, j'ai été assiégé par une foule de sujets qui tous me vantaient leur lucidité hors ligne, et me suppliaient de les prendre à l'essai. J'ai tout simplement éconduit ces *instruments* que Satan m'adressait comme une tentation, parce que je savais trop bien quel est L'ESPRIT qui inspire et éclaire *toutes les somnambules* et toutes *les autres possédées* qui pratiquent leur état en notre belle époque de lumière.

Je trouve que l'Église est trop clémente à l'égard de toute cette gent; et je suppose que, éclairée par mes écrits, elle ne tardera pas à prononcer contre tous ces sorciers et toutes ces sorcières la plus éclatante condamnation.

Pour moi, je répète et je proclame que *l'Esprit-Saint* ne fait pas défaut à qui l'invoque avec ardeur et humilité. *Donc, on peut se passer du somnambulisme*, et cela d'autant mieux que l'on s'appuiera sur les doctrines que j'ai établies dans mon premier volume, car elles sont la résultante de lois immuables.

En conséquence : si on veut *de vrais médecins*, on ne les aura qu'à la condition EXPRESSE qu'ils sortiront de facultés catholiques où l'étudiant aura vécu comme un élève dans un séminaire.

En effet, le médecin ayant un sacerdoce à remplir, doit être élevé comme le prêtre. Il lui faut d'abord de fortes études théologiques, l'éducation religieuse profonde, et pour bien dire *la vie monacale*. C'est par cette vie que, peu à peu, l'étudiant s'élèvera en esprit, et qu'il se rendra digne des faveurs de L'ESPRIT DIVIN qui ne pénètre que dans les corps chastes et les cœurs purs.

Néanmoins, il se pourrait que Dieu envoyât quelques saintes voyantes; alors, on reconnaîtrait l'arbre à ses fruits. Dans ce cas, ces personnes seraient cloîtrées et recevraient une éducation médicale en rapport avec les facultés dont elles auraient été gratifiées.

L'avenir de la médecine est dans le programme que je trace en quelques lignes; mais, outre que l'on aurait ainsi de vrais médecins, la société ne retirerait pas ce seul bienfait d'une telle organisation, puisque les apôtres du matérialisme et de l'irréligion seraient remplacés par des apôtres de Jésus-Christ qui, en portant la santé et les bénédictions dans les familles, au nom de Celui en qui réside LE SALUT DE L'HUMANITÉ, opéreraient la régénération morale de la France!

FIN

NOTE

Je dois dire que si la philosophie a compris la *nécessité* d'un intermédiaire entre l'âme et le corps, la théologie condamne comme *hérétique* cette doctrine. Cela n'est pas surprenant, puisque la philosophie scholastique s'est ralliée à l'animisme de *Stahl* qui *seul* est déclaré orthodoxe. Nous savons que l'animisme a été réduit à néant *dès le principe* par la science expérimentale, et nous avons démontré bien mieux encore que l'animisme ne peut expliquer la vie végétative dont j'ai établi le mécanisme et les lois grâce à mes découvertes. Instruite *par les faits* et par l'expérience, la théologie n'aura qu'à revenir sur son jugement comme elle l'a fait pour Galilée. *L'âme est la forme du corps*, nous enseigne cette même scholastique. Certainement oui, et cela ne fait pas le moindre doute; seulement la forme du corps est fluidique *dans son principe*, et c'est *au moyen* de ce premier vêtement fluidique que l'âme organise elle-même le reste de son corps, c'est par cet élément fluidique qu'elle détermine le mouvement dans les masses par l'entremise du système cérébro-spinal. Or, bien que toutes les parties constitutives du corps soient un composé *d'intermédiaires* selon que je l'ai expliqué, il n'en est pas moins vrai que l'âme agit *directement* sur l'organisme, puisque le fluide nerveux est partie intégrante du corps et qu'il le pénètre dans ses plus minimes parties. Néanmoins, on ne peut dire que l'âme agit directement sur le corps, *c'est-à-dire* la masse charnue, alors QU'IL EST PROUVÉ que c'est par *l'intermédiaire* du fluide magnétique qu'elle manifeste son action. Somme toute, cela se réduit à une question de mots ; ce qui n'empêche pas que je soutiens que *l'enveloppe fluidique* du corps empêche l'âme de se confondre avec les parties; que je soutiens aussi qu'après la mort, l'âme s'échappe de ce corps dans lequel elle était emprisonnée, emportant avec elle son *vêtement fluidique* qui, si nous voulons réfléchir, nous apparaît avec le caractère de *la subtilité la plus absolue de la matière*, caractère qui est enseigné par la scholastique.

Si j'ai à discuter avec la scholastique relativement à ce qui précède, je gagne du terrain par rapport à ma définition de la force vitale, définition qui explique et prouve par la science et l'expérimentation ce que saint Thomas n'a fait qu'entrevoir. En effet, nous lisons dans la Somme, 1, p. 9-18, a. 1 : « La vie consiste dans le mouvement. » (Cette proposition, soit dit en passant, confirme ce que j'ai énoncé page 6.) « En effet, nous dit ce Grand Docteur, ce qui ne peut se mouvoir est dit *inanimé ;* de là nous disons qu'un animal vit, qu'il est un être animé, tant qu'il se meut. Or, puisque dans tous mouvements se trouvent trois choses : *l'exécution, la forme* qui motive le mouvement, et *la fin* en vue de laquelle se fait le mouvement, un être peut se mouvoir de trois manières : 1° En agissant autant qu'il exécute de lui-même les mouvements relatifs à sa vie ; toutefois, C'EST PAR UNE AUTRE CHOSE (*ab alio*), à savoir LA NATURE (*scilicet à naturâ*) qu'il lui a été donné *la forme* de tels mouvements. Ainsi donc, *les plantes qui végètent* tirent leur nourriture et se meuvent elles-mêmes par un mouvement de nutrition et d'accroissement ; mais la forme au moyen de laquelle elles exercent ces mouvements, leur a été donnée *par autre chose, c'est-à-dire* LA NATURE. »

Saint Thomas arrive enfin à diviser la vie humaine en trois classes, comme je l'ai fait : la vie *végétative,* la vie *sensitive*, la vie rationnelle. Or, puisque saint Thomas reconnaît la vie végétative chez l'homme ; puisque dans la vie des végétaux il enseigne que *la force vitale est une autre*, à savoir la NATURE (ce qui est vague et n'enseigne *rien*) je viens donc, par mes travaux, *expliquer* et *prouver* ce que saint Thomas n'a fait qu'entrevoir. J'ajouterai qu'en attribuant simplement le mouvement des plantes *à la nature,* et cela sans aucune définition, ce théologien est aussi vague qu'il l'est en parlant des âmes animales. La science, aujourd'hui, ne se contente plus *de mots*, il lui faut des assertions prouvées par l'expérimentation, et c'est ce qu'il m'a été donné de faire dans le cours de cet ouvrage.

AUTRE NOTE

Page 185, j'ai enseigné que dans le somnambulisme l'âme sort du corps et voyage au loin, restant néanmoins attachée à l'organisme par ses liens fluidiques, qui sont dans ce cas son unique vêtement. J'ajoute que la puissance de la vitalité de l'âme est telle que si ces liens fluidiques venaient à se briser, la mort serait instantanée.

Ce phénomène paraîtra impossible aux personnes qui n'ont pas *vu les faits*, mais je trouve un appui dans saint Thomas : *Anima excedit poténtias corpóris*, l'âme sort des (ou mieux avec) les puissances du corps. Je citerai aussi ce qui arriva à saint Ambroise disant la sainte messe à Milan, et qui tout à coup fut ravi en esprit pour assister à Tours aux funérailles de saint Martin. Plus d'une heure se passa pendant laquelle le corps du saint prélat resta debout devant l'autel, dans la même position qu'il avait au moment où son âme était partie. Inquiets de ce qu'ils voyaient, ceux qui entouraient l'évêque se décidèrent à toucher son corps ; alors saint Ambroise leur dit : « Il est fâcheux que vous m'ayez dérangé, car j'allais donner l'absoute à saint Martin, aux funérailles duquel j'assistais à Tours. »

On s'informa, et l'on apprit qu'à l'instant dit, avaient lieu à Tours les obsèques du grand thaumaturge des Gaules.

Je citerai encore ce qui est raconté par l'auteur de la vie de Marie d'Agréda, dont le corps restait dans son couvent, en Espagne, tandis que son âme, *revêtue de son enveloppe fluidique*, allait instruire les Indiens. Lorsque les missionnaires espagnols pénétrèrent dans ces tribus sauvages, ils furent bien étonnés de les voir instruits de la religion catholique, et bien plus surpris encore quand ceux-ci leur dirent qu'ils devaient cette éducation à une femme. Au portrait qu'ils firent, les religieux reconnurent Marie d'Agréda. J'aurais bien d'autres preuves à donner en citant les extases de saint Paul ravi au ciel, de saint Bernard, etc., etc.

TABLE

—

FIN DE LA TABLE

Imprimerie D. Bardin, à Saint-Germain.

www.ingramcontent.com/pod-product-compliance
Ingram Content Group UK Ltd.
Pitfield, Milton Keynes, MK11 3LW, UK
UKHW020608230726
13926UKWH00005B/2262